古典文獻研究輯刊

三六編

潘美月・杜潔祥 主編

第22冊

《讀易述》校證
（第四冊）

陳開林 著

國家圖書館出版品預行編目資料

《讀易述》校證（第四冊）／陳開林 著 -- 初版 -- 新北市：
花木蘭文化事業有限公司，2023〔民 112〕
目 4+208 面；19×26 公分
（古典文獻研究輯刊 三六編；第 22 冊）
ISBN 978-626-344-280-1（精裝）
1.CST：讀易述 2.CST：研究考訂
011.08   111022055

ISBN-978-626-344-280-1

古典文獻研究輯刊
三六編　第二二冊　　　　ISBN：978-626-344-280-1

《讀易述》校證（第四冊）

作　　　者	陳開林
主　　　編	潘美月、杜潔祥
總 編 輯	杜潔祥
副總編輯	楊嘉樂
編輯主任	許郁翎
編　　　輯	張雅淋、潘玟靜　美術編輯　陳逸婷
出　　　版	花木蘭文化事業有限公司
發 行 人	高小娟
聯絡地址	235 新北市中和區中安街七二號十三樓
	電話：02-2923-1455／傳真：02-2923-1452
網　　　址	http://www.huamulan.tw 信箱 service@huamulans.com
印　　　刷	普羅文化出版廣告事業
初　　　版	2023 年 3 月
定　　　價	三六編 52 冊（精裝）新台幣 140,000 元

《讀易述》校證

（第四冊）

陳開林 著

目次

讀易述卷十

渙☴坎下巽上

程《傳》：「為卦巽上坎下，風行於水上，水遇風則泮渙動盪，所以為渙也。」

按：《渙》卦凡陰爻皆從陽，凡陽爻必宗五。初六「用拯」，拯二也；六三「渙躬」，應上也；九二「奔機」，就五也；六四「渙群」，奉五也；上九「渙血」，渙陰之盡，遠陰之害，以全陽也。

渙：亨。王假有廟，利涉大川，利貞。

《彖》曰：「渙：亨」，剛來而不窮，柔得位乎外而上同。「王假有廟」，王乃在中也。「利涉大川」，乘木有功也。

述曰：渙，坎巽合體，水得風則渙也。陰之渙皆歸陽，陽之渙皆歸五，故知卦主九五爻言；而陽剛在坎中者，則主渙之本。蓋有誠為主於內，至於「渙汗大號」，而仁恩遍及於天下，如風行水順，渙其沛沛，渙之所以亨也。渙雖有散義，以人心離散言，舛矣。

「『渙：亨』，渙有亨通之道也。剛在陰中，故為『王假有廟』之象。巽木坎水，又有『利涉大川』之義。」〔註1〕巽、坎二卦皆剛中，渙之所以亨在此，故曰「利貞」。

《象旨》：「坎，剛卦也。巽，柔卦也。陽剛本居上，今在下體，故言『來』，內辭也。『窮』，極也。陽來在下之中，不至窮困也。『柔得位乎外』，謂巽居上

─────────────────

〔註1〕章潢《周易象義》卷四《渙》。

─465─

體，當用事之地。『上同』者，四成巽之主，不應內而上同於五也。」〔註2〕孔《疏》：「剛得暢而無險困之難，謂柔邪之累也。坎剛掩於二陰為困。柔履順而無違逆之乖。此渙所以『亨，利涉大川，利貞』也。」〔註3〕「剛德不暢，柔不同剛，何由得亨通而濟難，利貞而不邪乎？」〔註4〕

「王假有廟」，祖考之精神既渙散，假廟所以聚之。〔註5〕王者為渙之主，須明聚散之義為教化之宗，故曰「王假有廟」。九二在下卦之中，有剛中之德，可以格廟，故云「王乃在中也」。若止云王在廟中，其義淺矣。程《傳》：「『中』者，心之象。剛來而不窮，柔得位而上同，卦才之善〔註6〕，皆主於中也。」特取「王假有廟」之象耳。渙二「大號」，王者之事即坎中之陽發見於巽之九五者，「王乃在中」之作用也，又取「乘木」之象。薄氏曰：「二不窮下，四同於上，以坎為水，巽木乘之，必不沉溺，所以利涉有功也。」〔註7〕

紫溪曰：「『王乃在中』，非在廟中也。王者聚精會神，全無散漫渾然，在中則不薦之孚、無言之格足典神天，以固人心，此王居正位之道。」〔註8〕若陰若陽，皆渙其當渙者而宗之也。吳氏曰：「九五互艮，上畫為廟；互震為閶居五，是王在宗廟之中。」〔註9〕

汝吉曰：「《井》、《渙》具體巽坎，極木之用於水也。《井》木巽水而上水，養而不窮；《渙》木乘水以涉水，用濟不通。人官物曲之利於天地乎通矣。」

《象》曰：風行水上，渙。先王以享於帝立廟。

述曰：巽為風，坎為水。坎，北方卦，於時天地閉塞，加凝為冰。春風一動，釋其否結，解其冰凍，水渙渙然，人心浹洽動盪之象也。先王得渙之義，

〔註2〕熊過《周易象旨決錄》卷四《渙》。

〔註3〕王《注》：

　　二以剛來居內而不窮於險，四以柔得位乎外而與上同。內剛而無險困之難，外順而無違逆之乖，是以「亨，利涉大川，利貞」也。凡剛得暢而無忌回之累、柔履正而同志乎剛，則皆「亨，利涉大川，利貞」也。

〔註4〕孔《疏》。

〔註5〕朱熹《本義》：「又以祖考之精神既散，故王者當至於廟以聚之。」

〔註6〕「善」，程《傳》作「義」。

〔註7〕李衡《周易義海撮要》卷六《渙》。

〔註8〕蘇濬《生生篇·渙》：

　　「王乃在中」，非在廟中也。王者之心渾然，在中則不薦之孚、無言之奏直有出於儀文之外者，宜其精神之與祖考相為感格也。

〔註9〕吳澄《易纂言》卷四《象下傳》：「以卦體言，九五互艮，上畫為廟；九居五，是王乃在宗廟之中。」

制為郊祀，合萬物之精神，以享上帝；立之宗廟，舉萬國之歡心，以祀祖考。此仁孝之道、尊尊親親之教，治渙之大端也。〔註10〕彭山曰：「『享帝立廟』，即『王假有廟』之意。蓋精誠聚而有以為統一人心之本矣。」〔註11〕

劉調甫曰：「風行水上，播蕩披離之象。先王欲合天下之渙，莫先於享帝立廟。物皆有本，知本則聚精會神於此而不馳騖，故不至於渙。聖人本天。天者，無聲無臭而體物不遺。夫苟意識不作，歸於其天，則其精神更無渙漫。一起意則神馳而精不定，往來憧憧，渙莫大焉。是故先王之聚渙皆取於格廟之義，其旨深哉！人心之至誠，肫肫淵淵，無聲無色，然而足以聯一家、聯一國、聯天下。萃渙之妙，真非思慮之所可及、言辭之所可解，故曰『苟不達天德者，其孰能知之？』」〔註12〕」〔註13〕

初六：用拯馬壯，吉。　《象》曰：初六之「吉」，順也。

述曰：下卦坎體，象人心之坎險也。世道莫險於人心，內外上下，人各有心，判然其不相屬而為渙渙也者。渙去下險，陰渙其私以從陽也。初六比於九二，故「用拯」。二、初本無位，未有世道之責，而能以柔順往拯陽剛。「馬」，坎馬也。「馬壯」，言其急也。陰體悠緩因循，今用壯馬，若拯焚救溺之急，初六之自渙其私也。蘇氏曰：「《渙》之初六有馬，不以自乘，而以拯九二，忠順之至」〔註14〕，是矣。

原明曰：「六質柔而履初剛。履剛者，乘壯馬也。又馬少則壯，老則弱，初所以為壯馬也。又初為渙之始，始渙而拯之則有力，亦壯馬也。救之不早，不力也。救之早則為力也易，此初六柔順從陽之道也。若以二有剛中之德為壯馬，然人乘馬上，而二反在前，非象旨矣。」

〔註10〕李衡《周易義海撮要》卷六《渙》錄石介之說：
　　　　冬月天地閉塞，水凝為冰。春風一動，釋其否結，解其冰凍，亦得此渙象。王者出民塗炭之後，法此以教民為本。享帝所以訓民事君，立廟所以教民事親。二者忠孝之道，教化所先也。
〔註11〕季本《易學四同》卷四《彖象文下傳》：「『享帝』者，祀天也。『立廟』者，祀先也。此即『王假有廟』之意。蓋精誠聚而可以為出治之本矣。」
〔註12〕《中庸》：「苟不固聰明聖知達天德者，其孰能知之？」
〔註13〕劉元卿（字調甫）《大象觀》下篇。（彭樹欣編校《劉元卿集》，上海古籍出版社2014年版，第706頁）
〔註14〕熊過《周易象旨決錄》卷四《渙》。
　　　　按：蘇軾《東坡易傳》卷六《渙》：「《渙》之初六有馬，不以自乘，而以拯九二之險，故《象》皆以為順，言其忠順之至也。」

九二：渙奔其機，悔亡。　《象》曰：「渙奔其機」，得願也。

述曰：九二得中，二本九之所安，有「機」象。「渙奔其機」，以就五也。二於五同德，有相就之願，故奔機為得願。初六柔，渙其不振之氣，而乘壯以拯二。九二剛，渙其宅中之安，而奔機以就五。「渙躬」、「渙群」，皆此意也。二剛動乎險中，不窮於險，雖有二陰阻隔，不為遲疑猶豫，故言奔。「渙奔其機」，則就五之願得，而二之所以悔亡也。

六三：渙其躬，無悔。　《象》曰：「渙其躬」，志在外也。

述曰：六三陰柔不中正，有私己為己之象。於此不渙，悔尤積矣。然以陰居陽，在坎之上，而正應上九，居陽則不昵於陰，能渙也。坎上則當渙之時，應上則得渙之助，故有「渙其躬」之象。與剛合志，無我可得，故得「無悔」，而可以濟五之渙矣。何也？「渙其躬」而後可以明，匪躬之道也。

《象旨》：「六三坎體之上，『渙躬』，險將脫也。《渙》之諸爻，獨六三有應於上，三能求援而出離乎險象，故所謂『志在外』是也。」〔註15〕

敬仲曰：「躬有俯而就下之象。六三近比於九二，陰陽有相得之象。而六三不然，『渙其躬』，身在於內而正應上九，是『志在外也』，斯其所以『無悔』歟？」〔註16〕

六四：渙其群，元吉。渙有丘，匪夷所思。　《象》曰：「渙其群，元吉」，光大也。

述曰：六四出坎險之上，柔得正位，以承至尊，王《註》「內掌機密，外宣化命」是也。四與下二陰為群，而獨居正，志在上同，心無私繫，能渙散陰類之群，所以大善而吉也。〔註17〕成巽之主，同體五陽，渙群獨往，眾知向方而渙成聚矣。大聚曰丘。群不渙，則心皆散漫而無所聚。故蘇洵曰：「群者，

〔註15〕熊過《周易象旨決錄》卷四《渙》。
　　　　按：俞琰《周易集說》卷十《渙》：
　　　　三居坎體之上，險將脫而憂患散矣。雖與初六同體，而同在險中，同受憂患，然欲自脫其身而逃，則它不暇顧，故曰「渙其躬」。夫六三不中不正，而所為如此，豈能無悔？蓋居渙之時，它爻皆無應，獨三有應於上，三能求援而出離乎險，故「無悔」。
〔註16〕楊簡《楊氏易傳》卷十八《渙》。
〔註17〕章潢《周易象義》卷四《渙》：
　　　　六四得陰柔之正，且巽乎出乎坎險之外，正所謂柔位乎外而上同者也。當各相朋黨，不相混一之時，獨以正上同而下無私應，能渙散陰類之群焉，所以大善而吉也。

聖人所欲渙以混一天下者也。」渙眾異為同，眾私為公。渙二陰之小群而成五陽之大聚，此非等夷思慮之所及也。〔註18〕二陰等夷，皆知群之為群，而豈知群之當渙；知群之當渙，而豈知渙之為聚？故曰「匪夷所思」。趙氏曰：「陰之渙，至此極盛，故以『光大』贊之。」〔註19〕

敬仲曰：「六四居大臣之位，則當行天下之大公，不當用其私黨，故『渙其群，元吉』。此非小賢之所能也。於渙散之中，有聚合人心之事業。平等思慮所不能及，足以見其公忠誠篤，是謂之『光大』。」〔註20〕

汝吉曰：「卦『乘木有功』，四巽主，濟渙所任也。卦三陰，初、二皆失正群像，四體柔，正在渙群像。渙躬不私己也，渙群不私與己也，公己公人之盡也。」

程《傳》：「《渙》四、五二爻義相須，故通言之，《象》故曰『上同』也。四巽順而正，五剛中而正。四以巽順之正道，輔剛中正之君，君臣同功，所以能濟渙也。」〔註21〕「『元吉，光大』不在五而在四者，二爻之義通言也。於四言其施用，於五言其成功，君臣之分也。」〔註22〕

九五：渙汗其大號，渙王居，无咎。　《象》曰：「王居」「无咎」，正位也。

述曰：九五陽剛巽體，當巽申命之時，大號令以詔誥天下，如「渙汗」然。

〔註18〕熊過《周易象旨決錄》卷四《渙》：

六四，成巽之主，以入為志，故渙群獨往，眾知向方而聚之五。夷者，等夷，謂初、三也。蘇洵有言：「群者，聖人之所欲渙以混一天下者。」則誠非等夷所能測矣。

按：（宋）蘇洵《嘉祐集》卷十四《仲兄字文甫說》：

洵讀《易》至《渙》之六四曰「渙其群，元吉」，曰：嗟夫！群者，聖人所欲渙以混一天下者也。

另，王應麟《困學紀聞》卷一《易》：「『渙其群』，蘇明允云：『群者，聖人慾渙以一天下者也。』」黃震《黃氏日鈔》卷六《讀易·渙卦》：「祖老蘇之說，謂『群者，聖人所欲渙以混一天下者也』。」

〔註19〕趙汝楳《周易輯聞》卷六《渙》。

〔註20〕楊簡《楊氏易傳》卷十八《渙》：

六四居大臣之位，取渙離其群黨之義。夫士之躬而在下也，則有親黨，有朋友之黨，急難相救，利害相同。及其事君當大任，則當行天下之大公，不當用其私黨，故「渙其群，元吉」。此非小賢之所能也。「丘」，聚也。於渙散之中，有聚合人心之事業，而非其故，匪夷所思，其故匪夷，皆深信其大公，知不可幹以私，不復思念，足以見其誠實篤志。夫是謂「道心」，夫是之謂易之道，夫是之謂「光大」。

〔註21〕程《傳》解爻辭。

〔註22〕程《傳》解《象》辭。

汗，心液也，出於中心，浹於四體，一身之閉塞以通。號令出於人君之心，浹於四海，無不暢然調適如汗也，故為「渙汗其大號」之象。是大號之渙，渙之以王居也。「王居」即《彖》所謂「王乃在中」者。王居渙然之中，有格廟之誠。大號布而渙然，風行草偃之順矣，夫何咎？《象》曰「『王居』『无咎』，正位也」，王者正位，天德乃可渙，大號而无咎。五，巽之主也。

醫家謂陰陽表裏閉隔不通者得汗而解，解則二氣和暢，腠理浹洽，四肢百骸無不調適流通。以汗象渙，極形容之妙。〔註23〕

《渙》之六爻，陽間陰，陰間陽，四為陰渙之盛，五為陽渙之盛。〔註24〕

《象旨》：「陽稱大，故曰『渙汗其大號』。『王居』，虞翻曰：『五為王，艮為居。正位居五，四陰順命，故王居无咎，正位也。』《象》言『王假有廟』，此言『渙王居』，相發之詞。」〔註25〕五、上俱以坎水在下，有「渙血」之象。渙之者，巽風也，故五為「渙汗」，上為「渙血」。

《象學》〔註26〕曰：「巽為風，天地用之感動萬物者也，故取王者號令詔誥為象。五為王位，四為大臣。五以主渙，是號令之所出；四承五德，意而申布之者也。四柔正位，故能渙散乎在下之群小。坎為隱伏，為矯輮，為險，為盜，皆群小之象也。群小相聚，將害於正。今渙散之，是以元吉。五剛中正，其德足尚，故能『渙汗其大號』。令之出如汗之渙，言其周浹四體，無不至也。群邪之所未散，疾苦之所未解，皆由此而散矣。所繫重大，非在天位者不能當，故曰『渙王居，无咎』，言惟王者當此渙汗之兆也，下此則為咎矣。」

上九：渙其血，去，逖出，无咎。　《象》曰：「渙其血」，遠害也。

述曰：血為陰坎，為血卦。上與坎三相應。三「渙其躬」，喜其應陽，而曰「志在外」；上「渙其血」，不欲其應陰，而曰「以遠害」。可見陰柔為陽剛之累，易係而難遠。既渙其血，且去而逖出，蓋亦巽之極而禍患自遠也，故「无咎」。《象》曰「『渙其血』，遠害也」，巽順以遠乎陰柔之害，即所謂「去逖出」也。

紫溪曰：渙之為義，以人各有心，不相聯屬貫通。天下之事至於破壞，皆由此也。「故勢隔九閽，則興利除害之情壅；事分爾我，則引手濡足之誼踈；

〔註23〕此一節見趙汝楳《周易輯聞》卷六《渙》。

〔註24〕此一節見趙汝楳《周易輯聞》卷六《渙》。

〔註25〕熊過《周易象旨決錄》卷四《渙》。「陽稱大，故曰『渙汗其大號』也」，出《九家易》，見李鼎祚《周易集解》卷十二《渙》。《周易象旨決錄》原有「《九家易》」三字。

〔註26〕不詳。

大臣養交，則背公死黨之徒出；小臣顧身，則分猷胥感之念微。」〔註27〕此等皆人心陷溺世道坎險而不收拾。渙也者，渙去下險而巽以行之，如風行水上，凍結冰釋而水流灕也。是故初六乘壯以拯二，九二奔機以就五，皆渙也。三「渙其躬」，四「渙其群」，小臣不背公，大臣不營私也。上六「渙其血」，絕陰私之盡也。而五位王居，則「渙汗其大號」，日降其德意，以煦待澤之民，而後天下四海關節脈絡無不貫通，精神意氣無不聯屬。茲渙也，固所以為聚與，而本原於格廟在中之一誠。

六四爻，項氏曰：「六四下離二〔註28〕陰之群，而上為成渙之主。巽以出陰，正以居上，渙之最善者也。然而渙散之中，自有丘聚之理，非群陰所知也。方渙其群之時，二陰以等夷之情相望，固不免於怨。及渙事既成，初得吉而三免悔，眾陰聚而依焉，然後知六四之功也。『渙其群』，渙之始也；『渙有丘』，渙之終也。義各不同，故兩言渙以別之。四在二為坤，坤為眾，故曰『群』；四升而上同五為艮，艮為山，故曰『丘』。」〔註29〕

九五爻，項氏曰：「四，臣也；五，君也。君不主渙而臣主渙，宜若有咎。然臣道當勞，君道當逸，臣以有事於險為渙，君以無心於事為渙。自君言之，雖端居不為，亦无咎也，故『渙王居，无咎，正位也』。『渙汗其大號』，渙之於下，使民無事也；『渙王居』，渙之於上，君無事也。凡此皆六四之功，所主不同，故亦出兩渙。」〔註30〕

上九爻，項氏曰：「上九爻辭，『出』與『血』韻叶，皆三字成句，不以『血』連『去』字也。《小畜》之『血去惕出』與此不同。此血已散，不假更去，又『惕』與『逖』文義自殊。據《小象》言『遠害也』，則『逖』義甚明，不容作『惕』矣。卦中惟上九一爻去險最遠，故其辭如此。」〔註31〕「散其汗以去滯鬱，散其血以遠傷害，上三爻皆以巽渙坎者也，故汗與血皆指坎言之。二居險中為汗，汗，心液也。三居險上為血，血，外傷也。後人因汗出又生不反之說，非此爻本義。」〔註32〕

按《六爻》：「下三爻皆處險而待渙者也。初六在《否》之之〔註33〕初，

〔註27〕蘇濬《生生篇・渙》。
〔註28〕「二」，《周易玩辭》作「三」。
〔註29〕項安世《周易玩辭》卷十二《渙其群　渙有丘》。
〔註30〕項安世《周易玩辭》卷十一《渙王居无咎》。
〔註31〕項安世《周易玩辭》卷十一《渙其血》。
〔註32〕項安世《周易玩辭》卷十一《汗　血》。
〔註33〕「之之」，《周易玩辭》作「之」。

急於自救，離而去之，則變為《无妄》，而無與於當世之渙，故獨不言渙。二自四來奔，而《否》始為《渙》，故加『渙』字，自九二〔註34〕。至三出險上，而有應於外，身與險相離矣，然未能及人也。上三爻皆涉川之木能渙者也。四離其類而上同，而渙事始成，為卦之主，故稱『元吉』。五居王位，當既渙之後，無所復為，惟施發散之令，以釋天下之疑，離事為之類〔註35〕，以享正〔註36〕位之逸而已。上乃處渙之極，與坎三有應，能渙遠之，不罹其害，皆『乘木有功』也。坎為血，有傷害之象。初六爻辭詳具《明夷》六二爻中。」〔註37〕

節☵ 兌下坎上

章氏曰：「卦取坎為流水，澤為止水，下澤以注乎上水之流，故為節。坎為兌所節也，所以初象『不出戶庭』，水初積也；二象『不出門庭』，則過於節矣；三象『不節』之『嗟』，兌上缺也；四『安節』，五『甘節』，惟上則節之極，而終於坎陷之苦也。」〔註38〕

《象學》〔註39〕曰：「節者，限制裁抑之名。兌為川澮，坎為水泉。古井田之制，大而川澮，小而溝洫，錯綜阡陌隴畝之間，以備旱潦。旱則引川澮以灌溝洫，潦則瀹溝洫而隄川澮，使稼穡獲遂，民生賴之，故曰『節：亨』。」

丘輔國曰：「爻各相比而相反。初與二比，初『不出戶庭』則『无咎』，二『不出門庭』則『凶』，二反乎初者也。三與四比，四柔得正則為『安節』，三柔不正則為『不節』，三反乎四者也。五與上比，五得中則為節之甘，上過中則為節之苦，上反乎五者也。」〔註40〕

節：亨。苦節不可貞。

《彖》曰：「節：亨」，剛柔分而剛得中。「苦節不可貞」，其道窮也。說以行險，當位以節，中正以通。天地節而四時成。節【以制度，不傷財，不害民。

述曰：坎陽兌陰分上下，而陰陽不偏聚者，節也，故以名卦。節之大者，

〔註34〕此處《周易玩辭》有「始」。
〔註35〕「類」，《周易玩辭》作「煩」。
〔註36〕「正」，《周易玩辭》作「王」。
〔註37〕項安世《周易玩辭》卷十一《六爻》。
〔註38〕章潢書中未見此語。
〔註39〕不詳。
〔註40〕胡廣《周易大全》卷二十《節》。

莫若剛柔分、男女別也。節以中為界，其道乃亨，過則苦矣。節至於苦，豈能常也？不可固守以為常，「不可貞」也。

蔡汝楠曰〔註41〕：「『剛柔分』者，自然之節。『剛柔〔註42〕中』者，制〔註43〕節之人德行之不節，患無九二用中之人耳。」故王弼曰「剛柔分而不亂，剛得中而能制」。「節不違中，所以得亨也。」〔註44〕虞翻曰：「『苦節不可貞』，位極於上，乘陽，故『窮』。」「窮」與「亨」反。不亨而可以為貞乎？卦內兌外坎，「說以行險」，險者，人之所難，說以行之，則人不以為苦，節之義也。《象旨》：「卦所以為節者，兌也。兌施節於坎，故曰『說以行險』。九五居尊，能受兌之節，而五又成坎之主，坎為通，故曰『當位以節，中正以通』。」〔註45〕敬仲曰：「天地亦有節，夏暑之極秋節之，冬寒之極春節之，故『四時成』。為國則『節以制度』，有制度則財不妄用，不妄用則不橫斂害民。『天地』與聖人並言，何也？人道即天地之道，『節以制度』即四時寒暑溫涼之宜也。」〔註46〕】〔註47〕

《紀聞》曰：「『天地之數六十，故卦六十而為《節》。』」〔註48〕節，柔來節剛，剛上節柔，猶《賁》『柔來文剛』、『剛上文柔』也。『《賁》以剛柔純質而無文，故文之；《節》以剛柔過盛而無節，故節之。』」〔註49〕『發而皆中節謂之和。稼穡作甘，以待中央之土也。火炎上作苦，亦以焦土之極也。剛得中而受節，乃為九五之甘；柔失中而過節，則為上九之苦。』」〔註50〕大抵節意於剛一邊尤重，剛尤最易至於過，故又舉卦體『剛得中』為言，以見節貴亨。『其道』指苦節底道理。『窮』謂窮極而難通，故『不可貞』。」〔註51〕

〔註41〕蔡汝楠《說經箚記》卷一《易經箚記·歸妹卦》（《四庫全書存目叢書》第149冊，第36頁。）
〔註42〕「柔」，《說經箚記》作「得」，是。
〔註43〕「制」，《說經箚記》作「能」。
〔註44〕孔《疏》。
〔註45〕熊過《周易象旨決錄》卷四《節》。其中，「兌施節於坎，故曰『說以行險』」，出蘇軾《東坡易傳》卷六《節》。
〔註46〕楊簡《楊氏易傳》卷十九《節》。
〔註47〕【　】內文字，底本原缺頁，據四庫本補。
〔註48〕出胡炳文《周易本義通釋》卷二《節》。《讀易紀聞》引之而不言。
〔註49〕郭雍《郭氏傳家易說》卷六《節》。《讀易紀聞》引之而不言。
〔註50〕胡廣《周易大全》卷二十《節》，稱「胡氏應回曰」。《讀易紀聞》引之而不言。
〔註51〕張獻翼《讀易紀聞》卷四《節》。

《象》曰：澤上有水，節。君子以制數度，議德行。

述曰：「『澤上有水』，水有所限而止。」〔註52〕節「下保其潤，上得其安」〔註53〕。汝中曰：「君子觀節之象，知民事民行，不節則過而流，故為之節。『以制數度』，數以為度，度辨於數也。多寡大小，惟分所限，而貴有採章、賤有衰序焉。裁制於心，一天道秩然之品節也。以『議德行』，德以為行，行軌於德也。進反盈縮，惟衷於度，而賢不得過，愚不肖跂而及焉。擬議自心，一天則自然之中節也。」〔註54〕「制數度，定萬用之限；議德行，嚴一身之限。」〔註55〕

敬仲曰：「『議德行』，擬之議之，以求中節耳。如孟子議禹、稷、顏子、曾子、子思同道之類。」〔註56〕

初九：不出戶庭，无咎。　《象》曰：「不出戶庭」，知通塞也。

述曰：初九陽剛，有應於四，然在下而無位，遠而之應，則入於坎陷，不可進也。處節之初，知節之早，故為「不出戶庭」之象。初陽得正，能謹於微者也。如是則可免於咎矣。《象》曰「知通塞也」，通則行，塞則止，節之道也。險塞於前，時不可出，此初之所以中節歟？〔註57〕

九二：不出門庭，凶。　《象》曰：「不出門庭，凶」，失時極也。

述曰：二在初之上，已離乎隱。九陽居之，可以有為之時也。然失位不正，與五兩剛不相得，居內自守，固以為節，有「不出門庭」之象。〔註58〕卦以「剛得中」而成節，謂二也。二當節之時，不能上從九五中正之跡，成節之功，其失時亦極矣，故「凶」。「張敬夫曰：『初九無位之人，雖慎密不出而亦无咎。

〔註52〕胡炳文《周易本義通釋》卷四《象下傳》。
〔註53〕《子夏易傳》卷六《節》。
〔註54〕王畿《大象義述》未見此語。
〔註55〕胡炳文《周易本義通釋》卷四《象下傳》。
〔註56〕楊簡《楊氏易傳》未見此語。
〔註57〕此一節敷衍章潢《周易象義》卷四《節》之說：
　　初九陽剛兌體，與四相應，非不能進者。然遇二之陽剛在前，時方閉塞，不可進也。初能自守以正，節而不行，故為「不出戶庭」之象。當節之初，知節之早，自不至於坎險。《係（著者按：當作「繫」）辭》謂其「慎密不出」是也，故「无咎」。《象》曰「知通塞也」，通則行，塞則止，節之道也。險塞於前，時不可出，此初之所以中節歟？
〔註58〕季本《易學四同》卷二《節》：
　　二在初之上，已離乎隱。而九以陽剛居之，可以有為之時也。然居中自守，而不一見於行，則有「不出門庭」之象。

九二有位大臣，則不出為凶。』『時之通則出，為是其不出者非也；時之塞則不出，為是而出者非也。』『是故節而止者易，節而通者難。』『初之知通塞，知節者也；二之失時極，不知節者也。』」〔註59〕

《象旨》：「『戶庭』，李鼎祚曰：『初九應四，四互艮，艮為門闕，四為內戶，戶庭之象也。』『門庭』者，二應在五，五為艮之上而在外。《說文》：『半門為戶，雙扉曰門。』又：『外曰門，內曰戶。』敬仲〔註60〕以為九二奇爻，阻其前，戶數奇；六三偶爻，處其前，門數偶。參而觀之，當得本象。但其知奇偶，別門戶，以為阻前者當之，而不知即所居之位，則亦未盡也。初、二皆不出，應皆互艮也。」〔註61〕

六三：不節若，則嗟若，无咎。　《象》曰：「不節」之「嗟」，又誰咎也？

述曰：《象》「說以行險」，險者，兌所節也。三陰柔不中，居說之極，兌口開而承坎水，常流而不塞，故有「不節若，則嗟若」之象。其心蓋知有節，而不安於不節，此善機也。失而能悔，无咎之道也。

彭山曰：「《象》曰『又誰咎也』，非謂三之過不可免而無所歸咎也。」〔註62〕

〔註59〕張獻翼《讀易紀聞》卷四《節》，乃拼接諸家之說而成。
　　　按：董真卿《周易會通·周易經傳集程朱解附錄纂註卷十一·節》、胡廣《周易大全》卷二十《節》：
　　　　南軒張氏曰：「處節之道，要知時識變，故曰『當位以節，中正以通』。初九無位之人，雖慎密『不出戶庭』，而亦『无咎』；九二有位大臣，則『不出門庭』為『凶』。」
　　　胡廣《周易大全》卷二十《節》：
　　　　建安丘氏曰：「通塞在時，出處在己。時之通則出，為是其不出者非也；時之塞則不出，為是而出者非也。若初之『不出戶庭』，則以其猶未得位，前遇剛塞，可以不出也，故『不出』則『无咎』。二之『不出門庭』，則以其既得中位，且無窒塞，不可以不出也，而亦不知出焉，此其所以凶歟？」
　　　胡炳文《周易本義通釋》卷二《節》：
　　　　初九於時當止，位雖有應，其止非失時；九二於時當行，位雖無應，其行非干時，是故節而止者易，節而通者難。
　　　吳澄《易纂言》卷六《象下傳》：
　　　　初之「知通塞」，知節者也；二之「失時極」，不知節者也。
〔註60〕楊簡《楊氏易傳》卷十九《節》：
　　　解初九：「九二奇爻，阻其前，戶庭有阻。」
　　　解九二：「九二之前無阻也，異乎初九矣。六三耦爻，有門象，無阻之者。」
〔註61〕熊過《周易象旨決錄》卷四《節》。
〔註62〕季本《易學四同》卷四《彖象爻下傳》：「『无咎』，言人不歸咎，非謂三之過不可免而無所歸咎也。」

曰「不節之嗟」，嗟則能節矣，又誰咎之？聖人貴人善補過也。〔註63〕

劉牧曰：「節之義，惟居中得正者能立節。二當節而不節，有後時之凶；三過節而不節，有悲嗟之歎。」〔註64〕

六四：安節，亨。　《象》曰：「安節」之「亨」，承上道也。

述曰：六四以陰居陰，當位。五為坎主，能受節，得中正之道而順承之，安於節者也。呂仲木曰：「安言順也，承而奉行之也。」〔註65〕胡旦曰：「六四以柔順之道上承於君，以行節制，率天下之人得以亨通，是承君上之道也。」〔註66〕

敬仲曰：「六與四純陰，有安象。居近君之位，而謹於承上之道。正位居體，安止無越則亨。斯乃承上之道也。」〔註67〕

九五：甘節，吉，往有尚。　《象》曰：「甘節」之「吉」，居位中也。

述曰：九五陽剛，當位居尊，而在二陰之間，有所收斂而不敢肆，所以為節。〔註68〕「甘節」者，甘九二之所節也。九二剛得中而為制主，五剛同德，中而且正，樂受其節，而以節節天下，蓋於己則安行，於人則說從，所以吉也。如是而往，有可嘉尚。陸希聲曰：「聖人性乎情，故達節；賢人制乎情，故守節。苟能通天下之情，不違其禮；守極中之節，不失其時；以此而行，聖人之所尚也。」〔註69〕

《象旨》：「土於味為甘。五變成坤。坤，土。按《說文》：『甘，美也。從口含一。道〔註70〕也。』傳曰『甘受和』，言五當尊而能受節，如甘之受和也。『往有尚』，則數度德行自是制定，『中正以通』矣。」〔註71〕

薛溫其曰：「『甘臨，無攸利』者，在下用甘，佞而進也；『甘節，往有尚』

〔註63〕熊過《周易象旨決錄》卷四《節》：「故能嗟。嗟則能節矣，故『无咎』。『无咎』者，善補過也，其誰咎之哉？」

〔註64〕李衡《周易義海撮要》卷六《節》。又見馮椅《厚齋易學》卷三十《易輯傳第二十六·節》。

〔註65〕呂柟《周易說翼》卷二《節》。

〔註66〕李衡《周易義海撮要》卷六《節》。

〔註67〕楊簡《楊氏易傳》卷十九《節》。其中，「而謹於承上之道」，《楊氏易傳》作「尤當明於上下之分」。

〔註68〕季本《易學四同》卷二《節》：「節之所以為節，全在於坎。陽在二陰之中，有所收斂而不敢肆，所以為節。」

〔註69〕李衡《周易義海撮要》卷六《節》。

〔註70〕「道」，《說文解字》作「一道」。

〔註71〕熊過《周易象旨決錄》卷四《節》。

者，在上用甘，民悅隨也。」〔註72〕

上六：苦節，貞凶，悔亡。　《象》曰：「苦節，貞凶」，其道窮也。

　　述曰：上以陰居節極，「過節之中」〔註73〕，「苦節」者也。當時勢之難，出於不得已，以是為正則凶矣，而我則「悔亡」。〔註74〕荀爽曰：「乘陽於上，無應於下，故『其道窮』。」〔註75〕「道曷有窮？節之苦者窮之也。或可艱難困阨於一人，而未可公行於天下；或可勉強植立於一時，而未可通行於萬世；皆窮之凶也。」〔註76〕

　　《彖》曰「節：亨」，鄭剛中曰：「無位者不能制節，制節而不以中正者不能通。」〔註77〕五既得位，又中且正，所以能主節也。推節之道，天地有節，故能成四時。無節則失序矣，故一年四季皆稱節焉。聖人立制度以為節，所以法天地之節也。「不傷財，不害民」，節之道也。人之欲無窮，而天之生有限，苟非「節以制度」，使上下有分、名器有等，則侈肆貪縱，其傷財害民也必矣。〔註78〕

　　《象》曰「澤上有水」，楊氏曰：「水之在澤，盈〔註79〕，平則鍾，此節之象也。兌說坎險，說過則流，儉以節之，此節之義也。三〔註80〕陽盛，三〔註81〕陰節之；一陰盛，一陽節之；此節之理也。故曰『澤上有水，節』。民侈受之以節，節苦受之以中，中無形受之以制。聖人之防人慾足矣，而猶未也。約民以制，以制為節也；先民以身，為制也〔註82〕。故曰制度數為未足，必反而

―――――――――――――――――――――――――――――

〔註72〕李衡《周易義海撮要》卷六《節》。又見馮椅《厚齋易學》卷三十《易輯傳第二十六‧節》。

〔註73〕王《注》。

〔註74〕蘇軾《東坡易傳》卷六《節》：
　　　　上六「貞凶，悔亡」者，何也？「凶」者，六三；「悔亡」者，上六也。是以知節者在坎，而見節者之在兌也。六三施苦節於我，出於不得已則无咎，以是為正則凶矣，而我「悔亡」。

〔註75〕李鼎祚《周易集解》卷十二《節》。

〔註76〕章潢《周易象義》卷四《節》。

〔註77〕出胡炳文《周易本義通釋》卷十二《象下傳》，非出鄭剛中《周易窺餘》。

〔註78〕程《傳》：
　　　　推言節之道。天地有節，故能成四時，無節則失序也。聖人立制度以為節，故能不傷財害民。人慾之無窮也，苟非節以制度，則侈肆至於傷財害民矣。

〔註79〕「盈」，《誠齋易傳》作「盈則溢」。

〔註80〕「三」，《誠齋易傳》作「二」。

〔註81〕「三」，《誠齋易傳》作「二」。

〔註82〕「為制也」，《誠齋易傳》作「以身為制也」。

議吾身之德行焉。嗚呼周矣！」〔註83〕

初九爻，楊氏曰：「君子將有以節天下，必始於節一家，節一家必始於節一身。不出戶庭之間而制數度、議德行，不傷財，不害民，節之道具矣。塞則行之戶庭而準，通則行之四海而準，初九窮而在下，故『不出戶庭，无咎』。」〔註84〕

九二爻，初在兌下，兌為戶而主言；為互震，震為門而主動。兌者，闔戶之時，當其不可言，雖戶庭之近，不可出也。震者，闢戶之時，當其可動，雖門庭之遠，不可以不出也。凡事當密而不密，與當盡而不盡，皆謂之失節。初九在一卦之下，不與九五相當，故其節在於謹密；九二與五正對，五動而二不動，則失時之節矣。故曰「不出戶庭，知通塞也」；「不出門庭，凶，失時極也」。極猶準則也。義與節通，此所謂「議德行」也。

六三爻，項氏曰：「三兌主說，說以行險則成節，不說則成嗟。嗟與說相反者也。」〔註85〕「《小象》『又誰咎也』凡三：《同人》初九、《解》六三與《節》之六三。三辭皆無褒貶，但言人當自謹而已。出門同人，我所當擇；致寇之端，我所當慮；得失由己，我所當省。不節之嗟，〔註86〕皆無所歸咎也。雖與他爻无咎小異，然亦得補過之方，於本義無悖矣。觀《需》九二〔註87〕『自我致寇，敬慎不敗也』，則《解》之『自我致戎，又誰咎也』，亦教之以自反，非必謂之貶辭也。」〔註88〕

六四爻，四以陰居陰，安於正也。下應於初，有節之象。四坎體，水也。水上溢無節，就下有節，如四之義，非強節之安於節者也。節以安為善，故能致亨。安節之義非一象，獨言「承上道」者，上謂五，五為坎主而能受節之道，承上道而奉行之也。楊氏曰：「六三之『不節』，上六之『苦節』，皆不中。〔註89〕節而中，中而安，其惟六四乎！六四在坎之下，居水之趾，安焉自節而斷然不溢者也。方九五之君以甘節先天下，乃得六四之近臣，安節以承其上之道，

〔註83〕楊萬里《誠齋易傳》卷十六《節》。
〔註84〕楊萬里《誠齋易傳》卷十六《節》。無「无咎」二字。
〔註85〕項安世《周易玩辭》卷十二《六三　六四》。
〔註86〕「我所當慮；得失由己，我所當省。不節之嗟」，《周易玩辭》作「我所當省；不節之嗟，我所當慮。得失由己」。
〔註87〕「九二」，《周易玩辭》作「九三」，是。
〔註88〕項安世《周易玩辭》卷十二《又誰咎也》。
〔註89〕「六三之『不節』，上六之『苦節』，皆不中」，《誠齋易傳》作「六三之『不節』，不及於節；上六之『苦節』，過於節。無過焉，無不及焉」。

此天下所以蒙不傷財、不害民之福也。故亨非六四之亨，天下之亨也。」〔註90〕

九五爻，楊氏曰：「九五以剛德為節之主。然甘而不苦，以其位乎中也。中則不過，不過則可美而易從矣。禹之卑宮室，惡衣服，菲飲食，何其制也。〔註91〕然致美黻冕，致孝鬼神，又何華也。此其所以得中無往而不可尚，天下皆受其吉康歟？」〔註92〕

上六爻，項氏曰：「上六以窮上為苦，苦者，炎上之味也。」對九五甘節言之也。「甘者，五行之中味。」「『節亨』，指九五，故曰『剛柔分而剛得中』。『苦節不可貞』，指上六也，故曰『其道窮』。上六苦節之極，貞而不變，以此施於當世，其道則凶，乃若其心則信正而行之，而不以為苦，故曰『悔亡』。」〔註93〕

初九爻，邵寶曰：「節之貞為兌。兌，澤象也。澤漏則枯，故聖人於初繫漏言之戒。兌為口，言象也。觀於物漏，而節宣之道可知己。三之道節，二之道宣。節，節也，宣亦節也。」〔註94〕

中孚☲ 兌下巽上

程《傳》：「為卦二陰在內，四陽在外，而二、五之陽皆得其中。以一卦言為中虛，以二體言為中實，皆孚信之象也。」〔註95〕

李清臣曰：「中孚謂居中者孚，不中者不孚也。二、五俱中，故五『有孚攣如』，二鶴鳴子和。主卦之美，全在九二，以有誠於幽隱之間也。聖人名中孚之義如此。」〔註96〕

〔註90〕楊萬里《誠齋易傳》卷十六《節》。

〔註91〕「禹之卑宮室，惡衣服，菲飲食，何其制也」，《誠齋易傳》作「禹是也。宮室卑矣，衣服惡矣，飲食非矣，何其節也」。

〔註92〕楊萬里《誠齋易傳》卷十六《節》。

〔註93〕項安世《周易玩辭》卷十二《九五　上六》：

九五得中為甘，甘者，五行之中味也；上六窮上為苦，苦者，炎上之味也。「節亨」，指九五也，故曰「剛柔分而剛得中」。「苦節不可貞」，指上六也，故曰「其道窮也」。……上六苦節之極，貞而不變，以此施於當世，其道則凶，乃若其心則信正而行，不以為苦，故曰「悔亡」。

〔註94〕邵寶《簡端錄》卷二《易》。

〔註95〕此乃朱熹《周易本義》，非程《傳》。程《傳》曰：

內外皆實而中虛，為中孚之象。又二五皆陽中實，亦為孚義。在二體則中實，在全體則中虛。中虛信之本，中實信之質。

〔註96〕（宋）章如愚《山堂考索》別集卷三《經籍門》：

張子厚曰：「上巽施，下說承之，其中必有感化而出焉者。蓋孚者覆乳之象，有必生之理。」〔註97〕

章氏曰：「中孚取象，不獨豚魚最親切，鶴鳴、翰音亦然。二居兌澤，故曰『在陰』；上為巽風，故曰『於天』。孚於中也，則鳴鶴自有子和；孚於外也，則翰音徒登於天。然則中孚可以人為與之哉？」〔註98〕

中孚：豚魚吉，利涉大川，利貞。

《彖》曰：中孚，柔在內而剛得中。說而巽，孚，乃化邦也。「豚魚吉」，信及豚魚也。「利涉大川」，乘木舟虛也。中孚以「利貞」，乃應乎天也。

述曰：《象旨》：「『中孚』，蘇氏曰：『如羽蟲之孚，有諸中而後能化。』朱先生言『字從爪從子，如鳥抱子之象。蓋中所抱者實有物也』〔註99〕。『豚魚』者，巽為魚，而在兌澤之中，以應巽風，有江豚之象。『大川』，兌澤之象。巽木浮於兌澤之上，舟楫之利，故可涉大川。」〔註100〕

中孚，有信在中也。「六三、六四以柔在內，是中虛所以受信；九二、九五以剛得中，是中實所以為信。此中孚之義。說則和順而易從，巽則漸漬而不迫。下說以孚乎上，上巽以孚乎下，無往不孚，則無往不化，固可以化萬邦矣。」〔註101〕有孚在中而化萬邦，中孚之德也。「『豚魚吉』，信及豚魚也」，豚魚澤物風性，風動澤中，豚魚信於未發之先，皆浮水面以迎之。信及風澤之豚魚，不言而信，信在言前也。「『利涉大川』，乘木舟虛也」，木舟內虛外實，可以順風上下而涉川濤也。「中孚以『利貞』，乃應乎天也」，誠者天之道也。〔註102〕

不知聖人名卦曰中孚者，謂居中者孚，不中者不孚也。二、四之中，故五曰「有孚攣如」，二則有鶴鳴子和之德。主卦之美，全在九二，以有誠於幽隱之間也。聖人名中孚之義如此。

　　按：未言何人之說。朱彝尊《經義考》卷二十一李清臣《易論》三篇。
〔註97〕張載《橫渠易說‧中孚》。
〔註98〕章潢書中未見此語。
〔註99〕黎靖德《朱子語類》卷七十三《易九‧中孚》：

　　問：「中孚孚字與信字恐亦有別。」曰：「伊川云：『存於中為孚，見於事為信。』說得極好。因舉字說，孚字從爪從子，如鳥抱子之象。今之乳字一邊從孚，蓋中所抱者實有物也。」
〔註100〕熊過《周易象旨決錄》卷四《中孚》。
〔註101〕章潢《周易象義》卷四《中孚》。

　　按：胡炳文《周易本義通釋》卷十二《彖下傳》：「合上下體則『柔在內』為中虛，所以受信；分上下體則『剛得中』為中實，所以為信。」
〔註102〕章潢《周易象義》卷四

中孚而貞，則皆天機之自動，誠感誠應，如風信於豚魚，與虛舟之乘風，往來澤中，有莫之為而為之者矣。中孚必如是而後為正也。

汝吉曰：「孚，信也。中孚，心一於信也。『柔在內』，是氣聚於虛之體；『剛得中』，是真實主宰之精。至虛而至實，中孚之所以出也。下說上巽，其中必有感化而出者，是覆育長養之道也。」

陸希聲曰：「二、五殊位而志同，二得中而說於內，所以正情性之本也；五得中而巽於外，所以行教化之方也。中孚有天性之道，教化之所由生也。教化之極必始性情之際，若鳥孚自殼，然後羽翼成焉。故《中孚》變為《小過》，有鳥之象。」〔註103〕

《象旨》：「郭京《易舉正》云：『豚魚吉，信及也』，今本多一『豚魚』字。俞氏曰：『及者，近似之謂，非施及之及也。謂人之不失信，比及於豚魚之信。猶《詩序》德如羔羊之意。』『乘木舟虛』，鄭以集板為空，大木為虛。按：卦之陰，中虛之象。王輔嗣以為『乘木於川舟之虛，則終已無溺』。蘇氏云：『無心之謂』，是也。所稱『應乎天』者何？卦惟二陰，所應皆陽。陽者乾畫，乾為天也。」〔註104〕

巽、兌本各以陰在上下卦，而皆有取於剛中。中孚本合以巽、兌二陰成卦，亦謂「柔在內而剛得中」，所以三「得敵」，四「馬匹亡」，不與其中孚，而「鳴鶴子和」、「有孚攣如」則在二、五。《象詞》「中孚以利貞」，兌之不貞則為六三之妄說而不孚，巽之不貞則為上九之信窮而不孚。

述曰：質卿曰：「中孚為何豚魚亦吉？蓋聖人在上，天地鬼神亦莫不寧及，鳥獸草木魚鱉咸若以能為之主也。中孚之人，隨在為主。隨在為物之主，則隨在為物之天。物得其天，未有不熙然而遊、快然而育者，此豚與魚之所以吉也。」

《象》曰：澤上有風，中孚。君子以議獄緩死。

述曰：汝中曰：「風感水受，中孚之象。」〔註105〕君子體中孚之意，「以

卦辭「豚魚吉」，何也？「信及豚魚也」。如風見信於澤中之豚魚，信在言前，不言而信也。「利涉大川」，何也？「乘木舟虛也」。木舟內虛外實，可以順風上下而涉川濤也。「中孚以『利貞』」，何也？乃應乎天也。誠者天之道也。

〔註103〕李衡《周易義海撮要》卷六《中孚》。
〔註104〕熊過《周易象旨決錄》卷四《中孚》。
〔註105〕王畿《大象義述》（吳震編校整理《王畿集》，鳳凰出版社2007年版，第673頁）。

議獄緩死」，獄而曰議，求其入中之出；死而曰緩，求其死中之生；然後盡於人心也。「王聽之，三公聽之，司寇聽之，議獄也。旬而識聽，二旬而識聽，三月而上之，緩死也。議獄，兌象；緩死，巽象。」〔註106〕「獄成而孚，輸而孚」〔註107〕，皆中孚惻怛之意也。

《紀聞》曰：「『澤上有風』，感得水動；『議獄緩死』，感得人心。風無形而能震川澤，鼓幽潛；誠無象而能動天地，感人物。中孚之感，莫大於好生不殺。舜之欽恤，舜之中孚也；有虞之民協中刑措，天下之中孚也。」〔註108〕

初九：虞吉，有它不燕。　　《象》曰：初九「虞吉」，志未變也。

述曰：初九與六四為正應，而六三其同體也。孚信之始，貴以正合，不可私繫。初九本剛正之體，有初筮之誠，與四相得而正相歡，謂之曰虞，如是則吉。初念最純，「繫心於一，不燕昵其他，孚之至也」〔註109〕。「它」指六三。《象旨》：「『虞吉』讀如『騶虞』之『虞』，謂其樂信於四，非如朱先生謂其『能度』〔註110〕也。在中孚之象，以相孚為義，無能度之旨。」〔註111〕

《象》曰「志未變也」，一卦二陰，非此則彼，其志易變而他。初剛正，其志本一於正應，不變志而燕於他也。此初九之自能，亦因以防之也。兌主說，虞說象不燕不說之云也。

九二：鳴鶴在陰，其子和之。我有好爵，吾與爾靡之。　　《象》曰：「其子和之」，中心願也。

述曰：王《註》：「處於內體，又居重陰之下，而履不失中，不徇於外，任其真者也。立誠篤志，雖在闇昧，物亦應焉，故為『鳴鶴在陰，其子和之』之象。」「在陰」以喻幽隱之誠，「子和」以喻同聲之應。九二陽剛有實，仁義忠

〔註106〕王畿《大象義述》（吳震編校整理《王畿集》，鳳凰出版社2007年版，第674頁）。

〔註107〕《尚書·呂刑》。

〔註108〕張獻翼《讀易紀聞》卷四《中孚》。

　　　　按：此乃敷衍楊萬里《誠齋易傳》卷十六《中孚》之說：

　　　　風無形而能震川澤，鼓幽潛；誠無象而能動天地，感人物。此「澤上有風」所以為中孚。心一誠而誠萬用，用之大者，其惟好生不殺乎？故中孚至誠不殺之心，首用之「以議獄緩死」。好生洽民，舜之中孚也；不犯有司，天下之中孚也。

〔註109〕熊過《周易象旨決錄》卷四《中孚》。

〔註110〕朱熹《周易本義》：「當中孚之初，上應六四，能度其可信而信之則吉。」

〔註111〕熊過《周易象旨決錄》卷四《中孚》。

信皆其所具「好爵」也。好爵我之所自有，詎惟我好？有與同德，詎無同好？吾與爾皆靡之，有孚於心，若縻繫而不可解也。至誠無遠近，幽深之間，何彼何此，何我與爾，一鳴一和，如鶴與子，而孚五之本具矣。

「鶴知夜半，亦有信之鳥。」〔註112〕「鶴之聲長而遠聞，由其發之中者大，故孚之遠也。《小雅》所謂『鶴鳴于九皋，聲聞于天』者是也。鶴之鳴雖在二陰之下，皋澤之中，而其子和之，同聲相應，不期然而然耳。」〔註113〕

《象》曰「『其子和之』，中心願也」，中心以人之好我者言。孚以心，不可解於心，曰「中心願」。

《象旨》：「『鳴鶴』者，互震，為鳴、為鶴。虞氏謂『離為鳴』〔註114〕，非旨也。『在陰』者，師曠《禽經》以為鶴愛陰惡陽。《周書·王會》謂『陰，羽也』。朱《義》稱『九居二』者，是已。『其子和之』，俞氏曰：『鶴，澤鳥。二，陰位。三、二同兌體，二鳴三和也。我有好爵，謂其位得中，天爵也。爾指三。吾，我九二自謂也。三乃兌之主爻，二稱吾我而呼三為爾，崇陽抑陰，貴中而賤不中也。』」〔註115〕」〔註116〕

六三：得敵，或皷或罷，或泣或歌。　《象》曰：「或皷或罷」，位不當也。

述曰：《象旨》：「『敵』，匹敵，謂四也。與《艮》『敵應』之『敵』同。彼以應言，此以比言。」〔註117〕六三陰柔不當位，過中失正，心無所主，非能孚者，故不足以孚正應，而妄說於近四，近不相得，故有「得敵」之象。是以或皷而進，或罷而休，或泣而悲，或歌而樂。動靜欣戚不得其常，皆妄也。

《象旨》：「『或皷』者，居互震之中，欲進而鬭敵也。『或罷』，居互艮之下，止也。『或泣』，不勝而退，懼見侵陵震，恐懼也。『或歌』者，喜敵而在震，善鳴也。六三才柔位剛，半動半靜，而失本體之正」〔註118〕，故曰「位不當也」。

紫溪曰：「人而孚，則千里之外，孰非吾與？人而不孚，則一室之近，孰非吾敵？曰『得敵』〔註119〕，則吾之身不能以自安，而吾之性情不能以自主，

〔註112〕季本《易學四同》卷二《中孚》。
〔註113〕章潢《周易象義》卷四《中孚》。
〔註114〕虞翻之說，見李鼎祚《周易集解》卷十二《中孚》。
〔註115〕俞琰《周易集說》卷十《中孚》。
〔註116〕熊過《周易象旨決錄》卷四《中孚》。
〔註117〕熊過《周易象旨決錄》卷四《中孚》。
〔註118〕熊過《周易象旨決錄》卷四《中孚》。
〔註119〕「曰得敵」，《生生篇》作「至於敵之多」。

作止哀樂，皆失常度，所謂『人而無信，不知其可也』。」〔註120〕

六四：月幾望，馬匹亡，无咎。　　《象》曰：「馬匹亡」，絕類上也。

　　述曰：六四體巽應說，柔得正位而處中孚之中，以誠信而孚於上者也。陰德，月象。月本無光，受日之光以為光。六四柔體之虛而承剛，實如幾望之月，於日光無所不受。以位近五，而原與五同體也，故其象為「月幾望」。三陰不正，與己為匹，如馬並驂，有牽繫之意。四則惟知上從乎五，而不下繫於三，又為「馬匹亡」之象。履正承尊，絕無私累，得中孚之義，所以「无咎」。〔註121〕《象》曰「絕類上也」，係三則從上之心不純，無以成孚之功也。

　　《象旨》：「王應麟曰：『幾望者，在《小畜》之上以抗陽，凶；在《歸妹》之五以應陽，吉；《中孚》之四從陽，故无咎也。』〔註122〕馬，互震也。四舍三比五，有二馬而亡其一，故象以為『絕類上』。類謂三。上者，五也。三、四本陰類，六三自以為得匹敵，六四守而不與三比，是絕其類於上也。」〔註123〕

九五：有孚攣如，无咎。　　《象》曰：「有孚攣如」，位正當也。

　　述曰：九五剛健中正而居尊位，有孚之實，為孚之主也。合九二共為一體，包二陰以成中孚，其中誠固結，有「攣如」之象，故「无咎」。〔註124〕胡氏曰：「至誠發於內，以牽攣天下之心，上下內外皆以誠信相通，得君之道，又何咎

〔註120〕蘇濬《生生篇・中孚》。

〔註121〕章潢《周易象義》卷四《中孚》：

　　六四陰柔得正，上承九五之剛中，以相孚信，是虛中能容，如幾望之月，於日光无所不受。以四之位原與五同體也，故有「月幾望」之象。四陰與三陰相比，猶馬匹也。四則惟知上從乎五，而亡其比三之私，故又為「馬匹亡」之象。如是則誠信乎上，實有巽順之德矣，故「无咎」。《象》曰「『馬匹亡』，絕類上也」，下絕六三之匹類，上從九五之陽剛，一心以相孚而私累盡去，何咎之有？

〔註122〕王應麟《困學紀聞》卷一《易》：

　　《小畜》上九「月幾望」則「凶」，陰亢陽也；《歸妹》六五「月幾望」則「吉」，陰應陽也；《中孚》六四「月幾望」則「无咎」，陰從陽也。曰「幾」者，戒其將盈，陰盈則陽消矣。

〔註123〕熊過《周易象旨決錄》卷四《中孚》。

〔註124〕朱長文《易經解》：「五獨言孚，孚之主也。合九二為一體，包二陰以成孚，固結而不可解者也。」

　　胡炳文《周易本義通釋》卷二《中孚》：

　　六爻不言孚，惟九五言之，九五孚之主也。合九二以成一體，包二陰以成中孚，其固結如此，故其象為「攣如」，占為「无咎」。

也？」〔註125〕「人君之孚，當洽於臣鄰，而後貫於億兆。為孚乃化邦之事，非德之正當，何以有此？」〔註126〕理齋曰：「『位正當』者，取人以身也。不以剛健中正居尊位，則雖有臣，亦疑之而不能用矣。」

上九：翰音登於天，貞凶。　《象》曰：「翰音登於天」，何可長也？

述曰：仲虎曰：「鷄鳴必先振其羽，故曰『翰音』。而其鳴有信，故於中孚言之。」〔註127〕《象旨》：「雞，巽象。居巽極，在卦上，登天之象。《中孚》之卦，取中之孚。飛而求顯，鳴而求信，非中孚之道。侯果所謂『窮上失位，信不由中』是也。九二在陰而子和，上九飛鳴而登天，其道蓋相反也。橫渠張子曰：『上處《中孚》之窮，不久將變為《小過》初六，故《小過》初爻曰飛鳥以凶。』」〔註128〕

趙氏曰：「和在陰之鶴，凶登天之音。」〔註129〕信由中則此感彼應，雖幽隱而必和。信不由中，則聲大實喪，雖揚詡而不長。

《象》曰「中孚」，項氏曰：「柔內則剛得中，以三四、二五之四爻言中也。『說而巽，孚』，以兩卦之德言孚也。『豚魚吉』，以兩卦之象言之，豚主風，魚主澤也。『乘木虛舟』，以成卦之象言，外實而中虛也。『利貞』而『應乎天』，以四五兩爻言，四為人，五為天。皆以正相比也。五、上皆天爻也，故上亦有登天之象。應乎天與登乎天不同，應者以心感，登者以力求也。」〔註130〕「豚、魚，天下至陰之物，而皆有陽性，故二物皆屬坎，以其為陰中之陽也。中孚直坎之中氣，雖窮陰之時，而陽在其中，故謂之中孚。二物皆受其氣而生，故得此卦者，以養二物至微〔註131〕，而中氣在焉，孚之本體如此，故曰『信及豚魚也』。巽、兌二卦各得坎之半體，巽得下體，故豚主風氣而喜下入；兌得上體，故魚為澤物而喜上行。豚與雞類，性皆主風，故巽自坎之豚而為雞、魚與羊類，目皆不瞑，故兌自坎之魚而為羊，皆坎之分氣也。《中孚》肖離而氣直，豚魚猶《小過》肖坎而乃為飛鳥之象，明坎離之通氣

〔註125〕李衡《周易義海撮要》卷六《中孚》。
〔註126〕見張振淵《周易說統》卷八《中孚》，稱「崔子鍾曰」。然崔銑《讀易餘言》未見此語。
〔註127〕胡炳文《周易本義通釋》卷二《中孚》。「雞鳴必先振其羽，故曰『翰音』」，張獻翼《讀易紀聞》卷四《中孚》引之，而不注明。
〔註128〕熊過《周易象旨決錄》卷四《中孚》。
〔註129〕趙汝楳《周易輯聞》卷六《中孚》。
〔註130〕項安世《周易玩辭》卷十二《象》。
〔註131〕「以養二物至微」，《周易玩辭》作「以養二物則吉，二物至微」。

也。」〔註132〕「『中孚以利貞』，與《兌》之『說以利貞』、《小過》之『過以利貞』，利貞皆是二德，非謂在於貞也。利者利於事，貞者貞於理。說而用此，是以巽乎天而應乎人。中孚而用此，則與時行也。匹夫之諒，賊生以害理，非『中孚以利貞』也；干譽之說，害政而違道，非『說以利貞』也；陳仲子之過廉，離兄母而從妻，非『過以利貞』也。」〔註133〕

九二爻，項氏曰：「九二鳴於澤中，不求人知，而以三同體自來相和。二有好爵，樂與三同，此所謂以善養人，故中心悅而誠服之也。二得中位，故謂『好爵』。『靡之』，猶共之也。九二與之相和，則但以其中而已，故小象於二言中。二鳴於陰而三應於外，其道光明，正得中孚之義，此《中孚》之主爻也。」〔註134〕《象》曰「其子和之，中心願也」，吉出於中，中乃孚之至。〔註135〕「故《泰》之六四『不戒以孚』，亦曰『中心願也』。」〔註136〕

六三爻，項氏曰：「三，內主也。四，外主也。二陰之勢等，而三之志剛，求四也急，故稱『敵』；四之志柔，不與三競，故稱『匹』、稱『類』。三不正而躁，不知自反而求孚於四，進退悲歡，其狀屢變，而四方與五以正相孚，如日月之中正而相望，自然下亡其匹而絕其類，無復顧三之理矣。中孚以中正用孚，三皆無之。」〔註137〕「本無孚而求孚於四〔註138〕，則足以『得敵』而已。謂之『得敵』，則不必更言凶咎。」〔註139〕「六三為澤水之淺，居柔說之極，故一與物遇，鼓之則動，罷之則止，結之則泣，融之則歌，安能自守而自信哉？人必自信，然後人信之。六三己且不自信，又何孚於人？柔說躁動而在人上，其位不當也。」〔註140〕

六四爻，楊氏曰：「六四以陰居陰，以順居下，處己而不盈。以一陰承九五，孤進而不黨。不盈如月之近於望，不黨如馬之亡其匹。」〔註141〕兩馬曰匹，亡其匹言孤。「曰中心之信，人信之，君信之，又何咎矣。『絕類上』，謂

〔註132〕項安世《周易玩辭》卷十二《豚魚吉信及豚魚也》。

〔註133〕項安世《周易玩辭》卷十二《中孚以利貞》。

〔註134〕項安世《周易玩辭》卷十二《六爻》。

〔註135〕朱長文《易經解·中孚》：「曰『中心願者』，願出於中，中乃孚之至也。」

〔註136〕項安世《周易玩辭》卷十二《中心願也》。

〔註137〕項安世《周易玩辭》卷十二《六爻》。

〔註138〕「四」，《周易玩辭》作「人」。

〔註139〕項安世《周易玩辭》卷十二《得敵》。

〔註140〕楊萬里《誠齋易傳》卷十六《中孚》。

〔註141〕楊萬里《誠齋易傳》卷十六《中孚》。

絕黨以承上。」〔註142〕

上九爻，項氏曰：「上九巽極而躁，不中不正，以巽雞之翰音而欲效澤鳥之鳴，登聞於〔註143〕，內不足而求孚於外，聲聞過情，其涸也可立而待，愈久愈凶，何可長也！求之於古，其殷浩房琯之徒歟？」〔註144〕

小過 ䷽ 艮下震上

按：《小過》與《大過》義正同，過乎大斯為《大過》，過乎小即為《小過》。卦陰多於陽，故有小過之名。〔註145〕

蔡汝楠曰：「聖人立《小過》卦以見權衡之妙，『可小事』、『宜下』。孔子獵較，鄉人儺麻冕從眾之類皆是此理，當知小過即是時中。」〔註146〕關朗曰：「小過，一時之用也；大過，一世之用也。」〔註147〕

小過：亨，利貞。可小事，不可大事。飛鳥遺之音，不宜上，宜下，大吉。

《彖》曰：小過，小者過而亨也。過以利貞，與時行也。柔得中，是以「小事吉」也。剛失位而不中，是以「不可大事」也。有飛鳥之象焉。「飛鳥遺之音，不宜上，宜下，大吉」，上逆下順也。

述曰：周宴曰：「『小過：亨』者，時當過矣，不過則不行，故有亨道。『利貞』者，可過而不可過乎常也，故其道又利貞。『可小事，不可大事』，小過之所宜。『飛鳥遺之音，不宜上，宜下』，小過之象也。『大吉』，非常之吉，非一物一事之吉也。陰不過陽，其吉甚大。」

荀爽曰：「陰稱小。謂四應初，過二而去；三應上，過五而去。五處中，見過不見應，故曰『小者過而亨也』。」〔註148〕章氏曰：「『柔得中』指二、五也。柔本小，是以小事吉也。『剛失位而不中』指三、四也。剛本大，是以『不可大事』也。可與不可，各以卦位言之，正所謂『利貞』、『時行』也。『飛鳥

〔註142〕楊萬里《誠齋易傳》卷十六《中孚》。「曰中心之信」，《誠齋易傳》作「其中心之誠」。
〔註143〕此處《周易玩辭》有「天」。
〔註144〕項安世《周易玩辭》卷十二《六爻》。
〔註145〕葉良佩《周易義叢》卷十二《小過》：「《小過》為卦陰多於陽，陽大陰小，故為小者過也。」
〔註146〕蔡汝楠《說經箚記》卷一《易經箚記·小過》（《四庫全書存目叢書》第149冊，第37頁。）
〔註147〕關朗《關氏易傳·雜義第十一》。
〔註148〕李鼎祚《周易集解》卷十二《小過》。

之象」，卦之全體象之，內二陽象鳥身外，初、二、五、上象鳥翼，而初、上其翰也。鳥舒翼而飛，有過之象。鳥鳴立則首向上，飛則首向下，『飛鳥遺之音』，此又以鳥音取小過之象。」〔註149〕《象旨》：「上則乘剛，故『不宜上』；下則承陽，故『宜下』。輔嗣本旨出仲翔，至王肅直謂『四、五失位，故上逆；二、三得正，故下順』〔註150〕，兼二氏乃得之。」〔註151〕「施過於不順，凶莫甚焉；施過於順，過更變而為吉也。」〔註152〕紫溪曰：「逆即逆時，順即順時，正與『利貞』、『時行』相應。」〔註153〕卦上震下艮，亦有宜止不宜動之意。

彭山曰：「『小事吉』謂小者可過也，『不可大事』謂大者不可過也。當小過之時而過於大，則力不能任而為所不當為矣。『有飛鳥之象焉』，鳥遡風而上則為逆，此與人之力小謀大者同；隨風而下則為順，此與人之量力安常者同。見小過之為順而不當強為其大也。」〔註154〕

《象旨》：「《小過》卦繼《中孚》，《中孚》肖離，離有飛鳥之象；變為《小過》則肖坎，坎見離伏。見坎不見離，則鳥以飛過，但聞其遺音也。」〔註155〕

敬仲曰：「鳥飛已過而遺之音，過之象也。鳥飛上則逆，下則順。人情事理猶是也。上則逆，下則順也。上則犯分忤物，下則不犯不忤。」〔註156〕

《象》曰：山上有雷，小過。君子以行過乎恭，喪過乎哀，用過乎儉。

述曰：吳氏曰：「山上之雷震於高處，然其高不能及天上之雷，但能小過於出地之雷與澤上之雷而已，故名小過。獨立不懼，遯世無悶，乃大過之事。恭、哀、儉三者雖過，亦小過之事。」〔註157〕汝中曰：「時有踰禮而忘乎恭，治喪而忘乎哀，用奢而忘乎儉者。」〔註158〕君子矯之。「蓋可過乎恭，不可過

〔註149〕章潢《周易象義》卷四《小過》。
〔註150〕李鼎祚《周易集解》卷十二《小過》。
〔註151〕熊過《周易象旨決錄》卷四《小過》。
〔註152〕王《注》。
〔註153〕蘇濬《生生篇·小過》，無「利貞」二字。
〔註154〕季本《易學四同》卷四《彖象爻下傳》。
〔註155〕熊過《周易象旨決錄》卷四《小過》。按：出俞琰《周易集說》卷十《小過》，《周易象旨決錄》引之而不言。
〔註156〕楊簡《楊氏易傳》卷十九《小過》。
〔註157〕吳澄《易纂言》卷六《象下傳》。「雖過，亦小過之事」，《易纂言》作「雖過於人，亦只小過於人之事也」。
〔註158〕王畿《大象義述》（吳震編校整理《王畿集》，鳳凰出版社2007年版，第674頁）。

乎慢；可過乎哀，不可過乎易；可過乎儉，不可過乎奢也。又以為不可甚過恐，恭之慎為足恭，哀之甚為滅性，儉之甚為吝嗇也。雖小有過而不害其為過，所以為善體《易》。」〔註 159〕

項安世曰：「曰行、曰喪、曰用，皆見於動，以象震也。曰恭、曰哀、曰儉，皆當止之節，以象艮也。」〔註 160〕

初六：飛鳥以凶。　《象》曰：「飛鳥以凶」，不可如何也。

述曰：初六陰柔在下，乃與九四動體相應，而當過時行過之事，躁然以動，動無所止，故為「飛鳥以凶」之象。《象旨》：「卦言下順而爻言凶，俞、項〔註161〕謂在艮下，宜止以應之，故妄徼震動之舉而反飛者，是也。『飛鳥見以于翼』〔註162〕」〔註163〕，不能遏止以犯，上逆之失，凶可知矣，故曰「不可如何也」。

朱氏曰：「以，如『師能左右之曰以』。」〔註164〕四動體而躁，初艮體不正，柔則止，不當過也。有應在四，為四所以，不當過而過，其過至如飛鳥迅速，雖欲救止，不可如何，其凶必矣。與《鼎》『信如何也』同象，是謂惡成而不及改者。」〔註165〕

仲虎曰：「《大過》有『棟橈』象，棟之用在中，故於三、四言之；《小過》

〔註159〕張獻翼《讀易紀聞》卷四《小過》。
　　　　按：胡炳文《周易本義通釋》卷四《象下傳》：
　　　　　《本義》以為小者之過，蓋如「不懼」、「無悶」，是過於激烈，過之大者。此則過於收斂，過之小者也。又以為可過於小而不可過於大，蓋可過乎恭，不可過乎傲；可過乎哀，不可過乎易；可過乎儉，不可過乎奢也。又以為不可甚過，蓋恐其恭之甚則為足恭，哀之甚則為喪明，儉之甚則為豚肩不掩豆也。
〔註160〕項安世《周易玩辭》卷十二《象　象》。
〔註161〕「俞項」，《周易象旨決錄》作「項俞」。
　　　　項安世《周易玩辭》卷十二《初六　上六》：「初六在艮之下，當止而反飛，以飛致凶，故曰『飛鳥以凶』。」
　　　　俞琰《周易集說》卷十《小過》：
　　　　　夫以六居初，不中不正之小人，奚足以任大事？乃不安艮止之分，而妄徼震動之舉，如小鳥高飛，力盡必墮，以此致凶，捄止莫及，故曰「飛鳥以凶」。
〔註162〕蘇軾《東坡易傳》卷六《小過》。
〔註163〕熊過《周易象旨決錄》卷四《小過》。
〔註164〕《左傳》桓公十四年杜《注》：「凡師能左右之曰以」。熊過《周易象旨決錄》卷四《小過》：「《春秋傳》：『師能左右之曰以。』」
〔註165〕朱震《漢上易傳》卷六《小過》。

有『飛鳥』象，鳥之用在翼，故於初、上言之。然初、二、五、上皆翼也，何獨於初、上言之？鳥飛不在翼而在翰，初、上其翰也。飛於初已凶，飛於上可知矣。《大過》之初，過謹則无咎；《小過》之初，不謹已有咎。」〔註166〕

六二：過其祖，遇其妣。不及其君，遇其臣，无咎。　《象》曰：「不及其君」，臣不可過也。

述曰：《象旨》：「王輔嗣曰：『過而得之謂之遇。在小過而當位，過而得之之謂也。祖，始也，謂初也。妣者，居內履中而正者也。過初而履二位，故曰過其祖，遇其妣。』遇者，《春秋》家有其語，謂非正應而卒然值之也。艮、震皆一君二民之卦，小過之君不在五五，徒有其位而已。二當艮止之象，又居中得正，以承九三。三，艮主，二之君也。」〔註167〕

《小過》「可小事，不可大事」、「不宜上，宜下」，居下得中，率陰之分而不過乎則者，惟此一爻，故以小事之可得而過者發明六二之不過乎陽，所以无咎也。

初、二皆陰，而初艮始，有「祖」象；至二則當柔之位也，過乎初而適合乎中，無違越之非，有順事之正，是為「過其祖，遇其妣」。艮陽在上而止二陰，有「君」象，在二則當臣之位也，內不踰中而適居三下，無乘剛之失，有順陽之美，是謂「不及其君，遇其臣」。處小過之時，其過者乃家庭小事，可得而過，過之乃所以為中，而其不過者適合於地道臣道如此。《象》曰「『不及其君』，臣不可過」者，「臣不可自過其位也」〔註168〕。「蓋凡所謂過，皆就本爻言之。」〔註169〕

九三：弗過，防之，從或戕之，凶。　《象》曰：「從或戕之」，「凶」如何也！

述曰：「王深甫曰：『弗過必有以。』『防之』二字為句。程、朱二先生俱四字斷者，非防之旨。蘇氏曰：『弗過指二，因二不及其君、遇其臣而言。』」〔註170〕陰雖弗過，然已有浸長之勢，則當防之。三重剛好上，弗慮弗詳，謂

〔註166〕胡炳文《周易本義通釋》卷二《小過》。
〔註167〕熊過《周易象旨決錄》卷四《小過》。
　　　　其中，《讀易述》所引「王輔嗣曰」乃王《注》原文，《周易象旨決錄》所引有更換，稱「王輔嗣曰：『祖始為初。妣者，居內履中而正，指二、六。過初而履二位，故曰遇祖遇妣』」。
〔註168〕孔《疏》。
〔註169〕熊過《周易象旨決錄》卷四《小過》：「孔氏《正義》：『臣不可自過其位。』蓋凡所謂過，皆就本爻言之。」
〔註170〕熊過《周易象旨決錄》卷四《小過》。

苟無害也，謂苟無傷也，則或從而戕之矣。「或」不指六二，明陰過必害於陽，咎在三也，見當防於未過之時也。

卦以陰過陽名，而九三艮主，下止二陰，則猶未過也。雖曰「弗過」，然陰過之世，必用「防之」。剛德不中，恃而不防，致令小者或過，至於亢極，「而復應而從焉。其從之也，則戕害之凶至矣」〔註171〕。三多凶，所以戒也。

九四：无咎，弗過遇之。往厲必戒，勿用永貞。　《象》曰：「弗過遇之」，位不當也。「往厲必戒」，終不可長也。

述曰：蘇氏曰：「《小過》三之所臣者，初與二也；四之所臣者，五與上也。」〔註172〕《小過》不可以大事，正以九四失位不中之故。進而有為，則失飛鳥之宜，故爻詞戒其動。〔註173〕

當陰過陽之時，陽輕動則有咎。九四「无咎」，以居陰而應下，於震體為墜泥之威，非過剛而敢於動者得无咎也。「弗過遇之」者，「小過之義，以中為所過也。四體陽爻」〔註174〕，陰弗過也，與三同而上比於五，又適遇之，主德非強，臣亢在上，如欲遂往而任大事，則危厲及之，故必戒必「勿用」，而惟保永久之貞，則終无咎也。凡卦四、五合德，剛柔交際，然後可大有為。《小過》君臣易位，剛失正而柔乘剛，所謂上逆，正指此也，故其詞危。

《象》曰「『弗過遇之』，位不當也」，言四之位則然，「自守免咎可矣」〔註175〕，安能進而為大事？「遇之前」，遇乎陰也。遇乎陰，往則「危厲必戒」，以「從或戕之」為戒也。〔註176〕「勿用」，五為小人之長，勿用之以啟上逆之端。「終不可長」，言不可使陰之長也。《象旨》：「震陽居四，為洊雷之厲，故曰『往厲』。震有恐懼之象，故為『必戒』。不居初而居四，墜泥之威，不能

〔註171〕孔《疏》。
〔註172〕蘇軾《東坡易傳》卷六《小過》。
〔註173〕李衡《周易義海撮要》卷六《小過》錄陸希聲之說，曰：「以陽居陰，故位不當，斯得小過之心也。若動而犯上，則失飛鳥之宜，故往乃致危，必在戒之而已。」
〔註174〕陸希聲之說，見李衡《周易義海撮要》卷六《小過》。
〔註175〕王《注》。
〔註176〕姜寶《周易傳義補疑》卷八《小過》：
「遇之前」，遇乎陰也。遇乎陰，往則必「危厲」以防之，必又以「從或戕之」為戒，而勿致大有所作用，乃為能永守其貞也。俞氏曰「此爻皆以兩字為句」，是。

久之象。俞氏曰：『此爻皆以兩字為句。』〔註177〕」〔註178〕

仲虎曰：「戒三之從者，從在下之陰也；戒四之往者，往而從上之陰也。」〔註179〕吳氏曰：「陰柔過盛，陽剛但宜下退，不宜上進。四居柔則能下也，三居剛則好上也。下則凶或可免，上則凶不可免矣。」〔註180〕

六五：密雲不雨，自我西郊。公弋取彼在穴。《象》曰：「密雲不雨」，已上也。

述曰：卦以二陽為君，故六二曰「不及其君」，而六五亦取大臣之象稱公。雲升而不為雨者，陰陽和則雨。「六得五位，是小過於大陰之盛也。」〔註181〕而艮之陽爻已止於一卦之下而不交，故有「密雲不雨，自我西郊」之象。西，陰方。陰雖極盛，不能成功。而僅取六二同類之陰以為己用，故有「公弋取彼在穴」之象。程《傳》：「五與二本非相應，乃弋而取之。同類相取，兩陰豈能濟大事乎？猶密雲之不能成雨也。」《象》曰「『密雲不雨』，已上也」，謂不宜上也。「已上」即過之之意。亢者，過之極也。

初、上象飛鳥在穴，不飛者也。陰類也中虛，穴之象。不言射而言弋，不言獲而言取，不言於高墉而言在穴，皆謂陰小之不足大有為也。

《象旨》：「虞翻曰：『兌為密雲。坎象半見，故不雨。』〔註182〕西郊亦是互兌言之。五而稱公，明君方失位在四，故五稱公耳。吳氏曰：『公謂四，彼謂初。』俞氏謂『小事稱公』。皆不然也。坎為弓，弋象。《小過》似厚坎也。弋，小器，僅可射近。彼謂二陰，在互巽穴中。五體震動，弋取以自助也。《小畜》以小畜大，而諸陽不為六四用；《小過》以小過大，而二陽不為六五用也；故辭同繇。」〔註183〕

上六：弗遇過之，飛鳥離之，凶，是謂災眚。《象》曰：「弗遇過之」，已亢也。

述曰：四以陽承五，故「弗過遇之」；上以陰過中，故「弗遇過之」。以陰在上，過之極也。曰「弗遇」，則不知有陽；曰「過之」，則已上而亢矣，故為「飛鳥離之」之象。「離」猶《詩·鴻離》之「離」。項平甫曰：「上六居震之

〔註177〕俞琰《周易集說》卷十《小過》。
〔註178〕熊過《周易象旨決錄》卷四《小過》。
〔註179〕胡炳文《周易本義通釋》卷二《小過》。
〔註180〕吳澄《易纂言》卷二《小過》。
〔註181〕孔《疏》。
〔註182〕李鼎祚《周易集解》卷三《小畜》：
　　　虞翻曰：「密，小也。兌為密。需坎昇天為雲，墜地稱雨。上變為陽，坎象半見，故『密雲不雨，上往也』。」
〔註183〕熊過《周易象旨決錄》卷四《小過》。

極，其飛已高，動而成離，則麗於網罟」，奈何不凶哉？「初『飛鳥以凶』，上飛鳥而離之凶可知矣。」〔註184〕「是謂災眚」，「災自外來，眚由內出，失中故也」〔註185〕。石介曰：「小者為過越大者之事。至於亢逆之甚，則天下之所疾也。天曰災，人曰眚，天人一道也。」〔註186〕

王《註》：「小人之過，遂至上極，過而不知限，至於亢也。過至於亢，將何所遇？飛而不已，將何所託？災自己致，復何言哉！」

仲虎曰：「此爻與四正相反，九四曰『弗過遇之』，上六曰『弗遇過之』。『弗過遇之』者，陽微而弗能過乎陰，反遇乎陰也；『弗遇過之』者，陰上而弗能遇陽，反過乎陽也。小過，陰過而陽弗過之時，故四言『弗過』而上言『過』。四前有陰，有相遇之理。上已過陽，無復遇之期，故四言『遇』而上言『弗遇』。亦可見也。『飛鳥離之』，取遠過之象。陰過如此，非陰之福也。」〔註187〕

既濟 ䷾ 離下坎上

按：「卦水在火上，水火相交，各得其用，故為既濟，謂萬事已濟也。六爻初與二交，三與四交，五與上交，陽交於陰，則既濟可知矣。又卦水上火下，有既濟之象。」〔註188〕

仲虎曰：「後天以坎離居先天乾坤之位，故上經首《乾》、《坤》，終《坎》、《離》，下經亦以坎離之交不交終焉。坎陽而離陰，坎先而離後。上經《乾》、《坤》之後，坎上坎下凡六卦，下經亦以坎上坎下終焉。卦名既濟、未濟，亦且取義於坎。五行坎中之水最先，而天下坎險之時最多也。」〔註189〕

既濟：亨小，利貞。初吉，終亂。

《彖》曰：「既濟：亨」，小者亨也。「利貞」，剛柔正而位當也。「初吉」，柔得中也。「終止」，則亂其道窮也。

述曰：「既濟：亨小」，亨於陰柔之小也。小謂三陰。三陰得位而三陽下之，

〔註184〕 胡炳文《周易本義通釋》卷二《小過》。
〔註185〕 陸希聲之說，見李衡《周易義海撮要》卷六《小過》。
〔註186〕 李衡《周易義海撮要》卷六《小過》，注「介」，乃王安石之說，非石介。
〔註187〕 胡一桂《易本義附錄纂疏·周易下經第二·小過》，非胡炳文之說。董真卿《周易會通》·周易經傳集程朱解附錄纂註卷十一·小過、胡廣《周易大全》卷二十一《小過》並引，稱「雙湖胡氏曰」。
〔註188〕 章潢《周易象義》卷四《既濟》。
〔註189〕 胡炳文《周易本義通釋》卷二《既濟》。

故言「亨小」。〔註190〕六爻剛柔正位，故「利貞」。章氏曰：「『初吉，終亂』，以柔在二則吉，在上則亂。卦象離明在內，坎險在外，亦有『初吉，終亂』之象。治極而偷安，亦陰柔為之也。」〔註191〕

趙汝楳曰：「濟有亨之理，而六二為主卦之主，是以亨者小也。九五大中，宜尸既濟之用，乃謂小者之致亨，何也？水火之用，以立義也。火性炎上，即以炎上為用；水性順下，用亦如之。坎今在上，為《屯》為《需》而用猶閟；離今在下，實司鬱烝發達之權，凡交濟之用，皆由於離。離之主陰，是小者能致一時之亨也。」〔註192〕

「《彖》曰『既濟：亨，小者亨也』，水賴火以致用，剛賴柔以成功故也。」〔註193〕蘇氏曰：「坎上而離下，剛柔正也。剛皆居剛，柔皆居柔，位當也。剛柔正而位當，則小者不可復進，以貞為利也。」〔註194〕程《傳》：「二以柔順文明而得中，故能成既濟之功。二居下體，方濟之初也，而又善處，是以吉也。」蘇氏曰：「柔皆乘剛，非正也。以濟則可，既濟變而反其正，以此終焉。止而不變，則亂矣。」〔註195〕鮮于侁曰：「『終止則亂』者，反本之謂。水反而終於潤下，火返而終於炎上，故有『終止則亂』之戒。」〔註196〕劉牧曰：「水火之性，竟則必復，復則為變。」〔註197〕

「既濟者，以皆濟為義者也。小者不遺，乃為皆濟，故舉小者以明既濟也。『剛柔分而當位』，則邪不可以行矣，故明正乃利也。」〔註198〕「初吉，柔得中也」，王《註》：「『柔得中』則小者亨也，柔不得中則小者未亨。雖剛得正，則為未既濟也，故既濟之要，在『柔得中也』。以既濟為安者，道極無進，終惟有亂，故曰『初吉，終亂』。終亂不為自亂，由止故亂，故曰『終止則亂』

〔註190〕熊過《周易象旨決錄》卷四《既濟》：「『亨小』者，謂亨於小。『小』謂三陰。三陰得位而三陽下之。」

按：此說有本。胡廣《周易大全》卷二十一《既濟》：

中溪張氏曰：「既濟之亨何以謂之『小者亨也』。蓋爻有六位，三陰得位而三陽下之，故曰『小者亨也』。」

〔註191〕章潢《周易象義》卷四《既濟》。
〔註192〕趙汝楳《周易輯聞》卷六《既濟》。
〔註193〕章潢《周易象義》卷四《既濟》。
〔註194〕蘇軾《東坡易傳》卷六《既濟》。
〔註195〕蘇軾《東坡易傳》卷六《既濟》。
〔註196〕李衡《周易義海撮要》卷六《既濟》。
〔註197〕李衡《周易義海撮要》卷六《既濟》。
〔註198〕王《注》。「故明正乃利也」，王《注》作「故唯正乃利貞也」。

也。」

蘇氏曰：「凡陰陽各安其所，則靜而不用。將發其用，必有以緝之者。水在火上，欲炎而不達，火之所以致其怒也。陰皆乘陽，陽欲進而不遂，陽之所以奮其力也。火致其怒，雖陰必達；陽奮其力，雖難必遂。此所以為既濟也，故曰『既濟，亨，小者亨也』。」〔註199〕

項氏曰：「『柔得中』則『初吉』，謂六二矣。『其道』『窮則終亂』，謂上六矣。二之柔，所以濟《泰》卦之三陽而使之中也，故謂之既濟。若終止於柔而無剛以濟之，則其道入於窮而不中矣，此其所以復亂也。既濟貴於能濟如此。」〔註200〕「六二之所以為『利貞』者，二、五剛柔正應而又當位，剛柔相濟為利，當位為貞。體固有三剛三柔，皆正之象。然卦辭所主則謂六二，若汎言之，則失《彖》義矣。」〔註201〕

《象》曰：水在火上，既濟。君子以思患而豫防之。

述曰：汝中曰：「水火既交，各得其分為既濟。水火之性，竟則必復，復則為變。君子處既濟之時，慮患於後」〔註202〕，因豫防之於其先。思而豫防，使不至於患〔註203〕，可以保其終矣。

劉調甫曰：「大抵亂世之主其心多困，治世之主其心多逸。逸則生亂，困則生治。此東鄰之殺牛，反不若西鄰之受福，其所處使之然耳。聖人為戒，每於方盛之時。其旨深哉！」〔註204〕

初九：曳其輪，濡其尾，无咎。　《象》曰：「曳其輪」，義无咎也。

述曰：初九，始濟者也。陽剛離體，始濟未涉於躁，象車將濟險而曳其輪，無造易心，其謹戒也如此。獸涉水，必揭尾，濟將及岸，復濡其尾，汔濟之象也。俞氏曰：「輪曳不敗，尾濡不溺，故『无咎』。」〔註205〕卦取剛柔相濟，此取濟坎之義。輪在下，尾在後，皆象初。剛正不輕於濟，曳輪象。在坎下，

〔註199〕蘇軾《東坡易傳》卷六《既濟》。
〔註200〕項安世《周易玩辭》卷十二《初吉終亂》。
〔註201〕項安世《周易玩辭》卷十二《剛柔正而位當也》。
〔註202〕王畿《大象義述》（吳震編校整理《王畿集》，鳳凰出版社2007年版，第674頁）。
〔註203〕程《傳》：「水火既交，各得其用為既濟。時當既濟，唯慮患害之生，故思而豫防，使不至於患也。」
〔註204〕劉元卿（字調甫）《大象觀》下篇。（彭樹欣編校《劉元卿集》，上海古籍出版社2014年版，第718頁）
〔註205〕俞琰《周易集說》卷十《既濟》：「輪雖曳而不敗，尾雖濡而不溺，何咎之有？」

濡尾象。初濟而有曳輪之慎，其義豈有咎乎？〔註206〕濟必轉輪，當濟反「曳其輪」象。如不欲濟者，則無敗輪之虞。濟必揭尾，汔濟復「濡其尾」象。如未濟之前，則無淪胥之及。

六二：婦喪其茀，勿逐，七日得。　《象》曰：「七日得」，以中道也。

　　述曰：王《註》：「居中履正，處文明之地，而應乎五陰之光盛者也。然居初、三之間，上不承三，下不比初。夫以光盛之陰處兩陽之間，而不相得，能無見侵乎？故曰『喪其茀』也。稱『婦』者，以明自有夫，而他人侵之也。」

　　趙氏曰：「其稱婦者，以陰適陽，二之所以行也。人情以得喪動心，不免逐逐，失其所以自守者。六二柔順中正，不干乎時，不失其主，久而正應者合，又為『勿逐，七日得』之象。」〔註207〕

　　六二柔居正位，有可行之道。茀在似戒行，喪茀是不可行。喪茀，勿逐，不亟於求行。「『逐』者，從物也，從物則失其素守。」〔註208〕而二中道在我，久之將自定。不得行於今，必得行於後。〔註209〕

　　王肅曰：「體柔應五，履順承剛，婦人之義也。坎為盜，離為婦。『喪其茀』，鄰於盜也。『勿逐』，自得，履中道也。二、五相應，故『七日得』也。」〔註210〕

　　張清子曰：「『婦』，二也。『茀』，所以蔽車者。婦人出門，必有茀自蔽而後行。《詩》云『翟茀以朝』是也。」〔註211〕

　　朱氏曰：「『七日得』，自二數之，至上為五，復自初數，至二凡七日。『以中道也』，中道者，天地之所不能違，故坤極生乾，七日必復，而況人

〔註206〕章潢《周易象義》卷四《既濟》：
　　　　初九陽剛離體，當既濟之初，雖有能濟之才，而未敢輕濟。如與將濟水而曳其輪，其謹戒也如此。然既曳其輪，縱如獸之將濟，濡其尾，而亦可以濟，故「无咎」。卦取剛柔相濟，此取濟坎之義。輪在下，尾在後，皆象初剛，有曳之象。在坎下，有濡之象也。《象》曰「『曳其輪』，義无咎也」，初剛雖處坎下，而能以正自守，故以義揆之，可无咎矣。且當既濟之初，而極曳輪之慎，聖人示人豫防之意至矣哉！
〔註207〕趙汝楳《周易輯聞》未見此語。
〔註208〕程《傳》。
〔註209〕程《傳》：「不得行於今，必行於異時也。」
〔註210〕李鼎祚《周易集解》卷十二《既濟》。
〔註211〕張清子編《周易本義附錄集註》卷六《既濟》，《日本宮內廳書陵部藏宋元版漢籍選刊》第2冊，上海古籍出版社2013年版，第454頁。
　　　　按：（宋）趙汝楳《周易輯聞》卷六《既濟》：「『婦』，六之象。『茀』，婦人自蔽以行者。《詩·碩人》：『翟茀以朝』，鄭康成以為車蔽。」

乎！」〔註212〕

九三：高宗伐鬼方，三年克之，小人勿用。　《象》曰：「三年克之」，憊也。

　　述曰：九三在內卦之上，內治已濟，動而之外，亦陽剛當位之所有事者，故以「高宗伐鬼方」之事明之。以中興賢君，伐遠方小夷，不貪近功，不幸苟勝，三年而後克之。蓋盛世勤民之難也，「高宗可謂善用剛於既濟者矣」〔註213〕。既濟之時，啟多事之端者必小人，故戒以「小人勿用」。小人居盛不虞其衰，成功不慮其難者也。九三離日將昃，剛得正而位不中，聖人惟恐其失之躁動也。爻詞致警深矣。坎險在前，上六陰柔，有「鬼方」之象。離為戈兵，有「伐」之象。由三爻至上，有「三年」之象。密比四陰，有「小人勿用」之象。或曰〔註214〕：「高宗之事不在五言而在三言，取其中興者也。」

　　《象》曰「『三年克之』，憊也」，程《傳》：「言『憊』，以見其事之至難。在高宗為之則可，無高宗之心，則貪忿以殃民也。」

　　仲虎曰：「六爻皆警戒意，於初則勉其戒謹，於二則戒以『勿逐』，於三則戒以『小人勿用』，蓋惟既濟之時，惟欲其持重緩進，常如未濟之時。」〔註215〕

　　《象旨》：「干寶曰：『鬼方，北方國也。』三與上應，上為坎體，『坎當北方，故稱鬼方』〔註216〕。張說《赴朔方軍》詩：『遠靜鬼方人。』」〔註217〕

六四：繻有衣袽，終日戒。　《象》曰：「終日戒」，有所疑也。

　　述曰：《象旨》：「『繻，錦之盛也。袽，衣之敝也。六四得位，名之美也。險而乘剛，行可疑也，猶盛飾而衣有敝袽。』〔註218〕陸氏之言是也。『終日』者，居三之後，離明盡而坎月方升之時。《說文》作『晝日』，非也。『君子不疑在躬，而後能濟四方，行有所疑而終不為累者，以終日之戒，善補其過，故

〔註212〕朱震《漢上易傳》卷六《既濟》。
〔註213〕章潢《周易象義》卷四《既濟》：
　　　　以高宗中興之剛，猶不免師老財匱，而有三年之憊，然而不肯用小人以
　　徼一時之功焉，高宗可謂善用剛於既濟者矣。
〔註214〕白勤之說，見李衡《周易義海撮要》卷六《既濟》。
〔註215〕胡炳文《周易本義通釋》卷二《既濟》。
〔註216〕李鼎祚《周易集解》卷十二《既濟》：「干寶曰：『鬼，北方國也。……坎當北方，故稱鬼。』」
〔註217〕熊過《周易象旨決錄》卷四《既濟》。張說詩題為《將赴朔方軍應制》，見（明）高棅《唐詩品彙》卷七十二。
　　　　將赴朔方軍應制
〔註218〕陸希聲之說，見李衡《周易義海撮要》卷六《既濟》。

聖人許之也。』〔註219〕」〔註220〕

趙汝楳曰：「『繻』，繒綵也。『袽』，絮縕也。六四當坎之初，初吉之時已過，而終亂之兆已萌，猶繻美而有殘敝見也，故『終日戒』。」〔註221〕

敬仲曰：「大抵四爻以離內卦變為外卦，故多變。《乾》九四云『乾道乃革』，《泰》六四『翩翩不富以其鄰』，謂群陰已至，《否》九四『有命无咎，疇離祉』，皆有變。濟至於四，誠患生之，懼人心既安，則易於怠忽。誠有所疑，疑其衰敗之至也。」〔註222〕

九五：東鄰殺牛，不如西鄰之禴祭，實受其福。 《象》曰：「東鄰殺牛」，「不如西鄰」之時也。「實受其福」，吉大來也。

述曰：九五剛居中正，當物大豐盛之時，而位在險體中而易滿，故借東鄰、西鄰兩家祭禮以示警懼。夫祭時為大時，苟得矣，則明德馨而黍稷可薦，明信昭而沼毛可羞，是以「東鄰殺牛，不如西鄰之禴祭，實受其福」，在於合時，不在物豐也。蓋即兩鄰而言。其一既濟者，非時特殺而誠不足，有止而不進象；其一未濟者時，舉常祀而誠有餘，有進而受福象。言鄰以省五，使知所戒也。既濟之時，其盛無以加，其終不可反，可懼之甚也。孔《疏》：「『吉大來』者，非惟當身，福流後世也。」

《紀聞》曰：「『殺牛，盛祭也。禴，薄祭也。盛不如薄者，時不同也。』〔註223〕『時之過，如月已望而將晦之時乎；時之始至，如月方弦而將至於望之時也。』〔註224〕」〔註225〕蘇氏謂「東西者，彼此之詞」〔註226〕。不以五與二對言，卦詞「初吉，終亂」，東西即初終之意也。〔註227〕

質卿曰：「九五既濟久矣，禮樂文物依然如舊，制度儀等依然如舊，然行法者非其夙心，守法者非其舊人，僅有文具而已。夫文具之法，何足以感人而格神，通行而為持久不變之道也？彼新造之國，百凡未備，然其人則是，其心

〔註219〕陸希聲之說，見李衡《周易義海撮要》卷六《既濟》。
〔註220〕熊過《周易象旨決錄》卷四《既濟》。
〔註221〕趙汝楳《周易輯聞》未見此語。
〔註222〕楊簡《楊氏易傳》卷十九《既濟》。
〔註223〕程《傳》。
〔註224〕胡廣《周易大全》卷二十一《既濟》，稱「雲峯胡氏曰」。
〔註225〕張獻翼《讀易紀聞》卷四《既濟》。《讀易紀聞》引兩家之說而不注明。
〔註226〕蘇軾《東坡易傳》卷六《既濟》。「此」，《東坡易傳》作「我」。
〔註227〕章潢《周易象義》卷四《既濟》：「凡世道極盛，多在謹始，即卦詞『初吉，終亂』，雖各指二上之爻，而東西即初終之意也。」

則堅，故曰『東鄰殺牛，不如西鄰之禴祭，實受其福』。吁！可懼哉！」

上六：濡其首，厲。　《象》曰：「濡其首，厲」，何可久也！

述曰：坎為濡，上為首。既濟之極，水火反覆之變必矣。陰柔處之，忽而不戒以之於其窮，有「濡其首」之象，危可知矣，《彖詞》所謂「終止則亂」也。「《既濟》之窮則之於《未濟》，故曰『濡其首』；《未濟》之極則反於《既濟》，故亦曰『濡其首』。」〔註228〕

劉牧曰：「詳夫《既濟》之爻辭，皆不稱既濟者何？以其各得位而互於逐爻明其義也。且二以中女既濟，故稱『婦喪其茀』；三以過時既濟，故引高宗之伐鬼方；四以臣居既濟，故稱『繻有衣袽』；五以君居既濟，故美『西鄰之禴祭』；初、上居前後，故以首尾言之。」〔註229〕

汝吉曰：「初戒濡尾，謹始也；上危濡首，慮終也。六二中正，以既濟而喪茀，而時則終得；九五中正，以既濟而用牛，而時則已過。三剛居剛，三年克鬼方而憊；四柔居柔，有衣袽而終日戒。既濟所以防微而保大也。既濟矣，經幾終，而六爻之詞危乎危，無吉、利、亨之文，故《易》懼以終始也。」

楊氏曰：「上六，既濟之極，如已濟大川，自謂沒世無風波之虞矣。不知既濟其一，又遇其一，求載而無宿舟，求涉而無善遊，乃欲褰裳而馮河，此必溺之道也。危而不可久生也明矣。濡至於首，則溺其身可見。坎水，故濡；在上，故為首。此聖人所謂『初吉，終亂』者與？」〔註230〕

未濟䷿ 坎下離上

崔憬曰：《序卦》：「物不可窮也，故受之以《未濟》終焉。」「夫《易》之為道，窮則變，變則通，而以未濟終者，亦物不可窮也。未窮則有生生之義。」〔註231〕

按：水火不交，不相為用。卦之六爻皆失其位，故為未濟。火澤皆陰，卦胥息而為《睽》，睽則不濟。坎離以陰陽中氣交，然乾坤之本性故存，未嘗不流通，非不濟也。「未」者，有所待之辭，故卦名未濟，言有時而濟也。張獻翼曰：「『《未濟》緣《既濟》立象，故濡尾、濡首兩卦既同，而伐鬼方與曳其

〔註228〕邵寶《簡端錄》卷二《易》。《讀易紀聞》引之而不注明。
〔註229〕李衡《周易義海撮要》卷六《既濟》。又見馮椅《厚齋易學》卷三十二《易輯傳卷二十八‧既濟》。
〔註230〕楊萬里《誠齋易傳》卷十六《既濟》。
〔註231〕此乃崔憬之說，見李鼎祚《周易集解》卷十二《未濟》。

輪先後一位爾。』〔註232〕『諸爻之義，內卦皆未濟之事，欲人之謹於求濟；外卦皆已濟之事，欲人之謹於處濟也。』〔註233〕」〔註234〕

鄭玄曰：「夫物不可窮，理不可極，故王者亦當則天而行，與時消息，不可安而忘危，存而忘亡。未濟者，亦無窮極之謂也。」〔註235〕

未濟：亨。小狐汔濟，濡其尾，無攸利。

《彖》曰：「未濟：亨」，柔得中也。「小狐汔濟」，未出中也。「濡其尾，無攸利」，不續終也。雖不當位，剛柔應也。

述曰：未濟者，未能濟坎險也。上卦離中，執柔應剛，有可濟之理，故曰未濟。「亨。小狐汔濟，濡其尾」，未濟之象也。以未得濟，曰「無攸利」。

狐，陰類。坎為狐。陰小，稱小狐，指初六言。「卦體明在外而險於內，狐之疑而心病者也。」〔註236〕「汔，涸也。小狐力弱，汔乃可濟。」〔註237〕坎水本不涸，而坎在離下，無火以灼之，遂為伏險而不溢，狐以為涸而可濟耳。九二陽明，見其不可曳輪而不進，小狐安得獨濟哉？是謂「未出中也」。以陷險，故象「濡其尾」。以未得濟，曰「無攸利」。始濟而力竭於斯，「不續終也」。卦諸爻皆不得位，所以為未濟。〔註238〕雖不當位，而剛柔皆應，應則陰得陽以為助而終濟矣，故「亨」也。〔註239〕蓋申「未濟：亨」之意。

「小狐」，「小者才不足，狐者志不果之稱」〔註240〕。「當未濟之時，必剛

〔註232〕 馮椅之說，見《厚齋易學》卷三十二《易輯傳卷二十八‧未濟》。

〔註233〕 黃正憲《易象管窺》卷十二《未濟》：

> 諸爻之義，內卦皆未濟之事，曰「濡尾」、曰「曳輪」、曰「征凶」，欲人之謹於求濟也；外卦皆將濟之事，曰「志行」、曰「有孚」、曰「飲酒」，欲人之謹於處濟也。

〔註234〕 張獻翼《讀易紀聞》卷四《未濟》。《讀易紀聞》引兩家之說而不注明。

〔註235〕 （漢）鄭玄《易緯乾鑿度》卷上。

〔註236〕 熊過《周易象旨決錄》卷四《未濟》。

〔註237〕 李鼎祚《周易集解》卷十二《未濟》：

> 干寶曰：「坎為狐。《說文》曰：『汔，涸也。』小狐力弱，汔乃可濟。水既未涸而乃濟之，故尾濡而無所利也。」

〔註238〕 程《傳》：「卦之諸爻皆不得位，故為未濟。」

〔註239〕 董真卿《周易會通‧周易經傳集程朱解附錄纂註卷十一‧未濟》、胡廣《周易大全》卷二十一《未濟》錄馮去非之說，曰：「六爻雖不當位而剛柔皆應，苟能恊力以濟，亦可致亨。未濟者終濟矣。

〔註240〕 熊過《周易象旨決錄》卷四《未濟》。

> 按：（宋）陸佃《埤雅》卷四《釋獸‧狐》：「祺《易》曰：『小狐汔濟，濡其尾。』小者，材不足也。狐者，志不果也。」《周易象旨決錄》引其說而不言。

健拔難，然後乃能濟。小狐勇於濟而無餘力，故終於未濟而濡其尾焉，『不續
終也』。濟險難者必有餘力也。位不當，故《未濟》剛柔應，故可濟。」〔註241〕
雖剛柔應而不得中，猶不能濟也。程《傳》：「狐能涉水，濡其尾則不能。其老
者多疑畏，故履冰而聽，懼其陷也。小者則未能畏懼，故勇於濟。」趙汝楳曰：
「狐尾豐於身，濡則身隨以溺。老狐負之以涉，故能濟。小狐力未，強汔濟而
尾為之濡，濡則不能終濟，『無攸利』也。」〔註242〕

孔《疏》：「未濟之時，小才居位，不能建功立德，拔難濟險。若能執柔用
中，委任賢哲，則未濟有可濟之理，所以得通，故曰『未濟：亨』也。『汔』
者，將盡之名。小才不能濟難，事同小狐，雖能度水，而無餘力，必須水汔，
方可涉川。未及登岸而『濡其尾』，濟不免濡，豈有所利？故曰『小狐汔濟，
濡其尾，無攸利』也。」

《象》曰：火在水上，未濟。君子以慎辨物居方。

述曰：水火不交，不相濟為用，為未濟。「未者，有所待之辭，非不濟也，
待時而濟爾。」〔註243〕歐陽永叔曰：「火在水上，物各失其所居矣，故君子慎
辨其物宜而各置其物於所宜，居之方使不相犯，所以待其濟也。」〔註244〕《象
旨》：「水火異物，辨之使群分。水火異方，居之使類聚。」〔註245〕

初六：濡其尾，吝。　《象》曰：「濡其尾」，亦不知極也。

述曰：《象旨》：「以陰居下方，『將涉險而尾即濡』〔註246〕，與《既濟》
登岸而濡尾者異矣。極者，終極之謂。初知當濟而不自審其續終之難，故曰『亦
不知極也』。」〔註247〕

卜子夏曰：「以柔濟險，初始涉者也，近淺猶濡尾，況其深遠，必不濟矣，

〔註241〕王《注》。
〔註242〕趙汝楳《周易輯聞》卷六《未濟》。
〔註243〕胡廣《周易大全》卷二十一《未濟》，稱「建安丘氏曰」。張獻翼《讀易紀聞》
　　　　卷四《未濟》：「未濟非不濟，待時而濟爾」，亦即出此。
〔註244〕歐陽修《歐陽文忠公集·易童子問卷二》：
　　　　童子問曰：「『火在水上，未濟。君子以慎辨物居方。』何謂也？」曰：
　　　　「未濟之象，火宜居下而反居上，水宜居上而反居下，二物各失其所居而不
　　　　相濟也。故君子慎辨其物宜，而各置其物於所宜居之方，以相為用，所以濟
　　　　乎未濟也。」
〔註245〕熊過《周易象旨決錄》卷四《未濟》。
〔註246〕出俞琰《周易集說》卷十《未濟》。
〔註247〕熊過《周易象旨決錄》卷四《未濟》。

不知力之極也。」〔註248〕

徐氏曰：「《既濟》初『濡其尾，无咎』，《未濟》初『濡其尾，吝』者，《既濟》之初才剛足以有濟，又下卦離體，明也，明則知緩急之宜而不急濟，故以濡尾為終濟之象而无咎；《未濟》之初才柔不足以濟，又下卦坎體，陷也，陷則冒險以進而急於求濟，不知未濟之義，則至於濡尾而不能濟矣，故『吝』。」〔註249〕

九二：曳其輪，貞吉。　《象》曰：九二「貞吉」，中以行正也。

述曰：敬仲曰：「『曳其輪』，未濟也。時在險中，勢未可濟，不敢欲速。易之道也，貞正之道也，故吉。中者，無過不及之謂。九二之『曳輪』，不犯險而過涉，不畏險而不涉，中以行正，與時偕行，其出險而有濟必矣。」〔註250〕《象旨》：「姚信曰：『坎為曳，為輪。兩陰夾陽，輪之象也。二應於五而隔於四，止而據初，故『曳其輪』。處中而行，故曰貞吉。』」〔註251〕

王《註》：「體剛履中，而應乎五，五體陰柔，應與而不自任者也。居未濟之時，處險難之中，體剛中之質，而見任與，拯救危難，經綸屯蹇者也。用健拯難，靖難在正，而不違中，故『曳其輪，貞吉』也。」

程子曰：「未濟者，君道艱難之時。五以柔處君位，二乃剛陽之才居相應之地，當用者也。剛有陵柔之義，水有勝火之象，故戒曳其輪。倒曳以緩其進，戒用剛之過也。剛過，則恭順不足。能極其恭順，所以為得正而能保其吉也。於六五言貞吉光輝，盡君道之善；於九二言貞吉中正，盡臣道之正。」上下交相盡也。

「陸氏曰：『既濟之初，思未濟之難，故曳輪、濡尾同在一爻。《未濟》之初陰在下，未能自濟，故濡尾而退；二雖陽爻，復未出險坎，性趨下，未能濟物，故曳輪而返。』」〔註252〕

〔註248〕《子夏易傳》卷六《未濟》。
〔註249〕胡一桂《易本義附錄纂疏・周易下經第二・未濟》、董真卿《周易會通・周易經傳集程朱解附錄纂註卷十一・未濟》、胡廣《周易大全》卷二十一《未濟》。
〔註250〕楊簡《楊氏易傳》卷十九《未濟》：
　　「曳其輪」，未濟也。勢未可濟，不敢欲速，易之道也。貞正之道也，不出於貞正，以急而不濟，以私意而不濟，則凶道也。中者，無過不及之謂。九二之「曳輪」，雖無過，亦無不及，中以行正，與時偕行，故吉。
〔註251〕熊過《周易象旨決錄》卷四《未濟》。按，姚信之說原出李鼎祚《周易集解》卷十二《未濟》。
〔註252〕熊過《周易象旨決錄》卷四《未濟》。按：陸希聲之說，見李衡《周易義海撮要》卷六《未濟》。

六三：未濟征凶，利涉大川。　《象》曰：「未濟征凶」，位不當也。

　　述曰：王《註》：「以陰之質，失位居險，不能自濟者也。以不正之身，力不能自濟，而求進焉，喪其身也，故曰『征凶』也。二能拯難，而己比之，棄己委二，載二而行，溺可得乎？何憂未濟，故曰『利涉大川』。」

　　未濟有必濟之理。二未出中，則同舟共濟之人；三在坎上以出險為功，故有「利涉」之象。

　　「荀爽曰：『離下從坎。』〔註253〕二者，坎成卦主爻，為水，有『大川』之象。又在互離之中，明於幾事，下比於二，蓄其全力，合其同德，以拯大難，『利涉大川』之象也。初與三情同，而凶、吝異者，三入險之深，故曰『位不當也』。」〔註254〕「苟不藉陽剛之力而欲以濟險，難矣。」〔註255〕

　　干寶曰：「以六居三，不當其位。」〔註256〕敬仲曰：「所處之位不當。『征』，往也，言位者，明其位在此，不可出位而往也。」〔註257〕

九四：貞吉，悔亡。震用伐鬼方，三年有賞于大國。　《象》曰：「貞吉，悔亡」，志行也。

　　述曰：九四上比六五，陰陽有相得之象。時已出坎險，可以動而濟矣。濟天下之事，非剛健之才不能也。四以陽剛居濟時之任，失位過中，有遲疑退悔之象，故戒以貞。貞則吉而悔亡，不貞則不能濟，有悔者也。〔註258〕震，動也。四剛動而承五柔，有震主之威，而用以伐鬼方，為天子勤遠畧也。然陳師鞠旅有截，其所不加殺戮而終以柔服，至於三年之久，功成而行天子之賞。蓋既出內險，必當遠征而後濟天下之事，故有「震用伐鬼方」之象。始出於險，其德未盛，未可遽求其濟，故有「三年賞于大國」之象。《象》曰「志行」者，九四失位而得「貞吉，悔亡」，以其正志得行也。處未濟者，志存必濟，乃可謂貞。鬼方之伐，九四之所為貞也。

　　「大國」，天子之國。功成凱旋而行賞，以明志之必得行而事之終有濟也。

〔註253〕李鼎祚《周易集解》卷十二《未濟》。「離」，《周易集解》、《周易象旨決錄》作「利」。

〔註254〕熊過《周易象旨決錄》卷四《未濟》。

〔註255〕章潢《周易象義》卷四《未濟》。

〔註256〕李鼎祚《周易集解》卷十二《未濟》。

〔註257〕楊簡《楊氏易傳》卷十九《未濟》。

〔註258〕程《傳》：

　　　未濟已過中矣，有可濟之道也。濟天下之艱難，非剛健之才不能也。九雖陽而居四，故戒以貞固則吉而悔亡。不貞則不能濟，有悔者也。

敬仲曰：「四應初，初六有陰遠鬼方之象。坎水趨下，不應乎上，故大國命伐之。」〔註259〕

馮時可曰：「《未濟》之為卦也〔註260〕，以水火不交也，是以居中者其責重。三出坎而承離，故以涉川為利；四居離而履坎，故以伐國為功。三以位，四以才。拔難樹功，上下所倚藉也。」〔註261〕

質卿曰：「九四離下卦，而上時已大通。有不濟，濟斯順矣；有不行，行斯通矣。故九四之貞，貞在濟時，能貞則吉則悔亡。其貞也，豈但小有振作而已哉？當振其威武，以伐鬼方，至於三年成功而『有賞於大國』焉。」「『伐鬼方』即《既濟》九三『高宗伐鬼方』之事。『伐鬼方』，用剛者也，故曰『震』。未濟之世，利用動，故喜其伐鬼方之賞；既濟之世，利用靜，故憂其伐鬼方之憊。」〔註262〕

六五：貞吉，無悔。君子之光有孚，吉。　《象》曰：「君子之光」，其暉吉也。

述曰：六五以柔居中，虛其心而陽為之應，得君道之正也，故「吉」而「無悔」。貞其固有，非戒也。〔註263〕悔其本無，不待於亡也。五，文明之美，發揮於事業，故曰「君子之光」。離體本有光，而乘、承、應皆陽剛君子，相助以濟而成光輝。王《註》：「付物以能〔註264〕，而不自役，使武以文，禦剛以柔，斯誠君子之光」，是已。離體中虛，陽剛之所以附，故曰「有孚，吉」。五為未濟之主，終能無不濟而吉者，以有孚也。夫以誠交物者，物亦信焉。物皆竭力，功則克矣。上言「貞吉」，下明貞吉之在誠也。

「『君子之光』，其輝吉也」，吳草廬曰：『散輝及物為光，斂光在體為輝。』〔註265〕言君子之光照萬國，被四表，發越之盛，皆有孚之誠，積中而不可掩

〔註259〕楊簡《楊氏易傳》卷十九《未濟》。
〔註260〕「也」，四庫本小字注「闕」。
〔註261〕馮時可《易說》卷四《未濟說中》。(《馮元成雜著九種》第一種，明萬曆刻本)
〔註262〕又見程汝繼《周易宗義》卷八《未濟》，稱「隆山陳氏曰」。(《續修四庫全書》第 14 冊第 370 頁)
　　　　按：楊萬里《誠齋易傳》卷十六《未濟》：「然《未濟》之九四，聖人喜其伐鬼方之賞；《既濟》之九三，聖人憂其伐鬼方之憊。」
〔註263〕程《傳》：
　　　　五，文明之主，居剛而應剛，其處得中，虛其心而陽為之輔，雖以柔居尊，處之至正至善，無不足也。既得貞正，故吉而無悔。貞其固有，非戒也。
〔註264〕「付物以能」，王《註》作「付與於能」。
〔註265〕吳澄《易纂言》卷六《象下傳》。

者也，故重云「吉」。

《象旨》：「『君子之光』，離為火也。『有孚，吉』，互坎為孚也。『其輝吉』者，自孚者言之。六五文明之主，虛中下賢，有賢者及時而孚之象。程先生曰：『君子充積光盛，至於有輝』，不然矣。管輅曰：『日中為光，朝日為暉。』及其暉而孚，言其早也，如是豈不吉乎？」〔註266〕

上九：有孚于飲酒，无咎。濡其首。有孚，失是。　《象》曰：「飲酒」「濡首」，亦不知節也。

述曰：「有孚」本六五「有孚」言。六五「有孚」，孚於陽剛，與共濟天下。上九處無位之地，以不用為用者也，以剛孚柔，成君子之光者也。時獲濟矣，君臣同樂之時矣。上孚於五而濟難，亦孚於五而宴樂，於以飲酒，未為失宜。蓋時節之會如此，何咎之有？若飲酒不已，至濡其首，則有孚非所當孚，而我自失其是矣。蓋自未濟而之濟，時當安息，休以無事則可。若自以身處事外，不以事驚心，而事將廢，既濟之所以失也。人心易放，故聖人諄諄。〔註267〕

《象旨》：「『有孚于飲酒』者，孚於五也。『有孚失是』者，孚於三也。未濟之君〔註268〕，群策並屈以求濟，猶所謂『若作酒醴，爾惟麴蘗』〔註269〕。經師或謂所乘六五之孚者，是坎為酒食，濟名由坎。《未濟》坎在下，而亨之在五，故主五而孚之无咎也。『濡其首』，卦之上為首，濡之者三也，與三應而沒入坎水中也。三方在險，而上已出中，猶復不能忘情於三，不胥溺乎？『失是』，是謂上之安地。『節』，蘇氏謂『事之會』，猶言時節，非節止義。王應麟曰：『《易》之始終皆陽也，始《乾》之初九，終《未濟》之上九。』」〔註270〕

《彖》曰「未濟：亨」，項氏曰：「『雖不當位』，指六五言之。雖六爻皆不當位，義但取五而已。曰小、曰狐，皆陰類也。『濡其尾』，即是不能全濟之象。險且未濟，他又何所利乎？故『無攸利』。於『無攸利』之後，復言『剛柔應』者，復解上文『亨』字也。雖『無攸利』，用其柔中，以與剛應，自有致亨之

〔註266〕熊過《周易象旨決錄》卷四《未濟》。
〔註267〕此一節與季本《易學四同》卷三《象象爻上傳》部分相近：
　　　　「有孚」即六五之「有孚」也。上當無位之地，而九以陽居之，安於無事，則以其誠飲酒自樂而已。自樂亦時之宜也。但自樂而不以事驚心，雖濟而事亦將廢，宜有咎者。
〔註268〕「君」，《周易象旨決錄》作「家」。
〔註269〕《尚書·說命下》。
〔註270〕熊過《周易象旨決錄》卷四《未濟》。

理，此夫子所以贊《易》也。」〔註271〕

初六爻，楊氏曰：「《既濟》之初九『濡其尾』則『无咎』，《未濟》之初六『濡其尾』則『吝』，何也？初九強於才者也，已濟而濡其尾，賀其濟而後濡也，故『无咎』；初六弱於才者也，幾濟而濡其尾，憂其濡而不濟也，故『吝』。『亦不知極』，謂才之小且弱者，其極終無成而不自知也。然雖不知其終極之無成，而能力其弱以濟難，其濟爾志，其不濟非爾志也，故聖人惜之曰『吝』，力不足之辭也。」〔註272〕

九四爻，項氏曰：「未濟之時，所喜在剛，三徒以其志之剛，猶為『利涉』，況九四乎！《既濟》之九三，《未濟》之九四，皆以其剛，故能任天下之大役。以此見弘濟世道，非剛不可也。九三全剛而位正，故直稱高宗以伐之。其言『三年克之』者，以見其役之大；『小人勿用』者，以見其才之難。苟無九三之才，其可以任斯事乎？九四則所居者柔，比九三為『有悔』，必貞以勝之，然後能任其事而無悔，故曰『貞吉，悔亡』。又加『震』字，九四之動，為互震也。」〔註273〕「而居震極，又四剛而五柔，挾震主之威者也，然用其震於伐鬼方，國之虎臣也。變四互坤，坤為年，故『三年』也。」〔註274〕「九四出離之上，亦為三年。至上則飲酒策勳，故言『有賞於大國』。九三之象曰『憊也』，則以三年言之。九四曰『志行』，則以解『貞吉，悔亡』，言其志必行而不屈，然後得吉而悔亡也。」〔註275〕

六五爻，項氏曰：「六五雖不當位，而與九二剛柔相應，同心以濟難者也。離雖為光，而人君之光非一人之所能獨成，乃因與賢臣有孚，以致其光，故其光也吉，而非剛明自任之光也，故曰『君子之光有孚，吉』。《象》曰『君子之光，其輝吉也』，蓋以深辨此意。按管輅曰：『日中為光，朝日為輝。』夫中則日在上，朝則日在下，在上之光以在下之暉而獲吉，則五以二而獲吉明矣。先儒謂暉為光之散，非也。暉者，光中之氣。《詩》曰『庭燎有暉』，《周禮》『眠寢以十暈為十暉』，皆謂光中之氣。五離為虛，故為光；二坎中實，故為光中之氣也。」〔註276〕「《未濟》諸爻皆失正，凡用事之爻皆曰『貞吉』，九二、

〔註271〕項安世《周易玩辭》卷十二《卦辭》。
〔註272〕楊萬里《誠齋易傳》卷十六《未濟》。
〔註273〕項安世《周易玩辭》卷十二《未濟九四　既濟九三》。
〔註274〕熊過《周易象旨決錄》卷四《未濟》。
〔註275〕項安世《周易玩辭》卷十二《未濟九四　既濟九三》。
〔註276〕項安世《周易玩辭》卷十二《六五》。

九四、六五是也。九二剛中，不假言悔；六五柔中，故言『無悔』；九四不中，故言『貞吉，悔亡』，言不如是則悔不亡也。」〔註277〕「六五兩『吉』字。『貞吉』者，六五自謂也；『有孚，吉』者，謂九二也。小象甚明上九之兩有孚，亦以三、上兩爻言之。」〔註278〕

上九爻，項氏曰：「《既》、《未濟》皆取義於濟，故兩卦初、上皆稱濡，然得失不同者。《既濟》自二始濟，則初雖濡尾而不害其為既濟也，故『无咎』；《未濟》正坐濡尾，不能續終，所以為未濟也。既濟之中有亂之理，故上六以濡首為人事之危；未濟之中有濟之理，故上九以濡首為人事之失也。六五以九二為孚，則上九之孚首〔註279〕，六三也，濟以孚為美。然而所以用此孚者，不可忽也。六三以坎從離，酒自下升而入於上，則飲食之象也；上九自離入坎，首反向下而於飲酒，則濡首之象也。我飲食，彼則彼可以出險，而成既濟之功；彼濡我，則並我而入於險矣。患難將終，天下將濟，當此之時，上之舉動豈可有失，失則敗矣。此君子所以謹於辨物居方之事。所謂亦不知節者，正謂不明於辨也。夫人居患難之爻，幸其將平，方欲相與以樂其終，而反因樂以壞其終，此何等時，而作事如此，亦可謂不知節矣。」〔註280〕

〔註277〕項安世《周易玩辭》卷十二《貞吉無悔》。
〔註278〕項安世《周易玩辭》卷十二《貞吉　有孚吉》。
〔註279〕「首」，《周易玩辭》作「者」。
〔註280〕項安世《周易玩辭》卷十二《上九》。

讀易述卷十一

繫辭上傳

　　草廬吳氏曰：「『繫』者，謂如綴繩於物。『辭』者，《易》書之言也。文王所作之辭，繫於各卦之下謂之《彖》；周公所作之辭，繫於各畫之下謂之爻；夫子述此篇，以釋文王、周公繫《彖辭》、爻辭之意，故曰繫辭。」〔註1〕

　　天尊地卑，乾坤定矣。卑高以陳，貴賤位矣。動靜有常，剛柔斷矣。方以類聚，物以群分，吉凶生矣。在天成象，在地成形，變化見矣。

　　金賁亨曰：「此章言伏羲作《易》之本原，與君子學《易》之要道也。蓋乾坤、貴賤、剛柔、吉凶、變化者，《易》之道也，《易》未作而已形於天地之間。雷霆、風雨、日月、寒暑、男女者，天地之道也，《易》既作而悉具於卦爻之中。可見《易》道本乎天地自然之理，而非有所安排造作也。《易》道盡於」《乾》、《坤》，《乾》、《坤》盡於易簡。乾道易，故易知；坤道簡，故易從。知與從，以君子學《易》言，非謂他人知我從我也。既易知，自不能離，故『有親』，言與道相親也；既易從，自日加益，故『有功』。不離道則德自久，日加益則業自大，君子體《易》之實功也。」〔註2〕

　　述曰：《象旨》：「『天尊地卑』，何以定乾坤？大卜三易之法，其經卦皆八，其別皆六十四。然《連山》首艮，《歸藏》首坤，惟《周易》先乾後坤，因於天地尊卑之分也。《鈎深圖》曰：『自一至十，天尊於上，地卑於下，祇以異耳。

〔註1〕吳澄《易纂言》卷七《繫辭上傳》。
〔註2〕金賁亨《學易記》卷四《論繫辭傳·上傳》。

卑何以先？」高史氏曰：『卦畫自下之序也。』易道貴陽而賤陰，動靜何以斷剛柔？剛非不靜，其常在動；柔非不動，其常在靜。『斷』者，虞翻云：『分也。』〔註3〕置陰陽言剛柔，俞氏琰曰：『質可見，氣不可見也。』〔註4〕龔氏曰：『坎在北，震在東，西北則乾，東北則艮，皆陽也。離在南，兌在西，東南則巽，西南則坤，皆陰也。各以其所居之方，此之謂類聚。陽物也而與陽為群，陰物也而與陰為群，各以其所名之物，此之謂群分。方其各止於一而不相與，則無失無得，貞而已矣。或類聚，或群分，則得失隨之，此吉凶所以因動而生，以為得失之報也。』〔註5〕方曰事情所向，物曰事物善惡。以言乎陰陽實體，則朱先生未若龔氏之切乎？『在天成象』，按：虞翻說曰：『震象出庚，兌象見丁，乾象盈甲，巽象伏辛，艮象消丙，坤象喪乙，坎象流戊，離象就己。』〔註6〕於文日月為易，虞翻說當是。輔嗣《注》以為『況日月星辰』〔註7〕，非也。『在地成形』，震竹、巽木、坎水、離火、艮山、兌澤、乾金、坤土也。物極謂之變，變然後成象；物生謂之化，化然後成形。」〔註8〕「變化見」則天地之妙用顯矣。

項氏曰：「此章論伏羲作《易》本於天地自然之易，邵子所謂『畫前原有易』也，是故觀乎二儀之判，而奇偶之畫已定；觀乎卑高之勢，而三極之位已陳；觀乎動靜之理，而七八九六之性已斷；觀乎氣類之分合，而比應攻取之情已生；觀乎法象之著陳，而飛伏變互之體已見。」〔註9〕朱子發曰：「乾坤、貴賤兩者，聖人觀天地而畫卦；剛柔、吉凶、變化三者，聖人觀萬物而生爻。」〔註10〕

彭山曰：「尊者，能主於上之意。卑者，能屈於下之意。定者，一定而不易也。尊卑以道言，乾坤以德言。尊非健不能，卑非順不能。尊者不能自尊，卑者不能自卑，則乾坤毀矣，不可以為定。」〔註11〕

胡氏曰：「天地卑高既定，則人事萬物之情皆在其中，故六十四卦、三百

〔註3〕李鼎祚《周易集解》卷十三《繫辭上傳》。

〔註4〕俞琰《周易集說》卷二十八《繫辭上傳一》。

〔註5〕（宋）龔原《周易新講義》卷八《繫辭上》。

〔註6〕李鼎祚《周易集解》卷十三《繫辭上傳》。

〔註7〕按：《繫辭》非王弼注，乃韓康伯注。

〔註8〕熊過《周易象旨決錄》卷五《繫辭》。

〔註9〕項安世《周易玩辭》卷十三《繫辭上·天尊地卑章第一》。

〔註10〕朱震《漢上易傳》卷七《繫辭上傳》。

〔註11〕季本《易學四同》卷五《繫辭上傳》。

八十四爻各有貴賤高卑之位，是以君臣父子夫婦長幼定矣。」〔註 12〕

朱氏曰：「動而不屈者，剛也；靜而不變者，柔也。動靜有常，則乾剛坤柔，其德斷而無疑矣。」〔註 13〕

彭山曰：「動靜者，乾坤起伏之勢也。動顯於外，而靜中亦有動，此動之有常也。靜藏於內，而動中亦有靜，此靜之有常也。乾本剛德，剛則常動；坤本柔德，柔則常靜。動而無常則易衰，不得為剛；靜而無常則易躁，不得為柔。惟常則一剛一柔，斷然不相雜，乃為不已之德。剛而不已，所以為健；柔而不已，所以為順。此言乾坤之德，不過一剛一柔之斷而已。」〔註 14〕

胡瑗曰：「以人事言之，君以剛德居上為動，出令而臣行之；臣以柔道居下為靜，納善而君聽之。君臣動靜既有常理，則剛柔常分，可以斷矣。此經綸天地之德，亦兼總萬物之動靜也。」〔註 15〕

韓康伯曰：「方有類，物有群，則有同有異，有聚有分也。順其所同則吉，乖其所趣則凶，故『吉凶生矣』。」〔註 16〕

蘇氏曰：「方本異也，而以類故聚，此同之生於異也。物群則其勢不得不分，此異之生於同也。有成而後有毀，有廢而後有興，是以知吉凶之生於相形也。」〔註 17〕

「天地一物也，陰陽一氣也，或為象，或為形，所在之不同，故在雲者明其一也。象者，形之精華發於上者也；形者，象之體質留於下者也。人見其上下，真以為兩矣，豈知其未嘗不一耶？由是觀之，世之所謂變化者，未嘗不出於一，而兩於所在也。自兩以往，有不可勝計者矣，故『在天成象，在地成形』，變化之始也。」〔註 18〕

張氏曰：「『成象』『成形』，須得變化意思。假若日月無往來，星辰無顯晦，山川無聳伏潮汐，人物無老壯榮枯，則滯而不通，造化亦幾乎息矣。故日月、星辰、山川、動植之屬者，天之象，地之形也。其往來、顯晦、聳伏潮汐、老壯榮枯之屬，相推而不窮者，象形之所以成也。」〔註 19〕

〔註 12〕胡瑗《周易口義》卷十一《繫辭上》。
〔註 13〕朱震《漢上易傳》卷七《繫辭上傳》。
〔註 14〕季本《易學四同》卷五《繫辭上傳》。
〔註 15〕胡瑗《周易口義》卷十一《繫辭上》。
〔註 16〕韓《注》。
〔註 17〕蘇軾《東坡易傳》卷七《繫辭傳上》。
〔註 18〕蘇軾《東坡易傳》卷七《繫辭傳上》。
〔註 19〕張獻翼《讀易紀聞》卷五《上傳第一章》。

是故剛柔相摩，八卦相盪，鼓之以雷霆，潤之以風雨。日月運行，一寒一暑。

　　述曰：《象旨》：「『是故』，接上以起下之辭。『剛柔』，謂爻畫奇偶也。馬融云：『摩，切也。盪，除也。』〔註20〕剛摩柔為震坎艮，柔摩剛為巽離兌，虞翻謂『剛柔相摩則八卦相盪者』是也。其言二摩四，四摩八，八盪六十四。揆之上下，起接不屬矣。然則八卦之盪奈何？胡瑗言『若十一月一陽生，則推去一陰；五月一陰生，則推去一陽』，頗為近之。然盪陰入陽，盪陽入陰，京房義精矣。此言夫天道卦象之流行，非以畫卦也。錄其事，故下遂以雷電風雨繼之。雷震電離，風巽雨坎。吳幼清曰：『羲皇卦圖左起震而次以離，鼓以雷霆；右起巽而次以坎，潤以風雨也。』〔註21〕運行寒暑，《五經通義》云：『日在牽牛則寒，在東井則暑。』〔註22〕幼清曰：『艮山在西北嚴凝之方為寒，兌澤在東南為暑。在離次以兌者，日之運行而為暑；在坎次以艮者，月之運行為寒也。』〔註23〕」〔註24〕

　　王《註》：「相切摩，言陰陽之交感。相推盪，言運化之推移。」〔註25〕

　　《紀聞》曰：「『摩是八卦以前事，盪是有那八卦了，團旋推盪那六十四卦出來，《漢書》所謂『盪軍』，是團轉去殺他，磨轉他底意思。』〔註26〕『前以乾坤、貴賤、剛柔、吉凶、變化言，是對待之陰陽，交易之體也；後以摩、盪、鼓、潤、運行言，是流行之陰陽，交易之用也。』〔註27〕」〔註28〕

　　章氏曰：「陰陽剛柔相摩相盪，絪縕變化，生生不窮，天地人一也。日月往來，一寒一暑，一歲十二月，一日十二時，莫不然乎！」〔註29〕

　　質卿曰：「看來天地原只一乾坤，乾坤原只一變化，此造化自然已成之易

　　　　按：此數語又見張振淵《周易說統》卷九《繫辭上傳》，稱「張常甫曰」，然《張邦奇集》實未見此語。

〔註20〕陸德明《經典釋文》卷二《周易音義》。

〔註21〕吳澄《易纂言》卷七《繫辭上傳》。

〔註22〕（唐）虞世南《北堂書鈔》卷一百五十六《歲時部四‧寒篇二十五》。

〔註23〕吳澄《易纂言》卷七《繫辭上傳》。

〔註24〕熊過《周易象旨決錄》卷五《繫辭》。

〔註25〕韓《注》。

〔註26〕《朱子語類》卷七十四《易十‧上繫上》。《讀易紀聞》引之而不言。

〔註27〕建安丘氏之說，見董真卿《周易會通‧周易經傳集程朱解附錄纂註卷十二‧繫辭上傳》、胡廣《周易大全》卷二十二《繫辭上傳》。《讀易紀聞》引之而不言。

〔註28〕張獻翼《讀易紀聞》卷五《上傳第一章》。

〔註29〕章潢書中未見此語。

也。故易之始作也，只是一剛柔而已。有剛柔也，不能不相摩相摩，而斯有八卦；有八卦也，不能不相盪相盪，而斯有六十四卦。剛柔者，乾坤之異名；摩盪者，變化之妙用。易何嘗外於乾坤哉？」

乾道成男，坤道成女。乾知大始，坤作成物。

述曰：《象旨》：「乾交坤而震坎，艮得乾道成男；坤交乾而巽離，兌得坤道成女。乾男為父者，以其始物之氣；坤女為母者，以其成物之質。《易象數鈎深圖》曰：『一陽生於子』，而乾位在西北，居子之前，故曰『知大始』；『一陰生於午』，而坤位在西南，作於申，成於酉，故曰『作成物』。《皇極通變》以為乾位在亥知大始，坤位在未作成物，文王後天之用。二說相通也。」〔註30〕

彭山曰：「乾坤者，天地生物之大德，而人得之以生者同。此德也，乃以男屬乾道，女屬坤道者，蓋自陽之生而言，則生於陰也，陽在陰中，勢必發揚，故得乾初爻為長男，得乾中爻為中男，得乾三爻為少男；自陰之生而言，則生於陽也，陰在陽中，勢必退縮，故得坤初爻為長女，得坤中爻為中女，得坤三爻為少女。男女雖同稟陰陽之氣，而主於陽者必健，主於陰者必順，其勢各有所重焉。乾坤之道，生物之理也。以乾坤之道而成男女，則男女之性本乎健順之德也，與凡物得形氣之偏者不同。物性不可以語健順，故男女以人言也。此結上文以起下文，見乾坤乃人固有之理，而德業之所由成也。」〔註31〕

朱氏曰：「六子致用，萬物化生，不越乎乾坤。震坎艮之為三男，得乾之道也；巽離兌之為三女，得坤之道也。聖人用之，天下合乾坤也。父子君臣，乾坤也。夫婦震巽坎離艮兌也，長幼其序也。朋，同類也；友，異體也。五者，乾坤而已矣。」〔註32〕

胡氏曰：「萬物始於無形，乾能知之時，下降而生之；坤則能承陽之氣，以作成萬物之形狀也。」〔註33〕《說旨》〔註34〕曰：「知猶主也，作者發動鼓舞之意。」「始，始其氣也；成，成其質也。」〔註35〕

〔註30〕熊過《周易象旨決錄》卷五《繫辭》。
〔註31〕季本《易學四同》卷五《繫辭上傳》。
〔註32〕朱震《漢上易傳》卷七《繫辭上傳》。
〔註33〕胡翼之之說，見葉良佩《周易義叢》卷十三《繫辭上傳》。
〔註34〕不詳。按：「知猶主也」見《周易本義·繫辭上傳第五》。
〔註35〕吳澄《易纂言》卷七《繫辭上傳》。

乾以易知，坤以簡能。易則易知，簡則易從。易知則有親，易從則有功。有親則可久，有功則可大。可久則賢人之德，可大則賢人之業。易簡，而天下之理得矣。天下之理得，而成位乎其中矣。

述曰：諸卦受畫於雷風山澤水火，諸卦之畫無一非雷風山澤水火。雷風山澤水火無一畫非乾坤。乾本氣之自然，故「易」；坤因乾之自然，故「簡」。「易簡」者，無為之別名。「惟其易，故『易知』。『易知』者，自為主也。惟其簡，故『易從』。『易從』者，順乾行也。」〔註36〕曰「有親」，曰「可久」，只是一箇易知之妙。曰「有功」，曰「可大」，只是一個易從之妙。天下事不可一毫著意，亦不可一毫著力。易則不著一意，所知者皆人可與知；簡則不著纖毫之力，所能者皆人可與能。或以朱《義》「心明白而人易知，事要約而人易從」是說向外去，非也。〔註37〕此合內外之道。韓《注》：「順萬物之情，故曰『有親』。通天下之志，故曰『有功』。」親，親切也；功，功效也。親切乎中，自亹亹而不息，故「可久」；功同乎人，自積漸而日益，故「可大」。「賢人」，言其德業過人。「易簡，而天下之理得矣」，張邦奇曰：「所謂『天下之理』者，何也？高者、卑者、動者、靜者、類聚者、群分者、成象成形者，莫不由於易簡而各得順其分位也。天下之理得，而成位乎其中矣。其中云者，承乾坤之謂，應『天尊地卑』而言也。夫天一形也，地一形也，人不啻千萬，其形也私其形者。其形幾何，故不足以當三才之一。不足以當三才之一者，謂其不才也。」〔註38〕

《象旨》：「『可久』、『可大』，與『盛德大業』無異也。而稱『賢人』者，項氏曰：『明乾坤之德業，人皆可充而至。』〔註39〕吳幼清指為賢人，別曰易簡理得者，聖人也。〔註40〕殆不然乎？湛子曰：『理一而已，易、簡非二體，久、大非二功，德、業非二事。』蘇氏所謂『隱顯之別也，此乾坤之辯也，不可不知也』〔註41〕。」〔註42〕

淮海曰：「『天尊地卑』以下，其易之定體乎！『剛柔相摩』以下，其易之運用乎！皆自然也。定體、自然，便是以不動為運用，即先天也。運用自然，

〔註36〕季本《易學四同》卷五《繫辭上傳》。
〔註37〕季本《易學四同》卷五《繫辭上傳》：「朱子以『心明白而人易知，事要約而人易從』為說，則說向外去，與下文久大之義不相協矣。」
〔註38〕張邦奇《張邦奇集》養心亭集卷三《易說下·繫辭上傳》。
〔註39〕項安世《周易玩辭》卷十三《繫辭上·天尊地卑章第一》。
〔註40〕吳澄《易纂言》卷七《繫辭上傳》：「上言賢人之易簡，此又言聖人之易簡。」
〔註41〕蘇軾《東坡易傳》卷七《繫辭傳上》。
〔註42〕熊過《周易象旨決錄》卷五《繫辭》。

便是以運用為不動，即後天也。先天、後天一也。自然者，易簡之謂也。天地所以為天地，人所以為人，其理易簡而已。賢人可久可大，是得此易簡即可作聖人也。聖人之成位乎中，是得此易簡即可參天地也。所以《中庸》提出『率性』二字，惟『率性』則『易簡』。」〔註43〕

聖人設卦觀象，繫辭焉而明吉凶。剛柔相推，而生變化。

述曰：「聖人設卦」，謂伏羲也。始作八卦，重為六十四卦矣。八卦以象告，不言而見吉凶。「觀象繫辭」，謂文王也。觀六十四卦三百八十四爻之象，繫之《彖辭》，又繫之爻辭，以明吉凶，因得明吉，因失明凶也。剛柔，爻之九六也。九陽六陰，迭相推盪，「剛推柔生變，柔推剛生化」〔註44〕，卦象之有吉凶悔吝，皆本於此。《易乾鑿度》曰：「陰陽有盛衰，人道有得失，聖人因其象，隨其變，為之設卦，方盛則託吉，將衰則寄凶。陰陽不正，皆為失位。其應實而有之皆實〔註45〕義。善雖微細，必見吉端；惡雖纖芥，必有悔吝。所以極天地之變，明王事也。」〔註46〕

是故吉凶者，失得之象也；悔吝者，憂虞之象也；變化者，進退之象也；剛柔者，晝夜之象也。六爻之動，三極之道也。

述曰：《象旨》：「《易》言吉凶，在人為得失之象；《易》言悔吝，在人為憂虞之象。『虞』與『憂』對，當讀如『騶虞』之『虞』，謂樂也。柔變為剛進之象，剛化為柔退之象。剛進柔退，明晝象；柔進剛退，晦夜象。」〔註47〕蓋卦爻剛柔相推，以成變化，而變化將來，又成剛柔，猶是晝夜相繼焉。其柔之變復為剛者，猶晝之仍繼乎夜也；剛之復為柔者，猶夜之仍繼乎晝也。

蘇氏曰：「夫剛柔相推而變化生，變化生而吉凶之理無定。不知變化而一之，以為無定而兩之，此二者皆過也。天下之理未嘗不一，而一不可執。知其未嘗不一而莫之執，則幾矣。是以聖人既明吉凶悔吝之象，又明剛柔變化本出於一，而相摩相盪，至於無窮之理。曰『變化者，進退之象也；剛柔者，晝夜之象也』，象者，以是觀之之謂也。夫出於一而至於無窮，人之觀之，以為有

〔註43〕孫應鼇《淮海易談》卷四。(《四庫全書存目叢書》經部第7冊，第701頁)
〔註44〕虞翻之說，見李鼎祚《周易集解》卷十三《繫辭上傳》。
〔註45〕「實」，《易緯乾鑿度》作「失」。
〔註46〕《易緯乾鑿度》卷上。
〔註47〕熊過《周易象旨決錄》卷五《繫辭》。
　　　　按：楊慎《升菴集》卷六十二《虞娛同》：「易，憂虞之象也。虞與憂對，蓋言樂也。」又見《譚苑醍醐》卷二《虞娛同》、《丹鉛總錄》卷十五《虞娛同》。

無窮之異也。聖人觀之，則以為進退、晝夜之間耳。見其今之進也，而以為非向之退者，可乎？見其今之明也，而以為非向之晦者，可乎？聖人以進退觀變化，以晝夜觀剛柔。二觀立，無往而不一也。」〔註48〕

六爻之動，「動即變化也」〔註49〕。陸績曰：「天有陰陽二氣，地有剛柔二性，人有仁義二行。六爻之動，法乎此。此三才極至之道也。」〔註50〕「極」，陸德明訓「至」。韓《注》：「兼三才之道，故能見吉凶，成變化也。」

是故君子所居而安者，易之序也；所樂而玩者，爻之辭也。

述曰：「『易之序』，謂易中所著事理、當然之次第也。『爻之辭』，謂六爻所言之吉凶悔吝。『居而安』，各得其所之意也。『樂』以心言。『玩』謂繹之而不厭也。君子觀易之序而循是理，故安；觀爻之辭而達是理，故樂。」〔註51〕

孔《疏》：「觀象而知其所處，若居《乾》之初九而安其『勿用』者，居《乾》之九三而安在『乾乾』，是所居而安者，易位之次序也。辭有吉凶悔吝，見善則思齊其事，見惡則懼而自改，所以愛樂而耽玩也。卦爻皆有辭，但爻有變化，取象既多以知得失，君子尤所愛樂也。」〔註52〕

是故君子居則觀其象而玩其辭，動則觀其變而玩其占，是以「自天祐之，吉無不利」。

述曰：《紀聞》曰：「觀象繫觀諸卦爻之象，觀變只觀所變卦爻之象耳。占以揲而值之，將用之以為決斷，故謂之占。」〔註53〕「易以變為占，於占言變。」〔註54〕蘇氏曰：「至於占而君子之慮周矣，是以『自天祐之』。」〔註55〕

〔註48〕蘇軾《東坡易傳》卷七《繫辭傳上》。
〔註49〕朱熹《周易本義‧周易繫辭上傳第五》。
〔註50〕李鼎祚《周易集解》卷十三《繫辭上傳》。
〔註51〕俞琰《周易集說》卷二十八《繫辭上傳一》。其中，「『居而安』，各得其所之意也」，《周易集說》作「『居』以位言，『安』謂安其分也」。
〔註52〕據李衡《周易義海撮要》卷七《繫辭上》引。
　　　　按：孔《疏》：
　　　　　　以此之故，君子觀象知其所處，故可居治之位而安靜居之，是易位之次序也。若居在《乾》之初九而安在「勿用」，若居在《乾》之九三而安在「乾乾」，是以所居而安者，由觀易位之次序也。……辭有吉凶悔吝，見善則思齊其事，見惡則懼而自改，所以愛樂而耽玩也。卦之與爻皆有其辭，但爻有變化，取象既多，以知得失，故君子尤所愛樂，所以特云爻之辭也。
〔註53〕張獻翼《讀易紀聞》卷五《上傳第一章》。
〔註54〕朱震《漢上易傳》卷七《繫辭上傳》。
〔註55〕蘇軾《東坡易傳》卷七《繫辭傳上》：「至於占則君子之慮周矣，故『祐』且『吉無不利』者也。」

卜子夏曰：「『君子居則觀其象而玩其辭，動則觀其變而玩其占』，自卜之明也。聖人極陰陽之度，窮變化之會，而得其易，是以合於天，而『自天祐之，吉無不利』也。」〔註56〕

仲虎曰：「象與變有剛柔變化之殊，辭與占有吉凶悔吝之異。君子居而學《易》，已窮乎象與辭之理；動而用《易》，又適乎變與占之宜。動靜無非易，即無非天，故『自天祐之，吉無不利』。天地間，剛柔變化無一時間；人在大化中，吉凶悔吝無一息停。吉一而已，凶悔吝三焉，故上之示人以吉凶悔吝者，聖人作《易》之事；此獨吉而無凶悔吝者，君子學《易》之功也。」〔註57〕

項氏曰：「此章謂讀《易》之法必自文王之易始，故上章論乾坤、貴賤、剛柔、吉凶、變化五事，而此章獨自吉凶、變化起義者，蓋有畫之初，乾坤、貴賤、剛柔之跡已著，而吉凶、變化之象未明；有卦然後見易之有變化二端，皆文王辭也。復以二端析為四類而詳言之。吉凶者，失得之已定者也，其憂虞之初，則謂之悔吝；變化者，易之用也，其所以變化，則剛柔二物而已。故觀吉凶者，必自悔吝始；觀變化者，必自剛柔始。文王觀四者而繫之以辭，讀易者亦觀此四者而玩文王之辭，則靜居動作，無入而不利矣。」〔註58〕「序即爻位，居此爻之位則玩此爻之辭以處之，然後能隨所遇而安樂之。或以『序』作『象』，『樂』作『變』，以與下文合，似不必爾。」〔註59〕

象者，言乎象者也。爻者，言乎變者也。

吳羔〔註60〕曰：「首章所謂聖人作易者，以畫卦而言；前章所謂聖人作易者，以繫辭而言。蓋先有卦而後有辭。至此章則合卦爻辭而言，其通例矣。」

述曰：「卦者，象也。成卦之體，上下內外無不備具。而象之辭，或舉其一，或舉其詳，或不言焉，而皆足以相明。此象所以言乎其象也。爻者，九六之數也。兩地則二四為六，參天則一三五為九。九畫奇，六畫偶。兼三才而兩之，則六畫成卦，所謂『剛柔相推而生變化』。此爻所以言乎其變也。」〔註61〕

〔註56〕《子夏易傳》卷七《繫辭上第七》。

〔註57〕胡炳文《周易本義通釋》卷五《繫辭上傳》。

〔註58〕項安世《周易玩辭》卷十三《繫辭上·聖人設卦觀象第二》。

〔註59〕項安世《周易玩辭》卷十三《繫辭上·易之序也》。

〔註60〕不詳。

〔註61〕龔原《周易新講義》卷八《繫辭上》。其中，「則六畫成卦，所謂剛柔相推而生變化」，《周易新講義》作「則重卦而為六畫，然後有中爻，有初、上，故道無變動則為三才，道有變動則為六爻」。

吉凶者，言乎其失得也。悔吝者，言乎其小疵也。无咎者，善補過也。

　　述曰：「爻之所以吉者，言乎得，若元吉、征吉、貞吉、往吉、大吉、中吉、終吉之類。爻之所以凶者，言乎失，若征凶、貞凶、終凶、見凶、有凶之類。」〔註62〕彭山曰：「得正言吉，心之安處也。失正言凶，心之不安處也。」〔註63〕悔者，不肯自安於不正，心切悔悟，此趨吉之路，然未至於吉。吝者，不能自克其不正，心竊羞鄙，此趨凶之路，然未至於凶。故曰「小疵」。「小疵」者，未成失得，猶許其改也。「『无咎』，本亦有過，以其善補是過〔註64〕以无咎。」〔註65〕朱氏曰：「止於當，則其德全，全則人以為休而依之。過於當，則其行缺，缺則人以為咎而違之。惟其缺而補之，然後无咎。」〔註66〕吉凶、悔吝、无咎，皆舉爻詞以明通例，見人心皆安於天理之正，而不正者自覺其凶。少有不正，自不容已於悔且吝。此皆反正之幾，欲人自得其本心也。〔註67〕

是故列貴賤者存乎位，齊小大者存乎卦，辨吉凶者存乎辭，憂悔吝者存乎介，震无咎者存乎悔。

　　述曰：「五『存』者應五『言』而為文。天道貴陽而賤陰，陰陽有貴賤之位，皆卦爻之所列也。陰陽各有貴〔註68〕統御謂之齊。陽大陰小，陽卦多陰，陰卦多陽。辭專取主爻，陽大陰小，語其常分耳。當其為卦主，則無異也。」〔註69〕胡氏曰：「六十四卦皆以陰陽得位失位分吉凶，君子必當明辨之。《比》之六二居得其正，則其辭曰『比之自內，貞吉』。《小畜》之初九以陽居陽，則其辭曰『復自道，何其咎，吉』。《隨》之九四以陽居陰，則其辭曰『隨有獲，貞凶』。《觀》之初六以陰居陽，則其辭曰『童觀，小人无咎，君子吝』。《噬嗑》

〔註62〕龔原《周易新講義》卷八《繫辭上》。
〔註63〕季本《易學四同》卷五《繫辭上傳》：「蓋吉凶悔吝心之四德，為善則吉，心之安處也；為惡則凶，心之不安處也。」
〔註64〕「過」，《周易集說》無。
〔註65〕俞琰《周易集說》卷二十八《繫辭上傳一》。
〔註66〕按：非朱氏之說，出龔原《周易新講義》卷八《繫辭上》。
〔註67〕季本《易學四同》卷五《繫辭上傳》：
　　　　吉凶、悔吝、无咎，皆舉象、爻辭中之占而釋之，以明通例，見人心皆安於天理之正。而少有不正者，可歸於正，欲人自得其本心也。
〔註68〕「貴」，《周易象旨決錄》無，疑衍。
〔註69〕熊過《周易象旨決錄》卷五《繫辭》：
　　　　陰陽各有所統御謂之齊。陽大陰小，陰卦多陽，陽卦多陰。辭專取主爻，陽大陰小，語其常分耳。當其為卦主，則無異也。五「存」者應五「言」而為文。

之上九以陽居陰，則其辭曰『何校滅耳，凶』。是吉凶之文皆在所繫之辭，君子若辨明吉凶之事，觀其辭則可知矣。」〔註70〕彭山曰：「『憂』者，危懼之意。『介』者，辨別之端。善惡所由分之界也。當初悔初吝之介而不憂，則必至於凶矣。震，驚動也。當其過時，惕然驚動，此即悔心之萌也。能悔則復於無過矣。」〔註71〕龔氏曰：「悔則无咎，介則無悔，不近於知幾乎？」〔註72〕

是故卦有小大，辭有險易。辭也者，各指其所之。

述曰：俞琰曰：「卦以陽爻之大者為主，則其辭平易，如《復》、《謙》之類。卦以陰爻之小者為主，則其辭艱險，如《小畜》、《夬》之類。『各指其所之』，『之』者，動爻。」〔註73〕盧齋趙氏曰：「『之』，變卦也。言本爻之辭，正指之卦之義。」〔註74〕朱氏曰：「詞有易者之於吉也，所謂能說諸心；詞有險者之於凶也，所謂能研諸慮也。」〔註75〕

質卿曰：「大之不能不易，小之不能不險，此理有自然，事有必至，是之謂『之』也。辭惟各指其所之，則趨避者有定準，就理者無他岐。天下後世知有大道而不可欺以邪徑，信有易地而不可惑以險途者，全在於此。」

淮海曰：「君子之居而動也，盡善之謂得，盡不善之謂失。小不善之謂疵，不明乎善而誤入於不善之謂過。盡善而得則吉，盡不善而失則凶。覺其小不善，欲改而不及，則有悔。不覺其小不善猶可以改，或不及改，或不肯改，則為吝。當悔吝之萌，不以小疵自恕，以求補過，則為无咎。言積疵則為失，積過則為疵，積疵則為凶，積補過則為无咎，積无咎則為得，積得則為吉。此其一念之微，而其著甚遠。君子之所以貴慎獨與？孟子曰：『欲知舜與跖之分無他，利與善之間也。』孟子之所謂間，即《大易》此章之所謂『介』。參天地在此，盡人物在此，淪夷狄在此，入禽獸在此。可危也哉！可懼也哉！所以學《易》之道，全在『憂悔吝者存乎介』一句。君子有終身之憂，其此悔吝之介

〔註70〕李衡《周易義海撮要》卷七《繫辭上》，注「胡」。胡瑗《周易口義》未見此語，則當為胡旦之說。
〔註71〕季本《易學四同》卷五《繫辭上傳》。
〔註72〕按：非龔氏之說，出朱震《漢上易傳》卷七《繫辭上傳》。
〔註73〕俞琰《周易集說》卷二十八《繫辭上傳一》。熊過《周易象旨決錄》卷五《繫辭》引之。其中，「之者」前，《周易集說》、《周易象旨決錄》均有「漢上朱氏曰」。
〔註74〕俞琰《周易集說》卷二十八《繫辭上傳一》、熊過《周易象旨決錄》卷五《繫辭》。
〔註75〕朱震《漢上易傳》卷七《繫辭上傳》。

乎？」〔註 76〕

項氏曰：「自『《彖》者言乎象』至『无咎，善補過』，皆解《繫辭》之文。自『列貴賤者存乎位』至『各指其所之』，皆讀《繫辭》之法也。《彖辭》所言之象，即下文所謂卦也；爻辭所言之變，即下文所謂位也。吉凶、悔吝、无咎，皆辭也。獨『吉凶』言『存乎辭』者，悔吝可以介而免，无咎可以悔而致，必有憂震之心者，然後能用力於其微焉。至於吉凶，則得失之大者，讀其辭皆可辨也，是故貴賤以位言，小大以材言。卦各有主，主各有材，聖人隨材之小大、時之難易，而命之辭，使人知所適從也。」〔註 77〕

易與天地準，故能彌綸天地之道。

述曰：此直贊先天之易也。先天之易有卦畫而無言，無言而無所不貫，無所不在，精示意見，而不可以形跡貌象窺測者，人全具之，人不得而執之，故言「易與天地準」。朱氏曰：「乾準天，坤準地。九準陽，六準陰。與之平等，無低昂輕重之間，『故能彌綸天地之道』。」〔註 78〕《象旨》：「『彌』以反本言，如弓既張而彌之，愈反癒合。『綸』以致用言，如絲既分而綸之，漸合漸大也。」〔註 79〕

仰以觀於天文，俯以察於地理，是故知幽明之故。原始反終，故知死生之說。精氣為物，遊魂為變，是故知鬼神之情狀。

述曰：《象旨》：「此皆聖人用易彌綸之事。『以』者，用易也。故幽明、始終、鬼神皆就易卦畫言之。」〔註 80〕卦畫內外，上下有天道焉，有地道焉。「仰以觀於天文，俯以察於地理，故知幽明之故」，荀爽曰：「謂陰升之陽，則成天之文也；陽降之陰，則成地之理也。『幽』謂天上地下之不可得覩者也，『明』謂天地間萬物陳列著於耳目者也。」〔註 81〕卦畫一變為始，六變為終。「原始反終，故知死生之說」，荀爽曰：「陰陽交合，物之始也；陰陽分離，物之終

〔註 76〕孫應鼇《淮海易談》卷四。(《四庫全書存目叢書》經部第 7 冊，第 702 頁)
〔註 77〕項安世《周易玩辭》卷十三《象言乎象章第三》。
〔註 78〕俞琰《周易集說》卷二十八《繫辭上傳一》、李衡《周易義海撮要》卷七《繫辭上》。按：朱震《漢上易傳》未見此語。
〔註 79〕熊過《周易象旨決錄》卷五《繫辭》。
　　　　按：崔銑《讀易餘言》卷四《繫辭輯上》：「彌如開弓，愈開愈滿；綸如合繩，漸合漸大。」張獻翼《讀易紀聞》卷五《上傳·第四章》引《讀易餘言》而不言。
〔註 80〕熊過《周易象旨決錄》卷五《繫辭》，無「卦畫」二字。
〔註 81〕李鼎祚《周易集解》卷十三《繫辭上傳》。

也。合則生,離則死。」〔註82〕卦畫陽奇陰偶,物也,精氣聚焉;用九用六,變也,遊魂運焉。張子曰:「精氣自無而有,故顯而為用;遊魂自有而無,故隱而為變。」〔註83〕李氏曰:「物,鬼也。變,神也。鬼常與體魄俱,故謂之物;神無適而不知〔註84〕,故曰變。」〔註85〕章氏曰:「鬼神之情不可窺,鬼神之狀不可見,何從而知之?『精氣為物』,物則有象,有象則終壞而為鬼;『遊魂為變』,變則無方,無方則不測而為神。是鬼神之情狀不於精氣遊魂而知之乎?」〔註86〕

朱氏曰:「天,氣也,而成文;地,形也,而有理。形散為氣,明而微也;氣聚成形,幽而顯也。仰觀乎天,凡地之成形者,莫不有是文;俯察乎地,凡天之成象者,莫不具是理。故分而為二,揲之以四,生二儀四象八卦,成三百八十四爻、萬有一千五百二十策,皆原於太極。知此則知幽明之故也。」〔註87〕

《象旨》:「『原始反終』,依鄭、虞本當讀『原始及終』,若曰推原其始則知未來,反摺其終則知已往。又或以為於其終而反求其始,則固已費辭矣。朱子發曰:『一變者,卦之始也,謂之一世;六變者,卦之終也,謂之遊魂;七變而反者,卦體復也,謂之歸魂。始者,生也;終者,死也;反則死而復生。故知此則知死生之說。』〔註88〕其以初上為始終,而始終為生死,是也。其指六爻之變而謂遊魂歸魂者,非也。」〔註89〕

章氏曰:「精氣即遊魂之所凝聚,遊魂即精氣之所運用。自其可見聞者謂之物,自其不可執著者謂之變。魂之於物也,直寄焉耳。精氣、遊魂,一而二,二而一者也。惟精氣全而遊魂定,則發揚昭著,雷動風散。鬼神之變化,其非我也,聖人只教人從自家身中認取。精氣遊魂具而為人,故曰人者,陰陽之變,鬼神之會。」〔註90〕

「精氣為物」,形之謂也。「遊魂為變」,神之謂也。形有生滅,神止往來耳。於此了徹,修身以俟,不以夭壽貳其心,斯命自我立矣。

〔註82〕李鼎祚《周易集解》卷十三《繫辭上傳》,稱《九家易》。

〔註83〕張載《橫渠易說‧繫辭上》。

〔註84〕「知」,《東坡易傳》作「可」。

〔註85〕按:非李氏之說,出蘇軾《東坡易傳》卷七《繫辭傳上》。

〔註86〕章潢書中未見此語。

〔註87〕朱震《漢上易傳》卷七《繫辭上傳》。

〔註88〕朱震《漢上易傳》卷七《繫辭上傳》。

〔註89〕熊過《周易象旨決錄》卷五《繫辭》。

〔註90〕章潢書中未見此語。

「精氣為物」，坤之道也。「遊魂為變」，乾之道也。魂升魄降，人死則然，其生如之何？

與天地相似，故不違。知周乎萬物而道濟天下，故不過。旁行而不流，樂天知命，故不憂。安土敦乎仁，故能愛。

述曰：「幽明」，陰陽之顯晦；「死生」，陰陽之消息；「鬼神」，陰陽之聚散。而皆盡之於易，可見易之道即天地之道也。天地一陰一陽以成變化，而易與之相似，故其故、其說、其情狀自莫之能違也。朱氏曰：「萬物」者，「二篇之策萬有一千五百二十，當萬物之數，故曰『知周萬物』」〔註91〕。「『天下』者，萬物之會。」〔註92〕「知周萬物」，「乾知泰始」也。「道濟天下」，「坤作成物」也。「易〔註93〕無物不知，是『知周於萬物』；天下皆養，是『道濟天下，故不過』者。所為皆得其宜，無有愆過，使物失所〔註94〕也。」〔註95〕《九家易》以「旁行周合，六十四卦」〔註96〕。即卦之反對反覆為用，正見其應變旁行，未嘗逐流而不返，使人「明〔註97〕天道之常數，知性命之始終，任自然之理，故『不憂』」〔註98〕。「不憂」者，自得於己也。「『安土敦仁』，萬物之情也。」〔註99〕易順物之情，使各得其所，敦厚於仁，故能愛養萬物。胡氏所謂「物既遂性，則父子兄弟親疎且遞相親睦而敦仁愛之心」〔註100〕，是已。不然，雖欲愛之，不能也。

「心無一毫繫累謂之樂。常人多憂，因不能樂天。不能樂天，因不能知命，而不免有憂。易理「旁行不流」，即幽明、死生、鬼神屈伸代謝於天地萬物之中者，何莫非命？知命則一身之生死得喪同於屈信代謝，何憂之有？」〔註101〕非樂天，何能安土？「安土者，隨寓而安心無繫累，如是方能敦仁，方能愛。愛者，天地生物之心，所謂仁也。不能安土，必擇自安之地，則惟知有己，不

〔註91〕按：非李氏之說，乃荀爽之說，出李鼎祚《周易集解》卷十三《繫辭上傳》。
　　　　熊過《周易象旨決錄》卷五《繫辭》亦引之。
〔註92〕熊過《周易象旨決錄》卷五《繫辭》。
〔註93〕「易」，孔《疏》作「聖人」。
〔註94〕「所」，孔《疏》作「分」。
〔註95〕孔《疏》。
〔註96〕李鼎祚《周易集解》卷十三《繫辭上傳》。
〔註97〕「明」，孔《疏》作「順」。
〔註98〕孔《疏》。
〔註99〕韓《注》。
〔註100〕胡瑗《周易口義》卷十一《繫辭上》。
〔註101〕張獻翼《讀易紀聞》卷五《上傳·第四章》。

知有人。何以能愛？堯、舜之得位，孔、顏之不遇，其敦仁一也，其能愛一也，其知天知命一也。」〔註102〕

《象旨》：「『旁』猶『旁燭』之『旁』，非避礙之意。『不流』，依京房本作『不留』。朱子發曰『易之用』〔註103〕者，近是矣。朱《義》『行權』、『守正』〔註104〕，非本旨也。易旁行不流，故玩辭者變通天道，以知天命，亦周物不憂，似天也『樂天』，依虞翻作『變天』。安居易象，是為『安土』，安土則心存理得，故亦道濟天下，似地也。變知天命則智跡泯，安土敦仁則生意發。」〔註105〕

範圍天地之化而不過，曲成萬物而不遺，通乎晝夜之道而知，故神無方而《易》無體。

述曰：「天地之化，滔滔不窮，如一爐金汁，鎔化不息。易為之鑄寫成器，使入模範匡郭，而不過乎中〔註106〕也。」〔註107〕「曲成」者，順萬物之理，而成之非一方也。易與物變化，明中正之道，「隨其大小、廣狹、長短、方圓，無不各成就此物之理，無有遺漏」〔註108〕而不成者。「天地萬物皆以易言之。晝夜者，剛柔之象，剛或化柔，柔或變剛，陰中有陽，陽中有陰，貫通為一，是謂『通乎晝夜之道』，而知則不為變化之所亂，而可以知範圍、曲成之道也。」〔註109〕荀爽曰：「晝者謂乾，夜者坤也。通於乾坤之道，則無不知矣。」〔註110〕「自此以上，皆神之所為也。神則陰【陽不測，而易則惟變所適，不可以一方一體求】〔註111〕，此易之「與天地準」而「能彌綸天地之道」也。知此者，其「乾知大始」之知乎！非「乾知大始」之知，不足以知先天之易之妙。

〔註102〕張獻翼《讀易紀聞》卷五《上傳·第四章》。

〔註103〕朱震《漢上易傳》卷七《繫辭上傳》。

〔註104〕朱熹《周易本義·周易繫辭上傳第五》：「『旁行』者，行權之知也。『不流』者，守正之仁也。」

〔註105〕熊過《周易象旨決錄》卷五《繫辭》。

〔註106〕「中」，《朱子語類》作「中道」。

〔註107〕黎靖德《朱子語類》卷七十四《易十》。張獻翼《讀易紀聞》卷五《上傳·第四章》引之而不言。

〔註108〕黎靖德《朱子語類》卷七十四《易十》。張獻翼《讀易紀聞》卷五《上傳·第四章》引之而不言。

〔註109〕熊過《周易象旨決錄》卷五《繫辭》：
　　　天地萬物皆就易言之。晝夜者，剛柔之象，剛或化柔，柔或變剛，陰中有陽，陽中有陰，貫通為一，則不為變化之所亂，而可以知範圍、曲成之道矣。

〔註110〕李鼎祚《周易集解》卷十三《繫辭上傳》。

〔註111〕韓《注》。

「範者，形之所自出。圍者，數之所能周。天地之化有形數，故可得範圍相成也，而開物相剋也。而成務麗於形，制於數，而未始有窮也。無以範圍之，則天有愆陽，地有伏陰，五行之氣拂鬱而失其性。其發也有不得其平，而甚至於過。」〔註112〕易將天地之化，如用範來範成，各就圍裏，都沒過遮攔，〔註113〕故曰「範圍天地之化而不過」。龔氏曰：「範者，形之使有體。圍者，制之使有方。春則生，夏則長，秋則斂，冬則藏。一寒一暑，終則復始，天地之化也。使之各因其時而成功，此之謂範。至於寒不陵暑，暑不奪寒，陰不至於太肅，陽不至於太溫，而萬物各得沖氣以生，此之謂圍。範圍天地之化而不過，是皆中節也。」〔註114〕

鄭氏曰：「易也，天地也，聖人也，合則同，離則異。天下】〔註115〕之萬物，出入生死之不齊，而不可為量數。由其道，得其宜，極其高大，莫不安其性命之情，而致曲以成之，易而已。蓋帝之於萬物，所以出齊相見，與夫役說戰勞，而遂至於成也，豈一理而足哉？此之謂『曲成萬物而不遺』也。」〔註116〕

龔氏曰：「流行於天地之間者，無不受命於陰陽，而從役於晝夜。其微有消息，其著有盈虛，其分有幽明，其數有死生，隨流轉徙，未嘗知其為晝夜也，故成然止，冥然行，惟晝夜之所驅耳。通乎晝夜之道者，則異乎此。雖與之來而有所謂不來，雖與之往而有所謂不往，故其體為神，其用為易。」〔註117〕

《象旨》：「神者何？易之道也。隨物而在，故『無方』也。何以為易？理之變化也。易何以無體？變化故無體也。『葉少蘊謂凡易見於有為者皆言用，用之者體，而易不以體對用，故別而論之曰無體。』〔註118〕」〔註119〕

淮海曰：「知幽明，知死生，知鬼神，知萬物，知命，知晝夜，如此乎言知之詳也，總之只是知易耳。幽明即死生，死生即鬼神，鬼神即萬物，萬物即命，命即晝夜。曰故、曰說、曰情狀、曰道、曰化，皆易也。此知，放而彌六

〔註112〕李衡《周易義海撮要》卷七《繫辭上》，注「鄭」。
〔註113〕黎靖德《朱子語類》卷七十四《易十》：
　　　　「範圍天地之化」，範是鑄金作範，圍是圍裏，如天地之化都沒箇遮攔，聖人便將天地之道，一如用範來範成箇物包裹了。
　　　按：張獻翼《讀易紀聞》卷五《上傳・第四章》引之而不言。
〔註114〕龔原《周易新講義》卷八《繫辭上》。
〔註115〕【】內文字，底本原缺頁，據四庫本補。
〔註116〕李衡《周易義海撮要》卷七《繫辭上》。
〔註117〕龔原《周易新講義》卷八《繫辭上》。
〔註118〕王應麟《困學紀聞》卷一《易》。《周易象旨決錄》引之而不言。
〔註119〕熊過《周易象旨決錄》卷五《繫辭》。

合，卷而藏於密。吾心不慮而知之，知是也。若一入於慮，便不神，便不易，便不能放，不能卷，便入聞見，便落見解，非德性本然之知矣。德性本然之知，乃同於天地萬物，而能生乎天地萬物者，故大學之道在致知，致知在格物。合天地萬物而為一體，是為格物。妙天地萬物一體之道而通於知，是為致知。致知則得易。易者，心也，故曰『神無方而易無體』。心之不測便是神，心之生生便是易。非致知，其何以哉？故知致則理窮，則性盡，則命至。」〔註120〕

項氏曰：「自『仰以觀於天文』至『故知鬼神之情狀』。」〔註121〕「『故』者，以事言也。『說』者，以理言也。『情狀』者，以象言也。易有象、有理、有事，知斯三者，而易之蘊盡矣。昔者伏羲之始作也，仰觀於天，見陰陽之象；俯察於地，見剛柔之形。於是制為奇偶之畫，以準其象，使萬物之情皆以類而從，而天文地理遂與人事物情相通而為一，而幽明之故可得而知矣。原畫之所由始，二分四揲之變，皆起於至一無朕之中；要畫之所以終，三變六扐之餘，復歸於至一無朕之始。而死生之說可得而知矣。氣聚而為物，奇偶之畫所以為有象；魂遊而為變，九六之化所以為無跡。而鬼神之情狀可得而知矣。」〔註122〕「此三知者，言易之所知與天地準也。下四故者，言易之所能與天地準也。」〔註123〕「範圍天地」三言，「以見其彌綸天地之道也。蓋易有奇偶二畫，所以匡括天地之變化，而天地不能越其外；所以曲成萬物之終始，而無一物之或遺。通幽明、死生、鬼神之道，而知無所不至。是故天地之神無陰陽之定方，而易奇偶之變亦與之周流而無定體，此所謂『易與天地準』也。」〔註124〕

一陰一陽之謂道。

述曰：「《易》以道陰陽」〔註125〕，天地人物萬般不同，其實不越陰陽兩端。陰陽原不相判，渾合而成，不偏不雜，此一元太和之氣，自於穆，自无妄，自中正純粹精，自生生不息，〔註126〕乃所謂道也。

〔註120〕 孫應鰲《淮海易談》卷四。（《四庫全書存目叢書》經部第 7 冊，第 703～704 頁）
〔註121〕 項安世《周易玩辭》卷十三《繫辭上・易與天地準章第四》。
〔註122〕 項安世《周易玩辭》卷十三《繫辭上・三知》。
〔註123〕 項安世《周易玩辭》卷十三《繫辭上・易與天地準章第四》。
〔註124〕 項安世《周易玩辭》卷十三《繫辭上・四故》。
〔註125〕 《莊子・雜篇・天下第三十三》。
〔註126〕 （清）黃宗羲《明儒學案》卷二十八《楚中全・僉憲蔣道林先生信》：
　　　　凡言命、言道、言誠、言太極、言仁，皆是指氣而言。宇宙渾是一塊氣，氣自於穆，自无妄，自中正純粹精，自生生不息。只就自心體認心是氣，生生之心便是所言天命之性，豈有箇心，又有箇性？

　　彭山曰：「『一陰一陽』者，陽明陰晦，陽主陰而陰從陽，隨時變通，無所偏倚之謂也。陰極而不變則滯於陰，陽極而不變則滯於陽，皆著物而入於器矣。惟其變通不滯，則主之者陽，從之者陰，剛柔適得其中，而無太過不及，然後為道。故道以形而上言，非以陰陽為兩物，而道在其中也。象山陸氏曰：『一陰一陽已是形而上者。』〔註127〕莊渠魏氏謂『一偏者不足以為道』，得之矣。」〔註128〕

　　「『形而上者謂之道』，指虛明者而言陽也；『形而下者謂之器』，指成形者而言陰也。此陰陽之大分也。陰用事則陰陽不交而為《否》，陽用事則陰陽交而為《泰》，故道也者，陰陽之交也。《易》曰『一陰一陽之謂道』，蓋謂此也。陰陽合德則為道。

　　陰陽合德者，陽中有陰，陰中有陽，偏於陽則陰隨陽而散漫，偏於陰則陽隨陰而沉淪，此則墮於氣矣。象山曰：『一陰一陽已是形而上者』，謂其不偏也。」〔註129〕

繼之者善也，成之者性也。仁者見之謂之仁，知者見之謂之知，百姓日用而不知，故君子之道鮮矣。

　　述曰：「繼之者善」，天命之本然乎！「成之者性」，人之得於天命自然乎！「繼」者，陰陽相續，貞又為元，比〔註130〕太和渾淪之體，所謂善也。「成」者，陰陽化生，成男成女，此秉彝各足之真，所謂性也。善者，性之原；性者，善之實。善、性皆天理，中間雖有剛柔、善惡、中偏之不同，而天命之本然無不同。知繼善、成性之本體，則工夫始與天命合一，始能得性之至善，而不滯於意見之偏，此君子之道也。不能見此全體，未免失其中正，落於偏倚，故「仁者見之謂之仁，知者見之謂之知」。或偏於陽，或偏於陰，仁與知遂分而為二。至於百姓，則由乎陰陽之道，而不知一陰一陽之道皆離道也，故曰「君子之道鮮矣」。

顯諸仁，藏諸用，鼓萬物而不與聖人同憂，盛德大業至矣哉！富有之謂大業，日新之謂盛德。

　　述曰：君子之道，一陰一陽之道也。在天地為元，在萬物為含生之仁，造

〔註127〕陸九淵《象山集》卷二《與朱元晦》。
〔註128〕季本《易學四同》卷五《繫辭上傳》。
〔註129〕季本《說理會編》卷一《性理一》。
〔註130〕「比」，疑作「此」，與「此秉彝各足之真」相對。

化以貞復而肇生，物理以歸根而反生，「顯諸仁」也。一陰一陽，妙合而凝也，然而莫測其出機焉，莫測其入機焉，「藏諸用」也。一陰一陽，機緘不露也。仁即生理之根柢，而於是乎顯，所以綿綿而不絕。用即發育之盛大，而於是乎藏，所以混混而無跡。故曰「鼓萬物而不與聖人同憂」，蓋道之妙也。天地無憂，聖人有憂，而同此顯仁，同此藏用，「盛德大業至矣哉」！如天施焉，如地生焉，無不有也，我不自以為有，而覆載生成皆其所該，是「富有」也。所過化焉，所存神焉，如天地之運而無息，故者不留積盈而來者不匱也，是「日新」也。

　　仁言顯，即用是體；用言藏，即體是用。發明道之體用一原，顯微無間，總是一陰一陽之妙。蓋顯即陽之動而主宰乎陰者，曰「顯諸仁」，則全體呈露而不落聲臭；藏即陰之靜而附麗於陽者，曰「藏諸用」，則大用顯行而無所作為。顯而藏，藏而顯，不可以意見見，不可以耳目知，此所以仁者知者滯於偏而不得其全。不著不察之民，由其道而不知，而聖人之盛德大業與天地鼓物而不憂者同也。

生生之謂易，成象之謂乾，效法之謂坤，極數知來之謂占，通變之謂事，陰陽不測之謂神。

　　述曰：聖人盛德大業本易道而成，故推言以盡其意。「『生生』者，生而又生，動而生陽，靜而生陰，隨時變通，此易理也。」〔註131〕自其生生之成象謂之乾，自其生生之效法謂之坤。「象謂理先見而未成形者，以其健而主陰，故曰乾。效，呈也，謂法乾制用而成形者，以其順而從陽，故曰坤。」〔註132〕「數，蓍數也。變，卦變也。物莫逃乎數，故極數可以知來物。事，行事也，即所佔卦變而通之也。」〔註133〕「極數知來」，所以通事變也。「占之於心而通之於事，則乾坤之理與時偕行，而不滯於跡，此陰陽之不可測也，故『謂之神』。」〔註134〕「上章言『易無體』，此言『生生之謂易』，惟其『生生』，所以『無體』。上章言『神無方』，此言『陰陽不測之謂神』，惟其『不測』，所以『無方』。」〔註135〕

〔註131〕季本《易學四同》卷五《繫辭上傳》。
〔註132〕季本《易學四同》卷五《繫辭上傳》。
〔註133〕胡廣《周易大全》卷二十二《繫辭上傳》，稱「建安丘氏曰」。張獻翼《讀易紀聞》卷五《上傳第五章》引之而不言。
〔註134〕季本《易學四同》卷五《繫辭上傳》。
〔註135〕建安丘氏之說，見董真卿《周易會通·周易經傳集程朱解附錄纂註卷十二·繫辭上傳》、胡廣《周易大全》卷二十二《繫辭上傳》。《讀易紀聞》卷五《上傳第五章》引之而不言。

　　《象旨》：「言陰陽得中者為道也。今夫聖人之明民示諸有，而儒者之高論乃欲引而淪諸無。《大傳》云『一陰一陽謂道』矣，今乃復云陰陽氣也，其理則謂之道，然則陰陽不足謂道乎？《易》稱乾道，稱坤道，又稱乾陽物，坤陰物，以明陰陽即道。道者，所由之路，陰陽即群有之所由出入也。今云然者，豈非其誤解形下之器哉？古老曰：偏陰偏陽之謂疾。此豈獨命家之說也。陳氏《新話》云：『道在陰而陰得其一，在陽而陽得其一』〔註136〕，當別說如仁知所見也。」〔註137〕

　　《象旨》：「此明陰陽謂道之義。『繼』指流行，言萬物資始，繼貞以元。元為善長，故曰繼，善屬一陽之分；貞而成終，物各有則，故曰成，性屬一陰之分。北溪陳氏曰：『繼、成字與陰、陽字應，善、性字與道字應。』〔註138〕繼善者即性善意，猶言吉之先見為良心之本體；成性者即性相近意，蓋有累於氣之不中正者矣。」〔註139〕

　　「仁知即性之成者。人受天地之中，以生仁知，皆得其偏耳。」〔註140〕「見之」，「之」之謂道也。隨其所見而目為全體，不能盡知其性之所有者而全之也。繼善、成性，以造化之流行分陰陽；仁陽知陰，以在人之稟受分陰陽。

　　「『上章說聖人之仁知，知與仁合而為一；此說知者、仁者，仁與知分而為二。道無陰陽，本自無滯。仁者之見，滯於陽而不知有陰；知者之見，滯於陰而不知有陽。』〔註141〕百姓由乎陰陽之道，而不知君子一陰一陽之道也。不知其性者為百姓，知之而入於意見者為仁知之偏，以皆落於成性之後而未覿乎繼善之初也。」〔註142〕

　　蘇氏曰：「屬目於無形者，或見其意之所存，故仁者以道為仁，意存乎仁也；知者以道為知，意存乎知也。賢者存意而妄見，愚者日用而不知，是以君子之道成之以性者鮮矣。」〔註143〕

　　淮海曰：「『仁者見之謂之仁，知者見之謂之知』，聖人之見即仁知之見，但聖人不落於仁之見、知之見，仁知者即落於仁之見、知之見。『百姓日用而

〔註136〕（宋）陳善《捫蝨新話》上集卷二《論易陰陽》。
〔註137〕熊過《周易象旨決錄》卷五《繫辭》。
〔註138〕俞琰《周易集說》卷二十九《繫辭上傳二》。
〔註139〕熊過《周易象旨決錄》卷五《繫辭》。
〔註140〕熊過《周易象旨決錄》卷五《繫辭》。
〔註141〕胡炳文《周易本義通釋》卷五《繫辭上傳》。《讀易紀聞》引之而不言。
〔註142〕張獻翼《讀易紀聞》卷五《上傳第五章》。
〔註143〕蘇軾《東坡易傳》卷七《繫辭傳上》。

不知』，百姓之日用即聖人之日用，但聖人知此日用，百姓不知此日用。日用即人情物理也。人情物理，易理也。除卻人情物理，何者為日用？克己復禮之學，全在視聽言動上做；發育峻極之體，全在三千三百上見。曰知曰見，知此合一，見此合一之易理耳。其知也無所，知無所知，則無所不知，故曰「吾有知乎哉？無知也」〔註144〕。其見也無所見，無所見則無所不見，故曰「望道而未之見」〔註145〕。」〔註146〕

龔氏曰：「仁者，體也，道以之顯。用者，知也，道以之藏。言顯則知用之為知，言藏則知仁之為體。至於『鼓萬物而不與聖人同憂』，則寂然不動之時也，聖人有思有為者也，故『吉凶與民同患』。道則無思無為，故『鼓萬物而不與聖人同憂』。」〔註147〕

朱氏曰：「聖人有相之道，不以其所可憂者而同乎無憂，以謂配天地、立人道者存乎己，易之道是已。則聖人盛德大業豈不至矣哉？」〔註148〕《象旨》：「『富有』者，『冒天下之道』，『開物成務』，顯仁也；『日新』者，惟變所適，根本盛大，藏用也。蘇氏曰：『我未嘗有，即物而有，故富。如使已有，則其富有畛矣。富有者未嘗有，日新者未嘗新，吾心一也，新者物耳。』〔註149〕」〔註150〕

《象旨》：「此以易之陰陽言。『生生』者，生陰生陽也，應『一陰一陽謂道』之意。一陽生而成象之謂乾，一陰生而效法之謂坤。『效法』者，依成象而代有終也，『成象』特為朕兆耳。應『繼善』、『成性』之意。」〔註151〕以其生於未始有象之先，純乎健而為主，故曰乾。以其生於既始有象之後，純乎順而從陽，故曰坤。蘇氏曰：「言易之道至乾而始有象，至坤而始有可見之法也。」〔註152〕《紀聞》曰：「象言成，則法已具而未定。法言效，則道盡見而無隱。效，呈效也，出諸幽隱以示人也。法者，未然而已然千古，當然不易之定體也。張忠定曰：『事未判時屬陽，已判後屬陰。』未判生殺輕重在我，已判更不可

〔註144〕《論語·子罕第九》。

〔註145〕《孟子·離婁下》。

〔註146〕不詳，俟考。按：孫應鰲《淮海易談》未見此語。

〔註147〕龔原《周易新講義》卷八《繫辭上》。

〔註148〕朱震《漢上易傳》卷七《繫辭上傳》。

〔註149〕蘇軾《東坡易傳》卷七《繫辭傳上》。

〔註150〕熊過《周易象旨決錄》卷五《繫辭》。

〔註151〕熊過《周易象旨決錄》卷五《繫辭》。

〔註152〕李衡《周易義海撮要》卷七《繫辭上》。「象」，蘇軾《東坡易傳》卷七《繫辭傳上》作「成象」。

易。〔註153〕」〔註154〕

　　有象有法，則數行矣，易逆數也。無有遠近幽深，遂知來物，則有以極其數。道無數也，故未嘗有窮。物有數也，故可極焉。天地之數五十有五而大衍之數五十，蓍之用四十有九而卦止於六十四，則數為可極故也。數為可極，則來物為可知，此占事也，故曰極數知來之謂占。〔註155〕

　　《象旨》：「占者，窮過扐之數，遂知來物，事則貫十有八變，因變以成務矣。吳幼清曰：『數者，變之已成。變者，數之未定。』〔註156〕」〔註157〕朱氏曰：「窮則變，變則有術以通之，此之謂『事』。」〔註158〕

　　《象旨》：「蓍初揲，卦猶未成，或陰或陽，不為典要，矧可度思，故曰『神』。此言乎陰陽之道用於蓍數也。在天在人謂之道，在易在占謂之神。龔氏曰：『初言道，以一陰一陽為宗；中言易，以乾坤為序；末言神，以陰陽不測為妙。』〔註159〕則易果道陰陽。而為理、氣之別者，亦太刻畫矣。業、德、易、乾、坤、占、事、神是一陰一陽之道，隨所在而得名者，非二理也。」〔註160〕

　　金賁亨曰：「此章以天道明易道也。『日新之謂盛德』以上言天道，『生生之謂易』以下言易道。『生生之謂易』即『一陰一陽之謂道』也。以太極言也，成象之謂乾即『繼之者善也』，『效法之謂坤』即『成之者性也』。以兩儀言也，『極數知來之謂占，通變之謂事』，易之大業，『顯諸仁』者也；『陰陽不測之謂神』，易之盛德，『藏諸用』者也。」〔註161〕

　　「『一陰一陽』猶言一出一入〔註162〕，明奇偶之迭用也。陰陽者，氣也；陰陽迭用者，道也。道之所生，無不善者，元也，萬物之所同出也。善之所成，

〔註153〕黎靖德《朱子語類》卷七十四《易十》：「張乖崖說公事未判時屬陽，已判後屬陰，便是這意。公事未判，生殺輕重皆未定；及已判了，更不可易。」
〔註154〕張獻翼《讀易紀聞》卷五《上傳第五章》。
〔註155〕此一節乃胡旦之說，見李衡《周易義海撮要》卷七《繫辭上》、葉良佩《周易義叢》卷十三《繫辭上傳》。
〔註156〕吳澄《易纂言》卷七《繫辭上傳》。按：早見於俞琰《周易集說》卷三十《繫辭上傳三》。
〔註157〕熊過《周易象旨決錄》卷五《繫辭》。
〔註158〕朱震《漢上易傳》卷七《繫辭上傳》。
〔註159〕李衡《周易義海撮要》卷七《繫辭上》。
〔註160〕熊過《周易象旨決錄》卷五《繫辭》。
〔註161〕金賁亨《學易記》卷四《論繫辭傳·上傳》。
〔註162〕按：底本旁有小注：「項氏此論甚奇，錄以備覽。」

各一其性者，貞也，萬物之所各正者也。成之者性，猶《孟子》言人之性、犬之性、牛之性、草木言性熱性寒也。仁者見其始於一而以為仁，智者見其終於萬而以為智。木石飛走，愚夫愚婦皆在其中，而不知其所以然者。是三者之見，愚智雖不同，而皆未足以言易也。自易之顯者觀之，有法象之著明，則道之一陽也，謂之仁可也；自易之藏者觀之，無方體之可測，則道之一陰也，謂之智可也。一顯一藏，鼓動萬物而不已，則仁與智又皆屬於陽；枯莖蠹策，藏顯俱出於無心，則仁與知又皆屬於陰。惟其神妙如此，不可形容，故贊之曰『盛德大業至矣哉』！以言其德，則變化日出而不窮，此陽之顯也；以言其業，則天地之間備矣，此陰之藏也。合而言之，顯藏、藏顯如循環之無端，則易之一辭足以兼之矣。觀其畫一奇以開萬象，則奇也者，誠天下之至健，德之所以能日新也；及其配一偶以成萬形，則偶也者，誠天下之至順，業之所以富有也。極奇偶之數，至於萬有一千五百二十，以見天下之賾，則謂之占，即奇之象也；通奇偶之變，至於千五百三十六卦，以傚天下之動，則謂之事，即偶之法也。究而言之，或顯或藏，莫知其方，則神之一辭足以贊之矣。此即上章『神無方，易無體』之意也。」〔註163〕

夫易，廣矣大矣。以言乎遠則不禦，以言乎邇則靜而正，以言乎天地之間則備矣。

　　述曰：此章贊易理廣大則通上下矣。「『以言乎遠』者，變動也」〔註164〕，「所謂『推而行之存乎通』。『不禦』者，所謂通也。」〔註165〕「以言乎邇」，不變者也，靜則能動，正則能一天下之動。〔註166〕「以言乎天地之間，則乾坤合德，剛柔有體，變與不變互相推移，而萬物備矣。」〔註167〕

　　彭山曰：「無不含容謂之廣，無不完具謂之大，言易道如地之廣，如天之大，無有窮盡，不可得而御也。邇指人心言。正者，貞也。靜，虛中所含之理平。正，無所偏倚之名也。言易道雖廣大，而皆具於吾心天地之間，即廣大之

〔註163〕項安世《周易玩辭》卷十三《繫辭上·一陰一陽章第五》。
〔註164〕朱震《漢上易傳》卷七《繫辭上傳》。
〔註165〕龔原《周易新講義》卷八《繫辭上》。
〔註166〕朱震《漢上易傳》卷七《繫辭上傳》：「『以言乎邇』者，不變者也，靜而守正，一天下之動者也。」
〔註167〕朱震《漢上易傳》卷七《繫辭上傳》。
　　　　另，龔原《周易新講義》卷八《繫辭上》：「『以言乎邇』，則靜而正，所謂『天下之動，正夫一者也』。……以言乎天地之間，則備矣。」

道也。備即具也，具於吾心，靜正之外無道矣。」〔註168〕

夫乾，其靜也專，其動也直，是以大生焉。夫坤，其靜也翕，其動也闢，是以廣生焉。

述曰：易之廣大出於《乾》、《坤》二卦，《乾》、《坤》各有動靜，於其四德見之。靜體而動用，靜別而動交。「專謂專一，直謂直遂。「『翕謂合，而氣之專者藏於此；闢謂開，而氣之直者出於此。』〔註169〕」〔註170〕「俞氏曰：『乾畫奇而實，不變則其靜也專，變則其動也直。直者，坤之德，而乾合之。坤畫偶而虛，不變則其靜也翕，變則其動也闢。闢乃乾之德，而坤合之』〔註171〕，是已。」〔註172〕

彭山曰：「乾靜專，坤靜翕，譬如人之在家，乾則端居於內，而坤則為之闔戶。乾動直，坤動闢，譬如人之出外，乾則遂意直行，而坤則為之辟戶。此皆乾為主而坤從之之義也。大者自內而達於外，廣者自外而包乎內，此皆以動而為用者言，然必以靜為之體。靜而動，動而貞也。蓋遠之具於邇者，程子所謂『不專一則不能直遂，不翕聚則不能發散』〔註173〕是也。」〔註174〕

韓康伯曰：「乾統天首萬物，為變化之元，通乎形外者也。坤則順以成陽，功盡於己，用止乎形者也。故乾以專直言乎其材，坤以翕辟言乎其形。」「對則乾為物始，坤為物生，散則始亦為生，故總為生也。」〔註175〕

蘇氏曰：「至剛之德果，至柔之德深。絕意於動，專也。不可復回，直也。歛之無餘，翕也。發之必盡，闢也。」〔註176〕

廣大配天地，變通配四時，陰陽之義配日月，易簡之善配至德。

述曰：彭山曰：「『天地』本上文『乾坤』而言。義，時宜也。陰陽進退，隨時合宜，言其明不息也，故以配於日月。『易簡』，聖人自然之善，無所作為者也。『至德』，謂天地之德，至極而無以加也。此因『廣大』而推言之。『廣

〔註168〕季本《易學四同》卷五《繫辭上傳》。
〔註169〕吳澄《易纂言》卷七《繫辭上傳》引之而不言。
〔註170〕朱長文《易經解》。
〔註171〕俞琰《周易集說》卷二十九《繫辭上傳二》。按：《周易集說》、《周易象旨決錄》均無「而乾合之」、「而坤合之」。
〔註172〕熊過《周易象旨決錄》卷五《繫辭》。
〔註173〕《二程遺書》卷十一《師訓》。
〔註174〕季本《易學四同》卷五《繫辭上傳》。
〔註175〕孔《疏》。
〔註176〕蘇軾《東坡易傳》卷七《繫辭傳上》。

大』該乎『變通』，『變通』該乎『陰陽之義』，『陰陽之義』該乎『易簡之善』，『易簡之善』所以為『廣大』之本也。『善』至於『配至德』，則易道盡矣，故贊之曰『易其至矣』！」〔註177〕

《象旨》：「『廣大配天地』，坤廣乾大也。『變通配四時』，虞翻曰：『變通趨時，謂十二月消息。』蓋乾坤之變也。『陰陽配日月』者，荀爽曰：『乾舍於離，配日而居；坤舍於坎，配月而居。』深居馮氏止以《復》、《臨》明之〔註178〕，湛子因曰：『陰陽交迭升降，合日月往來代明』，恐與『變通』義復也。」〔註179〕

蘇氏曰：「天地得其廣大，四時得其變通，日月得其陰陽之義，至德得其易簡之善。明乾坤非專以為天地也。」〔註180〕

項氏曰：「『夫易，廣矣大矣』，此一章之總目也。遠而不禦，即直與闢也；靜而正，即專與翕也。天地之間備矣，即大生廣生也。易之為道，一與兩而已。乾即一也，靜而守一，則其氣專而無不閉；動而用一，則其行直而無不開。此乾所以為萬物之父。坤即兩也，兩閉者為翕，言與乾俱閉也；兩開者為闢，言與乾俱開也。此坤所以為萬物之母。大者無不統也，廣者無不承也。自廣大而至易簡，其言之序自博而趨約也。易之所以廣大者，以其能變通也。所以變通者，陰陽二物而已。所以為陰陽者，至易至簡也。陽者一之而已，豈非天下之至易乎？陰者兩之而已，豈非天下之至簡乎？天地之間，至大者天地，至變者四時，至精者日月，至善者至德。《易》之書具此四者，豈不謂之備乎？」〔註181〕「其占也，無有遠邇幽深，遂知來物，此所謂不禦也。其未占也，寂然不動，無思無為，此所謂靜而正也。其形則靜，其德則正。靜者，坤之翕也；正者，乾之專也。」〔註182〕

淮海曰：「易之廣大，於遠不禦，於邇靜正。天地之間，無所不備見之。而其所以廣大者，則出於《乾》、《坤》二卦。專與翕，所謂靜正也；直與闢，所謂不禦也。天地之間，無所不備，即大生廣生也。惟專而後直，惟翕而後闢。

〔註177〕季本《易學四同》卷五《繫辭上傳》。
〔註178〕俞琰《周易集說》卷二十九《繫辭上傳二》：「深居馮氏曰：『陰陽之義配日月，《復》之七日，陽之義也；《臨》之八月，陰之義也。』」
〔註179〕熊過《周易象旨決錄》卷五《繫辭》。
〔註180〕蘇軾《東坡易傳》卷七《繫辭傳上》，「明乾坤非專以為天地也」，在句首，非句末。
〔註181〕項安世《周易玩辭》卷十三《繫辭上·夫易廣矣大矣第六》。
〔註182〕項安世《周易玩辭》卷十三《繫辭上·遠則不禦邇則靜而正》。

天地雖廣大，其至德則甚易簡矣。人心之靜正，如乾之專，如坤之翕，則易簡之善，是亦天地而已。寂然不動，則自專，則自翕，是所謂靜正也。」〔註183〕

子曰：「易其至矣乎！夫易，聖人所以崇德而廣業也。知崇禮卑，崇效天，卑法地。

述曰：紫溪曰：「易是易理，非易書。上章云『生生之謂易』，是理也。在天為天道，在地為地道，在人謂人道。聖人所以為富有之大業、日新之盛德者，即此生生之理而已，非謂用易以為德業也。」〔註184〕質卿曰：「德是上通乎神明者，故曰崇，不崇即不能『首出庶物』。業是博及乎生民者，故曰廣，不廣即不能帡幪乎眾類。德之崇只在知上，業之廣只在禮上。」

《注疏》：「知以崇為貴，禮以卑為用。」〔註185〕「知者通利萬物，象天陽無不覆，故以崇為貴也。禮者卑敬於物，象地柔而在下，故以卑為用也。」〔註186〕「極知之崇，象天高而撫物；備理之用，象地廣而載物也。」〔註187〕易道之大，豈有出於其外者哉？

天地設位，而易行乎其中矣。成性存存，道義之門。」

述曰：天地，易之門戶。「天地設位」，六爻上下升降，而「易行乎其中矣」。「行乎其中」者，用崇德廣業故也。聖人知禮，成於所性，綿綿若存，一崇一卑，渾然天地設位之體，自然觸處皆成道義德之崇，崇於此業之廣，廣於此矣。易之至在聖人身上，於此全見。

金賁亨曰：「『知崇禮卑』，合內外之道者也。變化者，天地之用。道義者，知禮之發。故天地設位而易行，『成性存存』而道義出。『成性存存』，參前倚衡之見也。」〔註188〕

「薛敬軒曰：『成性即天地。存存即設位。道義之門即易行乎其中。』」〔註189〕天之生生不已，理之生生不已也。」〔註190〕

「『知崇是知識要超邁，禮卑是須切實處行。若知不高則識見淺陋，若履

〔註183〕孫應鰲《淮海易談》卷四。（《四庫全書存目叢書》經部第7冊，第705頁）
〔註184〕蘇濬《生生篇‧繫辭上傳》。
〔註185〕韓《注》。
〔註186〕孔《疏》。
〔註187〕韓《注》。
〔註188〕金賁亨《學易記》卷四《論繫辭傳‧上傳》。
〔註189〕薛瑄《讀書錄》卷八。
〔註190〕熊過《周易象旨決錄》卷五《繫辭》。

不切則所行不實。知識高便是象天，所行實是法地。識見高於上，所行實於下，中間乃生生而不窮，故說易行乎其中』。〔註191〕自知禮之見諸人者為道，自知禮之措諸用者為義。『有天地之道，而後易行；有知禮之門，而後道義出。』〔註192〕」〔註193〕三極之道，一而二，二而一者也。

「知之所以知者，本於乾之『易知』；禮之所以能者，本於坤之『簡能』。『易知』如乾，故知崇如天；『簡能』如坤，故禮卑如地。『禮即理也。以禮言則有據。約禮、崇禮、復禮，此之謂也。』〔註194〕」〔註195〕

質卿曰：「一物當前，纔動念，便如陰雲之障天，知便不崇，於德分上便減卻分數。一〔註196〕事到手，少不停當，便如腳跟之不著地，事便不成就。禮，條理也。極細密，極卑下，如親親尊賢之等殺，皆是禮所生，何其穩當！聖人禮之卑，其卑如此。」

聖人體易於身，知窮萬物之原，則乾之始萬物也；禮循萬物之則，踐而行之，則坤之成萬物也。有天地之位，則有陰陽之變行乎其中。人有此性，則有知禮之德存乎其中，但患人不能存之耳。苟能存其所存，則道義皆自是而出矣。門言其出也。道者，義之體，智之所知也。義者，道之用，禮之所行也。成性猶設位也。有此位則謂之設位，有此性則謂之成性，即上文「成之者性也」。至「存存」，上一「存」字方言人為之功。

〔註191〕 朱子之說，見董真卿《周易會通・周易經傳集程朱解附錄纂註卷十二・繫辭上傳》、胡廣《周易大全》卷二十二《繫辭上傳》。《讀易紀聞》引之而不言。

〔註192〕 節齋蔡氏之說，見胡一桂《易本義附錄纂疏・周易繫辭上傳第五》、董真卿《周易會通・周易經傳集程朱解附錄纂註卷十二・繫辭上傳》、胡廣《周易大全》卷二十二《繫辭上傳》。《讀易紀聞》引之而不言。

〔註193〕 張獻翼《讀易紀聞》卷五《上傳第七章》。

〔註194〕 邵寶《簡端錄》卷三《易》。《讀易紀聞》引之而不言。

〔註195〕 張獻翼《讀易紀聞》卷五《上傳第七章》。

〔註196〕 「一」，四庫本小字注「闕」。

讀易述卷十二

繫辭上傳

聖人有以見天下之賾，而擬諸其形容，象其物宜，是故謂之象。

　　述曰：龔氏曰：「卦者，所以示象也，故『有以見天下之賾』。賾中〔註1〕，理之所藏，可探以示人也。上下內外，所謂『擬諸其形容』也。靜而有則者，形也；動而有儀者，容也。陰象陰之物宜，陽象陽之物宜，陰陽雜者亦然，此所以謂之象而成卦。」〔註2〕鄭氏曰：「若乾之健、坤之順、震之動、離之文，而取於馬、牛、龍、雉之類，則象實象之故也。」〔註3〕

聖人有以見天下之動，而觀其會通，以行其典禮，繫辭焉以斷其吉凶，是故謂之爻。

　　述曰：天下之動，未便說到易之動，是事至面前，自家一念萌動，求處置他，便是動也。會通者於眾理所聚而觀之，求所通利而典禮行，所謂擇乎中庸也。「典禮」者，常道之節文也。吉凶生於動，而禮以一變萬，乃所以斷也。「會通、典禮得則為吉，會通、典禮失則為凶。」〔註4〕鄭氏曰：「爻者，九六之數也。會則萬物皆相見，通則氣融而亨。典常言，禮變言，而辭者所以命其物也。萬物方靜，辨而各正，後不省方，而君子則向晦，亦無所效矣。天下之

〔註1〕「中」，《周易新講義》作「者」。
〔註2〕龔原《周易新講義》卷八《繫辭上》。亦見《周易義海撮要》卷七《繫辭上》。
〔註3〕李衡《周易義海撮要》卷七《繫辭上》。
〔註4〕孔《疏》。

時至於會通，而無道以御之，則是在萃之聚而忘不虞之戒，處既濟之定而無防患之思也，豈能必無凶乎？故有典焉以經之，有禮焉以緯之，順之者吉，逆之者凶，而繫辭焉以斷之。天下之動，始得而知矣。若否、泰、損、益之不同，而消息盈虛之不能違，爻傚之故也。」〔註5〕

言天下之至賾而不可惡也，言天下之至動而不可亂也。

　　述曰：「象自賾之不可見處名之，是『言天下之至賾』也，惡猶厭也；辭自變之不可窮處通之，是『言天下之至動』也，卦名與辭皆言也，亂猶棼也。至賾者隱而難求，則生厭。聖人言之，犁然當於人心，不可惡也。至動者雜而易擾，則致棼。聖人言之，井然各有條理，不可亂也。此承上文言聖人所言至賾至動之理，皆本於實見，而人心所由安定也。」〔註6〕

　　鄭玄曰：天下之賾去，人情也遠，疑若可惡。象之所言，每與理會，則人將樂而玩之矣。天下之動，擾擾而不齊，疑若可亂。爻之所言，每與事適，則人將居而安之矣。〔註7〕

　　蘇氏曰：「象，卦也。物錯之際難言也，聖人有以見之，擬諸其形容，象其物宜，而畫以為卦。剛柔相交，上下相錯，而六爻進退屈信於其間。其進退屈信不可必，其順之則吉、逆之則凶者可必也。可必者，其會通之處也。見其會通之處，則典禮可行。故卦者至錯也，爻者至變也。至錯之中，有循理焉，不可惡也。至變之中，有常守焉，不可亂也。」〔註8〕

　　楊誠齋曰：「固有言天下之至賾而可惡者矣，異端之玄虛寂滅是也。易則不然。『龍血玄黃』，雨於何地？『日中見斗』，災於何時？『載鬼一車』，證於何人？然眾不以為誣，君子不以為怪，何也？象也，非實。固有言天下之至動而可亂者矣，諸子之堅白、同異是也。易則不然。一卦五陰，陰不少矣，一陽令之而必從；一卦五陽，陽至雜矣，一陰主之而必聽。何也？有要也，非蕩也。」〔註9〕

擬之而後言，議之而後動，擬議以成其變化。

　　述曰：彭山曰：「此以學《易》者言也。擬者，見之定也。議者，擬之詳

〔註5〕《周易義海撮要》卷七《繫辭上》。
〔註6〕季本《易學四同》卷五《繫辭上傳》。
〔註7〕李衡《周易義海撮要》卷七《繫辭上》。
〔註8〕蘇軾《東坡易傳》卷七《繫辭傳上》。
〔註9〕楊萬里《誠齋易傳》卷十七《繫辭上》。張獻翼《讀易紀聞》卷五《上傳第八章》引之而不言。

也。伏羲擬所見之賾，而以言定卦象之名，其言略。文王、周公議所見之動，而以辭發卦爻之義，其言詳。蓋欲人之體易而謹於言行也。故學《易》者擬其象而後言，則心一矣；議其辭而後動，則心精矣。變化之所成，實由於精一，故不可不擬議也。然則擬、議之功，豈在《易》書言辭之間哉？雲峰胡氏曰：『聖人之於象，擬之而後成，學《易》者如之何不擬之而後言？聖人之於爻，必觀會通之以行典禮，學《易》者如之何不議之而後動？成其變化，學《易》者之變化也。』〔註10〕」〔註11〕

朱氏曰：「『或出或處，或默或語』，變化也。爻象之變化象天地，故曰『天地變化，聖人傚之』。言動之變化體易也。」〔註12〕

「上章『存存』，本原之功；此章『擬』、『議』，言動之功。惟存存則擬議者自明，惟擬議則存存者益熟，相須合一者也。」〔註13〕

「鳴鶴在陰，其子和之。我有好爵，吾與爾靡之。」子曰：「君子居其室，出其言善，則千里之外應之，況其邇者乎！居其室，出其言不善，則千里之外違之，況其邇者乎！言出乎身，加乎民；行發乎邇，見乎遠。言行，君子之樞機。樞機之發，榮辱之主也。言行，君子之所以動天地也，可不慎乎？」

述曰：「『居其室』即『在陰』之義，『出其言』即『鳴鶴』之義，『千里之外應之』即『其子和之』之義。」〔註14〕「『在陰』者，鳴鶴隱微之地也。『居室』者，君子隱微之地也。」〔註15〕質卿曰：「言之善否，在居室而言之，應違在千里，此何以故？蓋君子之言，非徒出乎身也。出乎身者，一定加乎民。言之加乎民者，一定見於行。行之發乎邇者，一定見乎遠。故言行為君子之樞機。戶之運全在樞，弩之發全在機。樞運而戶必開，機發而矢必遠。君子之運動，全在言行。言行一發動，自然加乎民，見乎遠，不可已也。榮與辱為言行之賓，言與行為榮辱之主。主善而賓自嘉，主召而賓自集。識榮辱者先要辨其主。遠近皆天地之心，榮辱皆天地之道。識其主，自知動天地者就是此言行，

〔註10〕胡炳文《周易本義通釋》卷五《繫辭上傳》。

〔註11〕季本《易學四同》卷五《繫辭上傳》。

〔註12〕李衡《周易義海撮要》卷七《繫辭上》。

〔註13〕金賁亨《學易記》卷四《論繫辭傳》。

〔註14〕節齋蔡氏之說，見胡一桂《易本義附錄纂疏・周易繫辭上傳第五》、董真卿《周易會通・周易經傳集程朱解附錄纂註卷十二・繫辭上傳》、胡廣《周易大全》卷二十二《繫辭上傳》。張獻翼《讀易紀聞》卷五《上傳第八章》引之而不言。

〔註15〕楊萬里《誠齋易傳》卷十七《繫辭上》。張獻翼《讀易紀聞》卷五《上傳第八章》引之而不言。

夫安得不慎？」

「同人先號咷而後笑。」子曰：「君子之道，或出或處，或默或語。二人同心，其利斷金。同心之言，其臭如蘭。」

　　述曰：胡氏曰：「《同人》九五始有三、四寇難，故不得與二為應，是『先號咷』也。然二、五至誠相應，終得會遇，是『後笑』也。」〔註16〕朱氏曰：「『其臭如蘭』，言可服也。」〔註17〕

「初六：藉用白茅，无咎。」子曰：「苟錯諸地而可矣，藉之用茅，何咎之有？慎之至也。夫茅之為物薄，而用可重也。慎斯術也以往，其無所失矣。」

　　述曰：誠齋曰：「錯物於地，無以藉之，可乎？薄莫薄於茅也，然重莫重於藉也。故非幣不姻，非贄不見，非百拜不行酒，皆有以藉之也，慎之至也。秦欲盡去先王之白茅，而行一切之政，苟則可矣，如咎何！」〔註18〕

「勞謙。君子有終，吉。」子曰：「勞而不伐，有功而不德，厚之至也。語以其功下人者也。德言盛，禮言恭。謙也者，致恭以存其位者也。」

　　述曰：胡氏曰：「《謙》之九三以陽居陽，在下卦之上。以位言之，則得其正。以身言之，則在人臣之極位。上奉事其君，下在於百官之上，其貴至重，其職非輕，是以上則勞謙，以事於君；下則勞謙，以接於人。不以勤勞為慮，常懷曠官之憂。夫如是，勞謙君子有終者也。小人之性，亦有謙順之時。然其心易變，不能終始而行之也。德言盛者，取其日新之謂；禮言恭者，取其恭順之謂。」〔註19〕朱氏曰：「『存其位』者，非固位，『有終吉』者也，明言行之當謙也。」〔註20〕

「亢龍有悔。」子曰：「貴而無位，高而無民，賢人在下位而無輔，是以動而有悔也。」

　　述曰：上既以謙德保位，此引《乾》之「上九剛過亢滿，不知謙降之道，

〔註16〕胡瑗《周易口義》卷十一《繫辭上》。亦見《周易義海撮要》卷七《繫辭上》。
〔註17〕李衡《周易義海撮要》卷七《繫辭上》。原出朱震《漢上易傳》卷七《繫辭上傳》。
〔註18〕楊萬里《誠齋易傳》卷十七《繫辭上》。張獻翼《讀易紀聞》卷五《上傳第八章》引之而不言。
〔註19〕《周易義海撮要》卷七《繫辭上》，注「胡」。又見葉良佩《周易義叢》卷十三《繫辭上傳》，注「胡旦」。
〔註20〕《周易義海撮要》卷七《繫辭上》。按：朱震《漢上易傳》卷七《繫辭上傳》：「成功之象，明言行之當謙也。……『存其位』，非固位，『有終吉』也。」

是以動而有悔，違謙故也」〔註21〕。

「不出戶庭，无咎。」子曰：「亂之所生也，則言語以為階。君不密則失臣，臣不密則失身，幾事不密則害成，是以君子慎密而不出也。」

述曰：姜廷善曰：「『不出戶庭』，有慎於言語之象。蓋口舌亦人一身之門戶也。」〔註22〕

子曰：「作《易》者，其知盜乎！《易》曰：『負且乘，致寇至。』負也者，小人之事也。乘也者，君子之器也。小人而乘君子之器，盜思奪之矣。上慢下暴，盜思伐之矣。慢藏誨盜，冶容誨淫。《易》曰：『負且乘』，致寇至，盜之招也。」

《述曰紀聞》曰：「『小人而乘君子之器』與『上慢下暴』者，皆春秋諸侯之所為也。『奪之』、『伐之』者，誠是也，非盜也。然皆不由天子之命，故曰『盜思奪之』、『盜思伐之』。盜者乘釁而至，苟無釁隙，則盜安能犯？『知盜』，知其所從起。慢，怠惰忽忘；暴，不思輕發。害及人物也。」〔註23〕強取曰奪，執辭曰伐。伐者雖不免於為盜，而所以致伐者我也，故曰「慢藏誨盜」，責在誨之者矣。

張邦奇曰：「至賾而不淆諸物，故不厭；至動而皆貞夫一，故不亂。《中孚》言誠其身則物自應，《同人》言正其心則人自親。白茅過慎，勞謙致謙，亢龍惡居亢，戶庭教密，負乘戒慢，皆廸人以自反而敬畏之也。」〔註24〕

天一地二，天三地四，天五地六，天七地八，天九地十。天數五，地數五，五位相得而各有合。天數二十有五，地數三十，凡天地之數五十有五，此所以成變化而行鬼神也。

述曰：「《河圖》一六居下，二七居上，三八居左，四九居右，五十居中。」〔註25〕梅氏《古易考原》曰：「凡天下之數，起於一，成於十，不過十數而已。加之以一則為十有一，加之以十則為二其十，由是而百千萬億皆出於十之外者也。若《河圖》之數則不然焉。天一為一矣，至天三併天一而為四，一得其一，三得其三，而三與一有合。至天五又與一三相得而合為九，至天七又與一三五相得而合為十六，至天九又與一三五七相得而合為二十有五。曰五者，天數之

〔註21〕李衡《周易義海撮要》卷七《繫辭上》。原出朱震《漢上易傳》卷七《繫辭上傳》。
〔註22〕姜寶《周易傳義補疑》卷九《繫辭上傳》。
〔註23〕張獻翼《讀易紀聞》卷五《上傳第八章》。
〔註24〕張邦奇《張邦奇集》養心亭集卷三《易說下‧繫辭上傳》。
〔註25〕朱長文《易經解》、朱熹《周易本義‧周易繫辭上傳第五》。

正；曰二十者，衍出之數。雖曰衍出二十，而其實不出天數五之外也。地二為二矣，至地四則併二而為六，二得其二，四得其四，而二與四有合。至地六又與二四相得而合為十二，至地八又與二四六相得而合為二十，至地十又與二四六八相得而合為三十。曰五者，地數之正；曰二十五者，衍出之數。雖曰衍出二十五，而其實不出乎地數五之外也。總天地之數五十有五。曰十者，天地之正數；曰四十五者，天地衍出之數。而衍出之數實不出乎十數之外，不出十數之外而衍出五十有五之數。由是天數本奇，然陽變而化陰；地數本偶，然陰變而化陽。以此五十五數而完成而變化之。屈伸往來，其妙無窮，以此五十五數而流行也。伏羲，聖人，安得不則之以為大衍之數，而用以揲著求卦也？」〔註26〕

　　質卿曰：「《河圖》原有自一至十之數，陽奇陰偶，若天造地設而不相假借者。天數五，地數五，此五位也，相得而各有合。蓋偶不能不求於奇，奇不得不合乎偶，此陰陽相感自然之常理也。而圖之所列，相得有合，其妙如此。五奇之積為天數二十有五，五偶之積為地數三十。凡天地之數五十有五。『成變化』者，成陽變陰化一歲氣運之周也。有此變化，即有此鬼神。成之行之者，相得有合之妙用也。變化之運，鬼神之行，雖不必假之數，而自靈自妙。五十有五之數，雖不為變化鬼神之用，而相得有合。而圖之數適與符合，所以『成變化』、『行鬼神』者，於是而一可覩，則為圖之至妙者與？」

大衍之數五十，其用四十有九。分而為二以象兩，卦一以象三，揲之以四以象四時，歸奇於扐以象閏。五歲再閏，故再扐而後掛。

　　述曰：梅氏《古易考原》曰：「此承上文而言伏羲則河圖之數，以揲著求卦也。《河圖》天數五，衍為二十有五；地數五，衍為三十矣。然猶未盡乎衍之極也，故伏羲則《河圖》而大衍之，則又九十有九焉。大衍者，一與二為三，二與三為五，三與四為七，四與五為九，合三五七九為二十有四。由是五與六為十一而一居其中，又六與七為十三，七與八為十五，八與九為十七，九與十為十九，再合三五七九又為二十有四。合十一之十、十三之十、十五之十、十七之十、十九之十，凡為十者五，此大衍中之體數也。故曰『大衍之數五十』。合前之二十有四與後之二十有四，並居中之一，共四十有九，為大衍中之用數。故曰『其用四十有九』。雖衍為九十有九，亦不出乎天一至地十之外，此其所以為則《河圖》之衍數而為大衍之極其數也。夫子說出一『衍』字，以發《河

〔註26〕梅鷟《古易考原》卷二《河圖第一》。（《四庫全書存目叢書》經部第3冊，第158～159頁。）

圖》之意；加一『大』字，以發明伏羲則《河圖》之意。聖筆如化工，其妙無窮而簡易、易知，豈不信哉？揲蓍之法取其變，有取其辭；取其用，有取其體。五十雖為《河圖》之大衍，然猶為變中之靜、用中之體，故置之不用。四十九者，變中之變，用中之用，故特用之，以揲蓍求卦也。從一而左右數之，皆一三五七八九，而為天數。五，乾之純粹精，而無陰柔偶數之駁雜，且前後二十有四，分二之象也。一居於中，掛一之象也。曰三五七九有四者，揲四之象也。又三五七九有四者，再揲之象也。皆出於天機自然之法象，而非一毫人力私知得以營為於其間。於此見伏羲製作之神妙，有非常情所能窺測者。連山氏、歸藏氏、夏、商、周歷代遵而用之，雖雜其序，於理不越，有以也。」〔註27〕

質卿曰：「是故則之，以制筮焉，取其中宮天五乘地十之數而大衍之，其數得五十。即此五十之數，置一不用，其用四十九。不用者，乃所以用其用。用者，乃所以為不用之用也。其始分而為二以象兩，蓋一之不能不二也。既，掛一以扐左，於用之中又示以不用，以象三，蓋三之不能不三也。又既，則於左而四揲之，亦於右而四揲之，以象四，蓋三之不能不四也。於是揲左而歸其餘數於左，以象閏；又揲右而歸其餘數於右，以象再閏。餘者歸，而四十有九之策盡於此矣。然後別起一掛，象再閏之後別起積分也。此當揲之策，有準於造化之成功者也。」

《象旨》：「大衍曷為不盡天地之數？宋咸《易難》曰：『天地是自然之數，大衍則推衍之數也。五者蓍之小衍，故五十者蓍之大衍。衍母之一數之所起，故大衍五十之數虛其一而不用。』王註：『演天地之數，所賴者五十也。其用四十有九，則其一不用也。不用而用以之通，非數而數以之成，斯易之太極也。四十有九，數之極也。夫無不可以無明，必因於有，故當於物有之極也，而必明其所由之宗也。』」〔註28〕

乾之策二百一十有六，坤之策百四十有四，凡三百有六十，當期之日。二篇之策萬有一千五百二十，當萬物之數也。

述曰：計過揲之策。凡卦若得乾，而六揲皆九，其策得二百一十有六；若得坤，而六揲皆六，其策得百四十有四。合之三百有六十，「當期之日」也。又以乾之策總計上下篇之陽爻，以坤之策總計上下篇之陰爻，合之為萬有一千

〔註27〕梅鷟《古易考原》卷二《太衍第二》。（《四庫全書存目叢書》經部第3冊，第159～160頁。）

〔註28〕熊過《周易象旨決錄》卷五《繫辭》。

五百二十，「當萬物之數也」。皆於造化之歲功各有準焉，此筮法之為妙，非數也，曷從而行之、成之哉？

是故四營而成易，十有八變而成卦，八卦而小成。引而伸之，觸類而長之，天下之能事畢矣。顯道神德行，是故可與酬酢，可與祐神矣。子曰：「知變化之道者，其知神之所為乎！」

　　述曰：「『營』，營為也。『四營』，謂分二、掛一、揲四、歸奇也。『易』，變易也。易之變，自成初揲始也。三變而成一爻，十有八變則兩其三爻，而成內外體，此大成之卦也。若三爻之八卦，則為小成之卦矣。大成之卦皆自小成之卦『引而伸之』。自八卦而為六十四，隨其剛柔之類，以畫六爻之變，是為『觸類而長之』。至於無窮，則自六十四卦而為四千九十六也。自八而六十四，自六十四而四千九十六，足以該括天下之動。凡人所能為之事，盡在是矣。」〔註29〕于以用之，存乎其人必也，顯道神德行者乎？所謂「道」，即一陰一陽之道，行於象數之中而顯之，蓋顯其微而幽者，與百姓之日用帝則同，而非仁、知之見也。所謂「德」，即易簡至善之德，發於道義之用而神之，蓋進於成德為行者，與鬼神之出有入無同，而非形跡之合也。由是則「可與酬酢」，而對越之無愧矣；「可與祐神」，而幽贊之無疑矣。蓋卜筮之法，人與神交酢；感格之本，神待人而靈。非其人，猶未可與也。故曰「知變化之道者，其知神之所為乎」！知神之所為者，人而神者也，非乾知大始之知，孰能知此也哉？

　　王宗傳曰：「營，求也。用蓍之法，以四而揲之；成易之數，以四而求之。故老陽數九四而求之，則其策三十有六；老陰數六四而求之，則其策二十有四；少陽數七四而求之，則其策二十有八；少陰數八四而求之，則其策三十有二。陰、陽、老、少，六爻之本也，故曰『四營而成易』。若夫乾、坤之策與二篇之策，亦皆求以四而得之。此《易》之書所以成於四營也。」〔註30〕

〔註29〕季本《易學四同》卷五《繫辭上傳》。

〔註30〕俞琰《周易集說》卷三十《繫辭上傳三》、姜寶《周易傳義補疑》卷九《繫辭上傳》。

　　按：王宗傳《童溪易傳》卷二十八《繫辭上》：

　　營者，求也。用蓍之法，以四而揲之；成易之數，以四而求之。是故老陽數九，四而求之，其策三十有六；老陰數六，四而求之，其策二十有四。至於少陽數七，亦四而求之，其策二十有八；少陰數八，亦四而求之，其數三十有二。陰、陽、老、少，六爻之本也，故曰「四營而成易」。若夫乾、坤之策三百有六十，而二篇之策萬有一千五百二十，亦以四而求之。……此《易》之書所以成於四營也。

　　《象旨》：「八者，天地之體，故小成之卦八，大成之卦八八也。天地之用六，故爻止於六。六十卦除四正體，六六三百六也，而策亦極於三百六，所以象之也。卦立則道見，卦用則德行神妙。變指陽，化指陰。爻者，卦畫自然之妙用也。吳幼清曰：『自大衍至能事畢，言蓍變之神；顯道、祐神，言蓍占之神。凡此皆神之所為，然變占者惟陰陽二畫而已，即天地陰陽之變化也。』〔註31〕崔子鍾曰：『舊以五行釋變化者，荒誕無稽。以屈伸釋鬼神者，疎謬無據。且無關於生蓍之義也。』〔註32〕」〔註33〕

　　胡經〔註34〕曰：「夫道者，寓於器而不囿於器。天理自然，本至微也，而卦爻之辭有以顯之，闡天地之奧，開吉凶之兆，言天下之賾而不可惡，言天下之動而不可亂，是何其顯也！德行也者，得於心而見於事。人事當然，若亦有跡也，卦爻之數有以神之，極數以知來，通變以集事，吉得而趨之，凶得而避之，是又何其神也！如是則明可酬酢於人，幽可贊祐於神。受命如響，以前民生之用；彰往察來，而發造化之秘。所謂人謀、鬼謀者也。雖聖人，無容心也；雖造化，無容力也。數者，氣之度；法者，數之準。神也者，道之樞而數法之宗也。能知變化之道，則其心亦靜而無靜，動而無動，所謂『默而成之，不言而信，存乎德行』是也。非『知神之所為乎』？」趙人齋曰：「『顯道神德行』一條，屬在人身上，故神。『苟非其人，道不虛行。』『苟不至德，至道不凝。』〔註35〕」

易有聖人之道四焉：以言者尚其辭，以動者尚其變，以製器者尚其象，以卜筮者尚其占。

　　述曰：「辭」，彖辭也。「變」，爻變也。「象」，卦象也。「占」，指所占動。爻言易道之至精至變。彖言其統體，爻又言其變動而不居。卦具成象則可以製器。卜筮所以決疑也。占所之之辭，則可以知來。言聖人之道四，欲人一一崇尚而不可忽也。製器猶言立事。《下繫》象事知器，「事有定形而心所實見者，

〔註31〕吳澄《易纂言》卷七《繫辭上傳》。按：張獻翼《讀易紀聞》卷五《上傳第九章》引「自『大衍』至『能事畢矣，言蓍變之神；『顯道』至『祐神』，言蓍占之神」而不言。
〔註32〕崔銑《讀易餘言》卷四《繫辭輯上》。
〔註33〕熊過《周易象旨決錄》卷五《繫辭》。
〔註34〕朱彝尊《經義考》卷五十四著錄胡經《易演義》十八卷，引張雲章曰：「經號前岡，廬陵人。嘉靖己丑進士。其說好與朱子異。」
〔註35〕《中庸》。

皆易之象也」〔註36〕。

是以君子將有為也，將有行也，問焉而以言，其受命也如向，無有遠近幽深，遂知來物。非天下之至精，其孰能與於此？

　　述曰：質卿曰：「辭、變、象、占，聖人做法，天下後世崇而尚之，而後得聖人之蘊。其在君子則有以識達乎此矣。『是以君子將有為也，將有行也』，不敢苟也。於是以筮問易，而藉易以言蓍。『受命而以言』，如響應聲，其應至速也。『無有遠近幽深，遂知來物』，其應至悉也。若是者，『非天下之至精，其孰能與於此』，蓋非精則粗，非至精則猶未離乎粗，非天下之至精則精猶可比擬以之，與於斯必不能顯如是之靈通，而君子將何以為有為、有行之資也？」

參伍以變，錯綜其數。通其變，遂成天地之文。極其數，遂定天下之象。非天下之至變，其孰能與於此？

　　述曰：且君子方其問焉，而以言之。時所用於蓍者，既參伍以盡其變，復錯綜以明其數。從參伍之變而通之，則陰陽老少粲然以明，遂成天地之文也。即錯綜之數而極之，則卦爻動靜昭然，以蓍遂定天下之象也。若是者，「非天下之至變，其孰能與於此」？蓋非變則滯，非至變則猶未離乎滯，非天下之至變則變猶可方物以之，與於斯必不能成受命如響之妙，而遠近幽深來物遂知也。

　　邵二泉曰：「『參伍以變』，據掛揲扐時言。變者，數之未成者也。『錯綜其數』，總掛揲扐後言。數者，變之已成者也。此二句相成，止謂一變。通變、成文，以成爻言也。老少不出乎二象，故曰『天地之文』。極數、定象，以成卦言也。動靜實該乎萬物，故曰『天下之象』。」〔註37〕「至變」，言其數之不常，蓋尚象必由乎變。而變之至者，所以定所尚之象也。

　　《紀聞》曰：「參伍、錯綜，混舉揲蓍求卦之事。參伍、錯綜之中，每合三變而言則謂之『通其變』，總合十八變而言則謂『極其數』。蓋必每三變而後成一爻，故曰『通其變』；必總十八變而後成一卦，故曰『極其數』。」〔註38〕

易，無思也，無為也，寂然不動，感而遂通天下之故。非天下之至神，其孰能與於此？

　　述曰：「至精者無籌策而不可亂，至變者體一而無不周」〔註39〕，此豈象

〔註36〕季本《易學四同》卷五《繫辭上傳》。
〔註37〕邵寶《簡端錄》卷三《易》。
〔註38〕張獻翼《讀易紀聞》卷五《上傳第十章》。
〔註39〕韓《注》。

數之所能得哉？蓋有妙乎其間者矣。「易，無思也，無為也」，方其未感，言在冊，象在畫，蓍在櫝，寂然不動已耳。及其有感，則凡天下萬事萬物吉凶悔吝之理無有不通者，「非天下之至神，其孰能與於此」？神而又神，謂之「至神」，故寂然無時而不感，感通無時而不寂。「精」者，精此也。「變」者，變此也。

　　按：上四節首一節辭、變、象、占，「雖云四者，而其下文所論，則皆占也。自『是以君子將有為也』至『天下之至精』，言所佔之事也；自『參伍以變』至『天下之至變』，言占之法也；自『易無思也』至『天下之至神』，言占之理也。」〔註40〕孫淮海曰：「寂、感，人心也。寂、感之間，聖人所謂一貫也。雖寂，而天下之故未嘗不感；雖感，而本然之真未嘗不寂。故寂、感非二，是以兩句說話，明此心之本體也。周子曰：『動而無靜，靜而無動，物也。動而無動，靜而無靜，神也。物則不通，神妙萬物。』〔註41〕」〔註42〕吾心之妙萬物，以『寂然不動，感而遂通』耳。《中庸》論『不睹』、『不聞』、『莫見』、『莫顯』之幾，而歸其功於『慎獨』。〔註43〕孟子論有事勿正之道，而約其要於勿助、勿忘。〔註44〕勿助勿忘，便是慎獨。慎獨則寂感自一，寂感一則如洪鐘含聲，明鏡蓄照，不將迎於物，物至應之，應已不留，本體不動，擬議無所及，思慮無所用，至矣哉！周子謂『寂為誠，感為神，動而未形，有無之間為幾』〔註45〕，非寂感之外又有幾也。

夫易，聖人之所以極深而研幾也。唯深也，故能通天下之志。唯幾也，故能成天下之務。唯神也，故不疾而速，不行而至。子曰「易有聖人之道四焉」者，此之謂也。

　　述曰：然則易也者，乃「聖人所以極深而研幾也」。蓋深非聖人不能極，惟有以筮問易之法，則受命如向，而來物悉知，至深之理有以究極之矣。向非聖人，則天下冥冥焉，莫測其指，安究其歸？故聖人之所以極深者，易也幾。非聖人不能研，惟有極數通變之法，則成文成象，而趨避以審。幾微之理有以研窮之矣。向非聖人，則天下貿貿焉，莫辨其端，孰嚴其介？故聖人之所以研

〔註40〕項安世《周易玩辭》卷十三《易有聖人之道章第十》。
〔註41〕（宋）周敦頤《周元公集》卷四《通書·動靜第十六》。
〔註42〕孫應鰲《淮海易談》卷四。（《四庫全書存目叢書》經部第 7 冊，第 707 頁）
〔註43〕《中庸》：「是故君子戒慎乎其所不睹，恐懼乎其所不聞，莫見乎隱，莫顯乎微，故君子慎其獨也。」
〔註44〕《孟子·公孫丑上》：「必有事焉，而勿正心，勿忘，勿助長也。」
〔註45〕周敦頤《周元公集》卷四《通書·聖第四》：「『寂然不動』者，誠也。『感而遂通』者，神也。動而未形，有無之間者，幾也。」

幾者，易也。易惟深也，故深一極而遂能通天下之志。有為有行，若或啟之矣。易惟幾也，故幾一研而遂能成天下之務。趨時利用，若或鼓之矣。易惟神也，故其通志而成務者皆不疾而速，不行而至，而無思無為者，有感必通也，是深可極也。聖人不能為之深，幾可研也；聖人不能為之幾，神可通也；聖人不能為之神，皆易之妙用而聖人之成能也。非聖人，則易固無自而洩；若非易，即聖人於何而顯至精至變至神之妙於天下也哉？故曰「易有聖人之道四焉」，此之謂也。此君子所以揲之而不可窮，天下尚之而不可忽也。

吳羔曰：「極未形之理則曰深，適動微之會則曰幾。極深謂以易之至精窮天下之至精，研幾謂以易之至變察天下之至變。不極其深，無以研其幾。深者體，幾者用，然皆神之所為。夫變化之道，不為而自然，故知變化者則知神之所為也。」

蔡汝枬曰：「極深研幾，總謂之神。神則聖人之於天道也，非假思慮所及，故不疾而速，不行而至，寂然無時而不感，感通無時而不疾。若思為在感通之前，則感應皆思為之擾，便觸途成滯。」〔註46〕

楊誠齋曰：「易何為神也？聖人窮極天下萬物之理而得其深，研究天下萬事之微而得其幾，聚於一心之精而謂之神也。惟其深，故以吾先知達彼後知，以吾先覺達彼後覺，自一心而通天下之志。惟其幾，故未亂知亂，易亂為治，未亡知亡，轉亡為存，自一心而成天下之務。合深與幾，而至於聖而不可知之神，此其所以能「不疾而速，不行而至」也。然則聖人之神果何物也？心之精也。豈惟心之能神哉？物理亦有之。磁石引針，琥珀拾芥，戎鹽累卵，獺膽分盃。此一物之理相感，有「不疾而速」者也。豈惟物理哉？人氣亦有之。其母嚙指，其子心動。母未嘗往，子未嘗來。一人之氣相同，有「不行而至」者也。而況聖心之神乎！是故範圍天地而一念不踰時，豈假疾而後速？經緯萬變而半武不出戶，豈待行而後至？何為其然也？心之神也。聖人聚天地之神於一心，推一心之神於大易，此易道之所以神也。」〔註47〕

子曰：「夫易，何為者也？夫易開物成務，冒天下之道，如斯而已者也。」是故聖人以通天下之志，以定天下之業，以斷天下之疑。

述曰：《易》之作也，因神物以求天地之數，而其用甚大。民之初生，嚙

〔註46〕蔡汝枬《說經箚記》卷一《易經箚記‧小過》（《四庫全書存目叢書》第149冊，第40頁。）
〔註47〕楊萬里《誠齋易傳》卷十七《繫辭上》。

噫耳不牖其衷，孰為之開？夫易，吾見其開物矣。開物者，知其未然也。事之初起，冥冥耳不決其趨，孰為之成？夫易，吾見其成務矣。成務者，定其當然也。天下之道，前而已往，後而將來，無窮極矣。而不示其歸，則統之無宗，會之無元。夫易，吾見其「冒天下之道，如斯而已」。天下萬事萬民之終始，無能出乎此也，是故聖人以其開物者通天下之志，以其成務者定天下之業，以其冒天下之道者斷天下之疑。彭山曰：「此言易道之大，所以佑民，而聖人用之，以化天下，蓋為卜筮而發也。」〔註48〕

是故蓍之德圓而神，卦之德方以知，六爻之義易以貢。聖人以此洗心，退藏於密，吉凶與民同患。神以知來，知以藏往，其孰能與於此哉？古之聰明叡知，神武而不殺者夫！

述曰：蓍數七七七四十九，象陽圓；卦數八八八六十四，象陰方。〔註49〕韓《註》：「圓者運而不窮，方者止而有分。言蓍以圓象神，卦以方象知也。惟變所適，無數不周，故曰圓。卦列爻分，各有其體，故曰方。貢，告也。六爻有吉凶之義，變易以告人也。」〔註50〕聖人體蓍之德，使人知索諸神，以此洗濯萬物之心，斂藏於靜密之地，與易道同其潔淨也。心體本寂，故謂之密。蓍之神顯於卦爻，則吉凶見焉，告以吉而惟恐其不吉，告以凶而惟恐其至於凶，故曰「與民同患」。聖人只以揲蓍求卦，開示人心神，以知天地萬物將來之理於未形，吉凶悔吝，決之幾先，而趨避審知；以藏天地萬物已往之理於其中，禍福利害，著為明驗，而監戒昭。所謂無為而人自化也，故曰「其孰能與於此哉？上古聰明叡知，神武而不殺者夫」！洗心是通志，吉凶同患是成務，知來藏往是斷疑。《紀聞》曰：「知得後來有吉有凶，便先知所以預備之。藏得吉凶之已往，直令人心翼翼不忘。常欲如其吉，惟恐如其凶也。」〔註51〕聰明叡知是上知之資。曰神武者，易聖人神明剛斷之用，以吉凶威服萬民，不假刑殺也。如知『亢龍有悔』，則決不敢處身於亢，以犯盈滿之害；如知『履霜，堅冰至』，則決當防之於微，以消弒逆之端是也。

彭山曰：「神覺於幾先，故曰『知來』；知泯於無跡，故曰『藏往』。武，

〔註48〕季本《易學四同》卷五《繫辭上傳》。

〔註49〕熊過《周易象旨決錄》卷五《繫辭》：「蓍數七七四十九，象陽圓，變通不定，可知來物。卦數八八六十四，象陰方，爻位有分，可藏往事。」

〔註50〕「六爻有吉凶之義，變易以告人也」，韓《註》作「六爻變易，以告人吉凶」。

〔註51〕張獻翼《讀易紀聞》卷五《上傳第十一章》。

威武也。不怒而威，大畏民志，此神道自然之應，故曰『神武』。」〔註52〕

孔《疏》：「蓍定數於始，於卦為來。卦成象於終，於蓍為往。以蓍望卦，則是知卦象將來之事。以卦望蓍，則是聚蓍象往去之事。」

是以明於天之道，而察於民之故，是興神物以前民用。聖人以此齋戒，以神明其德夫。

述曰：是以承上文來。上明天地陰陽變化之道，下察天下利害情偽之故，天之道莫靈於神物矣，民之用莫急於趨避矣，「是興神物以前民用」，此所以有卜筮也。「有思則與物雜，故欲齋。齋者，所以齊不齊之思。有為則與物敵，故欲戒。戒者，所以警不虞之患。」〔註53〕人心本神本明，本與鬼神合其吉凶。非自神明其德，何以啟神物之靈？非自齋自戒，何以能神明其德？「聖人以此齋戒，以神明其德夫。」蓋以此教天下也。德神而蓍卦之用神矣。

彭山曰：「湛然純一之謂齋，肅然儆惕之謂戒。人知以卜筮求神，則必齋戒盡誠，以立虛明之體，然後有感必應。神啟其衷，而吉凶吝悔之幾無不自覺。蓋德本在我，神而明之，非有得於外也。此見卜筮之法，惟以開明人心。所以謂易為卜筮作也。豈若後世之以吉凶計利害哉？故其為教所繫甚大。」〔註54〕

龔氏曰：「剛柔變化，自然之道也。其體幽以遠，故欲明之，吉凶悔吝使然之故也。其用顯以近，故欲察之。蓍植而知數，龜動而知象，神物也，其用則得人而後興。」〔註55〕「吳幼清曰：『其德即上蓍卦之德也。神而明之，存乎聖人。不然，則枯草朽莖，何神物之有？』」〔註56〕

彭山卜筮論〔註57〕：「先儒以《易》為卜筮而作，未為非是。但所謂卜筮

〔註52〕季本《易學四同》卷五《繫辭上傳》。

〔註53〕龔原《周易新講義》卷八《繫辭上》：

　　有思則與物雜，故欲齋。齋者，所以齊不一之思，與所謂齊心同。有為則與物敵，故欲戒。戒者，所以警不虞之患也，與所謂有戒心同也。

　　熊過《周易象旨決錄》卷五《繫辭》：「有思則與物雜，故齋以齋之；有為則與物敵，故戒以警之。」

〔註54〕季本《易學四同》卷五《繫辭上傳》。

〔註55〕龔原《周易新講義》卷八《繫辭上》。

〔註56〕熊過《周易象旨決錄》卷五《繫辭》。

　　按：吳澄書中未見此語。俞琰《周易集說》卷三十一《繫辭上傳四》：「其德，謂蓍之德也。神明謂神，而明之在乎聖人也。……不然，則蓍乃枯草朽莖，何神物之有？」

〔註57〕季本《說理會編》卷十五《雜術·後世占卜非古法》。

者主於『開物成務，以前民用』，而非若後世之論利害也。聖人以百姓迷於吉凶之故，雖父兄臨之，師保誨之，官法治之，亦不知畏也。所畏者，惟在鬼神。且如蠻夷氐羌，雖無君臣之序，亦有決疑之卜，或以金石，或以艸木。國不同俗，然皆各信其神，以知來事。而況於百姓乎！故聖人因其明而通之以卜筮，先使齋戒以神明其德，德既神明則機易觸發，而後卜筮之師以言告之，則無不聽信。趨吉避凶，身安用利，此聖人所以為神道設教也。後世不知易之為教欲開明人心，而執其象占立為斷例，則不過以卜筮推測利害之粗跡耳。先師有言：『著固是易，龜亦是易，可以知著龜矣。』外易理而說著龜，則其言豈不贅乎？」

是故闔戶謂之坤，闢戶謂之乾。一闔一闢謂之變，往來不窮謂之通。見乃謂之象，形乃謂之器，制而用之謂之法，利用出入民，咸用之謂之神。

述曰：上言聖人用易以化天下，此推言易道在天地間，而聖人之用易，不過盡乾坤變化之神也。是故「闔戶謂坤」，坤主閉藏；「闢戶謂乾」，乾主開發。闔闢相循，陰陽遞至。或陽變為陰，開而更閉；或陰變為陽，閉而還開。是之謂變。須往則變往為來，須來則變來為往。往來改變，不有窮已，恒得流通，是之謂通。乾、坤變通，皆易也。易無可見，見乃謂之象。見以揲著言，三變著見。變成有奇有偶，以象剛、象柔、象太剛、象太柔也。形乃謂之器。十有八變成內外上下之體具，因其形質而名曰物，器也。制而用之謂之卜筮之法。利用此法，以動作出入。凡不識不知之民咸日用之而莫知其然，是之謂神。至是則乾坤闔闢變化之妙在斯民日用中，而齋戒神明之用自聖心而通於天下萬世矣。

朱氏曰：「知闔闢變通者，明於天之道。知利用出入民咸用之者，察於民之故。闔闢以一歲言之，寒暑也；以一日言之，晝夜也；以一身言之，出入之息，生死之變也。無闔則無闢，無靜則無動，此《歸藏》所以先坤歟？」[註58]

《象旨》：「戶一也，闔闢之則二。陰陽之動，靜亦一氣耳。蔡介夫謂『闔戶之坤，統言則為陰靜，分陰陽而言則乾之靜專，坤之靜翕也。闢戶之乾，統言則為陽動，分陰陽而言則乾之動直，坤之動闢』[註59]，是也。變者，動靜相生。郭子和謂能闢又能闔也。通者，闔闢不已也。象謂知大始，器謂作成物。法者，聖人成能。神者，百姓與能也。蘇氏曰：『闔闢之間，二物出焉，故變者

[註58] 朱震《漢上易傳》卷七《繫辭上傳》。
[註59] 蔡清《易經蒙引》卷十下《繫辭上傳》。

兩之，通者一之。苟不能一，則往者窮於伸，來者窮於屈矣。』〔註60〕」〔註61〕

　　章氏曰：「『一陰一陽之謂道。』『陰陽不測之謂神。』陰陽即乾坤也。神道豈難知哉？『闔戶之謂坤，闢戶之謂乾，一闔一闢之謂變，往來不窮之謂通。』吾人往來變通，莫非乾坤之神道也，人特不察耳，故曰：『誰能出不由戶？何莫由斯道也？』」〔註62〕

是故易有太極，是生兩儀，兩儀生四象，四象生八卦。八卦定吉凶，吉凶生大業。

　　述曰：上言因蓍以生卦，此則推言卦畫之所自出也，全重「易有太極」一句。汝吉曰：「太之言大也。」惟一為大，惟一大為至極莫加，故畫互然一者象之，曰太極，為氣之元，為天之天。一實孔神，而萬有萬形之生所自出，故「易有太極」者一，而命之曰乾也。一生二，而一則一而二者也。配一而一曰兩儀。儀之言匹也。太極無對，即所形擬之，若其對焉耳。「兩儀生四象」，奇以象剛之七，偶以象柔之八，重以象太剛之九，交以象太柔之六。「四象生八卦」，項氏曰：「凡《繫辭》之稱八卦，即六十四卦也。八卦更相上下為六十四卦，故例以八卦稱之。伏羲始畫八卦，亦謂六十四卦也。」〔註63〕朱氏曰：「『八卦定吉凶』，『開物也』；『吉凶生大業』，『成務』也。」〔註64〕

　　梅氏《古易考原》曰〔註65〕：「易，揲蓍營度之易也。極，屋棟也。屋棟在上，而四方椽桷輻輳於棟，是名曰極。太者，至大之謂也。四十九蓍混然未分，而一變、三變、九變、十有八變之易森然已具於此，是為至大之極，故曰『易有太極』。生是劈初分出而生也。闔戶，坤儀；闢戶，乾儀。兩相合德，故曰『是生兩儀，兩儀生四象』。生，揲蓍所生也。四象七八九六，所以象剛柔老少，少剛七，少柔八，太剛九，太柔六。分為老少，是為所以示人者，故曰『兩儀生四象，四象生八卦』。四象各專其一，八卦則成列矣。舉內八卦則八卦外不言可知矣。『八卦定吉凶』，十八變內外八卦具矣，然後占者呈卦，因可占象玩爻，以定吉凶。『吉凶生大業』，吉凶既定，無疑趨避，生出極大之事功。」

　　彭山曰：「極者，至極之名，如至道、至德、至聖、至誠之至，謂盡天理

〔註60〕蘇軾《東坡易傳》卷七《繫辭傳上》。

〔註61〕熊過《周易象旨決錄》卷五《繫辭》。

〔註62〕章潢書中未見此語。

〔註63〕項安世《周易玩辭》卷十四《乾坤　八卦》。

〔註64〕朱震《漢上易傳》卷七《繫辭上傳》。

〔註65〕梅鷟《古易考原》卷二《揲蓍立卦生爻第三》。（《四庫全書存目叢書》經部第　3冊，第163頁。）

之極而無一毫私偽之雜也。極謂之太極,則入於無矣,如太虛、太清、太上之雲,非無不可以為大。周子曰:『無極而太極』者,以無極名太極也。太虛、太清、太上,道家亦嘗言之,但以大言於極,則於理為實耳。蓋理者,仁義禮智信而已矣。太極動而生陽,仁禮之所以顯也;靜而生陰,義智之所以藏也。分陰分陽,兩儀立焉,此之謂矣。合而言之,陽中有陰,陰中有陽也。一動一靜,互為其根,此之謂矣。知太極之為理,則當言於陽明之主宰,而陰晦者則屬於氣矣。」〔註66〕

「易者,陰陽不偏之名。陰陽不偏,則動而無動,靜而無靜,然後謂之變易,理斯至矣,故曰「易有太極」。動而生陽,靜而生陰,能生者皆陽也。動者,生之出機也;靜者,生之入機也。由太極而言生皆理也,則生乎陽而已矣,故陽生於外,則陰藏於內矣。陽中之陰,動之極也。陰達於外,則陽生於內矣。陰中之陽,靜之極也。故曰動極而靜,靜極復動。復者,復還之義,如一陽復於五陰下之復,故言於靜中之動,非謂重複也。若以重複言,則所謂動極、靜極者,初猶未極,必至末後而始得為極耶?非太極之義矣。」〔註67〕

是故法象莫大乎天地;變通莫大乎四時;懸象著明莫大乎日月;崇高莫大乎富貴;備物致用,立成器以為天下利,莫大乎聖人;探賾索隱,鈎深致遠,以定天下之吉凶,成天下之亹亹者,莫大乎蓍龜。

述曰:「是故法象莫大乎天地」以下,歸重於蓍龜之大。邵二泉曰:「天地、日月、四時三者盡乎造化矣,富貴、聖人盡乎人事矣。富貴以勢言,聖人以道言。二者所以造化天下者也。是故非天地不立,非日月不著,非四時不行,非富貴不尊,非聖人不信。天下之吉凶,縱橫萬變,不出乎是,是故蓍龜與參焉。蓍龜所以盡人事之變也。」〔註68〕蘇氏曰:「天地、四時、日月,天事也。天事所不及,富貴者制之。富貴者所不制,聖人通之。聖人所不通,蓍龜決之。」〔註69〕

梅氏《古易考原》曰:「『是故法象莫大乎天地』,承言『兩儀』,成象謂乾,效法謂坤。『變通莫大乎四時』,承言『一闔一闢』、『往來不窮』,所謂『揲之以四,以象四時』。『懸象著明莫大乎日月』,承言『見乃謂之象』,所以太剛為

〔註66〕季本《說理會編》卷一性理一《理氣》。
〔註67〕季本《說理會編》卷一性理一《理氣》。
〔註68〕邵寶《簡端錄》卷三《易》。
〔註69〕蘇軾《東坡易傳》卷七《繫辭傳上》。

日，太柔為月。『崇高莫大乎富貴』，上句見『吉凶』，此句承言『大業』，既有可致之資，又有能致之勢。弔民伐罪，位天地，育萬物，孰非大業？尤宜問筮。『備物致用，立成器以為天下利，莫大乎聖人』，具著物以前民用，立卦象而製成物器，使天下得以尚占，象大業以成，惟『聰明叡智，神武不殺』之聖人能之，故曰『莫大』。『探賾索隱，鈎深致遠，以定天下之吉凶，成天下之亹亹者，莫大乎蓍龜』，極言蓍龜之神，以見聖人之利天下莫大於此，下文又申結之。」〔註70〕

「『法象莫大乎天地』，萬物皆具奇偶之法象，而天地其最大也；萬物皆具九六之變通，而四時其最大也；萬物皆有爻象之著明，而日月其最大也。三者具，而易之道備矣。一家、一鄉、一國各有占也，而據崇高之極，可以作天下之易者，貴為天子，富有天下者也；山巫、野祝皆能占也，而具神智之全，可以為天下之利者，聖人也；折筳、剡蓍、毀瓦、灼雞皆可占也，而有探索鈎致之神，有決疑成務之知，可以供聖人之用者，蓍龜也。三者具，而易之器成矣。此六句言成器之所由立也。」〔註71〕

彭山曰：「賾者，藏於隱之奧，故賾與隱為一類，以理之不可見者言也。探如以手入內而取之，索則盡其所求也。深者，發於遠之源。故深與遠為一類，以理之不可窮者言也。鈎如以鈎垂下而取之，致則極其所至也。蓋即所謂『無有遠近幽深，遂知來物』者也。」〔註72〕

《紀聞》曰：「『定天下之吉凶，成天下之亹亹者』，人到疑而不能決處便放倒了，不肯向前，動有疑阻。既得卜筮，知其吉凶，自然勉勉住不得，則其所以亹亹者，是卜筮成之也。〔註73〕《詩》曰：『亹亹文王，令問不已』，然則亹亹成德也。若蓍龜但能成務而不能成德，何以冒天下之道哉？」〔註74〕

是故天生神物，聖人則之；天地變化，聖人傚之；天垂象，見吉凶，聖人象之；河出圖，洛出書，聖人則之。

述曰：蓍龜立而天道人事之用以備固不至，神矣哉！是故「天生神物」，

〔註70〕梅鷟《古易考原》卷二《揲蓍立卦生爻第三》。（《四庫全書存目叢書》經部第3冊，第163～164頁。）

〔註71〕項安世《周易玩辭》卷十三《製作之本》。

〔註72〕季本《易學四同》卷五《繫辭上傳》。

〔註73〕按：以上文字出黎靖德《朱子語類》卷七十五《易十一》，《讀易紀聞》引之而不言。

〔註74〕張獻翼《讀易紀聞》卷五《上傳第十一章》。

蓍龜是也，「聖人則之」而立卜筮。「天地變化，聖人傚之」，變化即變通，效天地以「闔戶」、「闢戶」，效變化以「一闔一闢」，「往來不窮」也。「天垂象，見吉凶，聖人象之」，「垂象」即懸象，「見吉凶」即著明，象此以示人吉凶之占也。當其時，龍馬負圖出於河，神龜負書出於洛，九宮八卦皆兆其數，陰陽進退皆居於中，而道之變化、幾之吉凶於此而顯。天蓋以此理著於圖書以示人，而聖人則之心易之衍一天道之自然也。「傳曰：聖人以蓍龜而信天地四時日月之象數，以河圖洛書而信蓍龜之象數。信矣其不疑也，於是乎作《易》。」〔註75〕

《象旨》：「蓍叢生百莖，半之應大衍數五十。龜背文段五，兩旁各四，周二十四，腹十二，應大衍用數四十九。」〔註76〕《河圖》有九宮，《洛書》首五行。諸儒謂河圖、洛書出見於世，伏羲因得之而畫八卦。「《鈎深圖》：『河圖合四象之數，可以定八方之位；洛書有五行之數，可以備八卦之象。』近是也。」〔註77〕

彭山曰〔註78〕：「《河圖》、《洛書》本相表裏，但不若世儒經緯之說而取義。於以圖畫，卦以書敘疇耳。」又謂：「《河圖》者陰陽推行之正，《洛書》者陰陽混合之中。會而為一，則正在中；分而為二，則中在正。其理未嘗不同，雖名《河圖》為《洛書》，《洛書》為《河圖》，亦何害耶？」

此篇專言蓍之神。然蓍之所以神者，以其能取出卦之方，知六爻之易貢者，以示人而定吉凶之占，使人得以生大業，此所以神也。

《易》有四象，所以示也。繫辭焉，所以告也。定之以吉凶，所以斷也。

述曰：《象旨》：「《易》有四象，陰、陽、太、少，伏羲先天也。繫辭而定吉凶，則文王、周公之《易》也。」〔註79〕

朱氏曰：「『《易》有四象』，聖人所以示吉凶也。『繫辭焉』而命之，所以告吉凶也。《易》於吉凶有以利言者，有以情遷者，有義命當吉、當凶、當否、當亨者，一以貞勝而不顧，非聖人不能定也，定之者所以斷之也。」〔註80〕

〔註75〕朱震《漢上易傳》卷七《繫辭上傳》。
〔註76〕熊過《周易象旨決錄》卷五《繫辭》，前有「或曰」。按：此說出俞琰《周易集說》卷三十一《繫辭上傳四》。
〔註77〕熊過《周易象旨決錄》卷五《繫辭》，前有「或曰」，「近是也」作「亦通」。
〔註78〕季本書中未見此語。
〔註79〕熊過《周易象旨決錄》卷五《繫辭》。
〔註80〕朱震《漢上易傳》卷七《繫辭上傳》。

《易》曰：「自天祐之，吉無不利。」子曰：「祐者，助也。天之所助者順也，人之所助者信也。履信思乎順，又以尚賢也。是以『自天祐之，吉無不利』也。」

　　述曰：「自天祐之，吉無不利」，天之所助者順，人之所助者信。天人皆無心之應，而自有之理，水流濕，火就燥之義也。

子曰：「書不盡言，言不盡意。」然則聖人之意，其不可見乎？子曰：「聖人立象以盡意，設卦以盡情偽，繫辭焉以盡其言，變而通之以盡利，鼓之舞之以盡神。」

　　述曰：朱氏曰：「言之難論者不能盡形之於書，意之難傳者不能盡見之於言，然則聖人之意終不可見於天下後世乎？夫有意，斯有名；有名，斯有象。意至賾也，聖人於無形之中建立有象，因象而得名，因名而得意，則言之所不能見者盡矣。」〔註81〕質卿曰：「『立象以盡意』，指劈初奇偶二畫言。立一奇以象陽，而名曰乾；立一偶以象陰，而名曰坤。自有陰陽二畫，而言之所不能宣，意之所不能盡者，無一不在其中。由是即兩象而設之為八卦，重之為六十四卦，所以『盡情偽』也。從兩象而繫之卦辭，又繫之爻辭，所以『盡言』也。爻至於變通以盡利，辭至於鼓舞以盡神，則聖人之意無餘蘊矣。」

　　朱氏曰：「君子、小人，情偽而已矣。情則相應，偽則相違。聖人陳卦以示之，斷之以中正，而君子、小人見，然後著情去偽，而其意誠矣。繫之卦辭，又繫之爻辭，以吉凶明告之，與卦象相際則書之，所不能盡形者盡矣。變通者，陰極變陽，陽極變陰。當變而變則通，不變則窮。窮非通也。變而通之，則無所不利而道行矣。鼓舞者，鼓之於此，舞之於彼。動止應節，莫知其然。橫渠曰：『辭不鼓舞則不足以盡神。』」〔註82〕

　　《象旨》：「《晉陽秋》：『荀粲曰：理之微者，非物象所舉。立象以盡意，非通乎意外者也。繫辭以盡言，非言乎繫表者也。象外之意、繫表之言，固蘊而不出矣，是其意忘象忘言矣。其猶王弼之遺乎？陰陽之老者必窮，窮則變。』陸績曰：『變三百八十四爻，使相交通，以盡天下之利。』〔註83〕」〔註84〕荀爽曰：「鼓者，動也。舞者，行也。」〔註85〕人心無疑，行事不倦，如以鼓聲作舞容，鼓聲愈疾，而舞容亦愈疾；鼓聲不已，而舞容亦不已。自然而然，不知其孰使者，所謂盡神也。

〔註81〕朱震《漢上易傳》卷七《繫辭上傳》。
〔註82〕朱震《漢上易傳》卷七《繫辭上傳》。
〔註83〕李鼎祚《周易集解》卷十四《繫辭上傳》。
〔註84〕熊過《周易象旨決錄》卷五《繫辭》。
〔註85〕李鼎祚《周易集解》卷十四《繫辭上傳》。

　　項氏曰：「自『書不盡言』至『鼓之舞之以盡神』，此一章之綱領也。立象、設卦、繫辭三者，言作《易》之成體。變通以盡利，言人用易以處事；鼓舞以盡神，言人用易以成德。二者皆體《易》之妙用也。」〔註86〕「立一奇一偶、二奇二偶、三奇三偶之象，所以擬健順、動入、陷麗、止說之意也。設六十四卦，所以具憂、樂、求、與、見、伏、輕、重、久、速、聚、散之情也。繫之《彖辭》、爻辭，所以闡吉、凶、悔、吝、元、亨、利、貞之言也。此三者，作《易》者之事也。用易者觀其變而玩其占，以處事變而行其會通，則足以盡趨時成務之利，而見之於事功；觀其象而玩其辭，得之於心，體之於身，如鼓之動而舞之赴，心術血氣與之俱成，則足以盡陰陽不測之神，而成之於德行。此二盡者，用《易》者之事也。」〔註87〕「虞翻曰：『神，易也。陽自震為鼓，陰消陽為舞，故鼓之舞之以盡神。』〔註88〕盡利盡神，則聖人之意寧復緼而不出哉？」〔註89〕

乾坤，其《易》之緼邪？乾坤成列，而易立乎其中矣。乾坤毀，則無以見易。易不可見，則乾坤或幾乎息矣。

　　述曰：《乾》、《坤》二卦是聖人觀天觀地，模寫出來。有天地而雷風山澤水火皆在其中，有乾坤而六子及諸卦爻之變化皆在其中，故曰：「乾坤，其易之緼耶？」乾坤未嘗毀，易未嘗無。但以卦畫不立，無以見其變易之理，而併於乾坤之功用不可得而見耳。「易不可見」，申不盡意也，此所以不得不立象設卦繫辭以盡其變通之道也。

　　《象旨》：「乾坤謂奇偶之畫，緼謂其周流六虛。俞氏曰：『乾坤緼於六十四卦之中，非謂易緼於乾坤兩卦』〔註90〕，是已。『緼』，衣中絮胎也。『成列』者，二篇之策奇偶散佈，得三百八十四爻而本立。吳氏獨指『奇偶相對』〔註91〕言，非也。『易』，吳氏謂『奇偶交相易』者，是；謂『兩儀一易成四象，再易成八卦』，非也。朱氏曰：『除日則無歲，故乾坤毀則易不可見。易不可見，則乾為獨陽，坤為獨陰，生生之功息矣。』〔註92〕」〔註93〕

〔註86〕項安世《周易玩辭》卷十三《書不盡言章第十二》。
〔註87〕項安世《周易玩辭》卷十三《五盡為綱領》。
〔註88〕李鼎祚《周易集解》卷十四《繫辭上傳》。
〔註89〕熊過《周易象旨決錄》卷五《繫辭》。
〔註90〕俞琰《周易集說》卷三十一《繫辭上傳四》。
〔註91〕吳澄《易纂言》卷七《繫辭上傳》：「奇偶二畫相對。」
〔註92〕按：非朱氏之說，出蘇軾《東坡易傳》卷七《繫辭傳上》。
〔註93〕熊過《周易象旨決錄》卷五《繫辭》。

是故形而上者謂之道，形而下者謂之器，化而裁之謂之變，推而行之謂之通，舉而措之天下之民謂之事業。

　　述曰：形者，謂動而可見之時。自此以上則無體，故謂之道；自此以下則有體，故謂之器。道、器二字分明說出乾坤陰陽奇偶之妙。乾陽者，理之運也。坤陰者，氣之疑也。仲虎曰：「理一而神，氣兩而化，聖人因其自然之化而裁制之，故謂之變。理無窮，畫之生也亦無窮，聖人則裁制之，為六畫，為上下，為內外。裁有定體，行無定用。如乾之變，當潛而行潛之事則潛為通，當見而行見之事則見為通。事者，業之末。成業者，事之已著。」〔註94〕蘇氏曰：「道者，器之上達者也。器者，道之下見者也。其本一也。化之者道也，裁之者器也。推而行之者，一之也。」〔註95〕龔氏曰：「有道有器，則乾坤全而易見，故『化而裁之謂之變』。易之與物化也，『推而行之謂之通』。易之與時行也，有道器以為體，有變通以為用，故曰『舉而措諸天下之民謂之事業』。」〔註96〕

　　龔氏謂「形上即乾成象，形下即坤效法」〔註97〕，以分道器。熊氏《象旨》以為誤。〔註98〕而與汝吉論易有太極之旨，曰：「張文饒亦謂乾為一太極也。《易乾鑿度》曰：『易始於太極，太極分為二，故生天地』」，與汝吉〔註99〕之論合矣。彭山曰：「『乾：元亨利貞』，往來不窮者，形而上之道也，主乎陽之明也，故屬乎天。至其氣機所化，凝為形質，剛者為堅，柔者為軟，此則形而下之器，主乎陰之晦矣，故屬乎地。凡在地，有形之堅軟；皆在天，無形之剛柔所化也。」〔註100〕又曰：「凡言天理者，皆指陽剛不雜之本體，能主乎氣者而言，乾道也，所謂無極之真也。」〔註101〕此皆以乾之一畫為太極，而形上即乾成象之謂，明矣。

　　龔氏又曰：「剛柔有體，奇偶有數，左右有方者，形也。形而上則為一陰一陽，以至一剛一柔，故謂之道。形而下則為仁義，為禮樂，以分則有守，以

〔註94〕胡炳文《周易本義通釋》卷五《繫辭上傳》。

〔註95〕蘇軾《東坡易傳》卷七《繫辭傳上》。

〔註96〕龔原《周易新講義》卷八《繫辭上》。

〔註97〕龔原《周易新講義》卷八《繫辭上》：「是故形而上者為道，即乾之成象也；形而下者為器，即坤之効法也。」

〔註98〕熊過《周易象旨決錄》卷五《繫辭》：「龔氏謂形上即乾成象，形下即坤效法，以分道器，誤矣。」

〔註99〕《讀易述》屢引汝吉之說。卷八《革》「汝吉曰」一條，又見張次仲《周易玩辭困學記》卷十《革》，稱「王汝吉曰」。

〔註100〕季本《說理會編》卷一性理一《理氣分乾坤之德》。

〔註101〕季本《說理會編》卷一性理一《理氣分乾坤之德》。

實則有名，故謂之器。」〔註102〕其言得陰陽謂道之義矣。

道器五言要在變通二言，以申變而通之之意。謂之變、謂之通者，變通之義理；存乎變、存乎通者，變通之功用。其要在於通，不通不足以成變也。處得好，便不窮。通便不窮，不通便窮。如亢龍有悔是不通了處，得無悔便是通。

是故夫象，聖人有以見天下之賾，而擬諸其形容，象其物宜，是故謂之象。聖人有以見天下之動，而觀其會通，以行其典禮，繫辭焉以斷其吉凶，是故謂之爻。

述曰：質卿曰：「聖人作《易》之始，惟立象耳。象立而意斯盡，故得聖人之意，而後得聖人之象，得象而後得聖人之爻。『是故夫象』接上文，申言象之所由立也。」張氏〔註103〕曰：「不曰是故夫爻者，爻因象而繫，不得與象並也。」

《象旨》：「『典禮』，依姚信本作『典體』。『會通』、『典體』，體用之謂也。既曰『易無體』矣，又何以『行其典體』乎？『無體』者，著神變之妙；『典體』者，著天則之常。」〔註104〕

極天下之賾者存乎卦，鼓天下之動者存乎辭，化而裁之存乎變，推而行之存乎通，神而明之存乎其人，默而成之，不言而信，存乎德行。

述曰：《象旨》：「象者，聖人立象盡意。爻者，聖人繫辭盡言。欲明設卦盡情偽，故又變象言卦。『賾』，形而上者。『動』，形而下者。在卦變剛柔相推，在卦通出入互用也。象立可以盡其道之意，辭立可以盡其器之言。化之者道也，裁之者器也。裁有定體，行無定用，皆所謂意也。存乎變，存乎通。卦爻之妙原如是。神而明之，則存乎其人，而人之所以神而明之者存乎德行。曰默成，則得意忘象。貫道與器，有渾全完具之妙。曰信，則冥乎幽契之意。前言觀象玩辭，觀變玩占，而此曰默成；前言問焉，以言受命如響，而此曰不言而信，有如是之人，斯易道不虛而聖人立象之意始盡。自形上而放諸事業，由微而達於著也。自至賾而極於德行，由著而歸於微也。體用一原，顯微無間，微矣哉！」〔註105〕

「神而明之存乎其人」，朱氏謂「《革》存乎湯、武，《明夷》存乎文王、

〔註102〕龔原《周易新講義》卷八《繫辭上》。

〔註103〕不詳。

〔註104〕熊過《周易象旨決錄》卷五《繫辭》。

〔註105〕熊過《周易象旨決錄》卷五《繫辭》。

箕子，《復》存乎顏氏之子」〔註106〕。張氏〔註107〕曰：「神明是吾心本體，神妙萬物，何象之囿？神無不通，何象之拘？化裁推行，不過吾心之用耳。夫是人也，惟『默而成之，不言而信，存乎德行』。凡理以神悟而實得於心，道以神合而實體諸心者，必不事於言說也。此以成德為行，故曰德行。」

章氏曰：「聖人於《易》，只立象繫辭足以括之，所以乾坤成列而易行其中，乾坤毀則無以見易。凡六十四卦、三百八十四爻，皆乾坤之象辭也。立象繫辭，即形下之器。盡意盡言，即形上之道。是象也，聖人見天下之賾，而擬諸形容，象其物宜者也。是辭也，聖人見天下之動，而觀會通，行典禮，以斷其吉凶者也。變通鼓舞，盡利盡神，化裁推行，事業備具，則存其人耳。」〔註108〕

一篇雖雜出，揭其大旨，不過曰「聖人立象以盡意」、「神而明之存乎其人」而已，意謂「吉凶與民同患」之意。

李鼎祚按《九師易》曰：「『默而成之』，謂陰陽所處也。『不言而信』，謂陰陽相應也。德者有實，行者相應也。」〔註109〕按崔氏曰：「伏羲成六十四卦，不有言說，而以卦象明之，而人信之，在乎合天地之德，聖人之行也。」〔註110〕

蘇氏曰：「有其具而無其人，則形存而神亡；有其人而修誠無素，則我不能默成，而民亦不能默喻也。」〔註111〕關朗曰：「日月之明在乎天，而所以明在地也。易之神在乎道，而所以神在人也。故曰『神而明之，存乎其人』。又曰：『苟非其人，道不虛行。』神無方，道無跡。人無至，斯可以議易矣。」〔註112〕

〔註106〕 朱震《漢上易傳》卷七《繫辭上傳》。
〔註107〕 不詳。
〔註108〕 章潢書中未見此語。
〔註109〕 李鼎祚《周易集解》卷十四《繫辭上傳》。
〔註110〕 李鼎祚《周易集解》卷十四《繫辭上傳》。
〔註111〕 蘇軾《東坡易傳》卷七《繫辭傳上》。
〔註112〕 《關氏易傳‧神義第十》。

讀易述卷十三

繫辭下傳

八卦成列，象在其中矣。因而重之，爻在其中矣。剛柔相推，變在其中矣。繫辭焉而命之，動在其中矣。

　　述曰：「『成列』謂乾一、兌二、離三、震四、巽五、坎六、艮七、坤八之類。『象』謂卦之形體也。『因而重之』謂各因一卦而以八卦次第加之為六十四卦也。『爻』，六爻也，既重而後卦有六爻也。」〔註1〕「剛柔」謂九六。九六相推而卦爻之變往來交錯，無不可見。聖人因其如此而皆繫之辭焉以命之，動在其中矣。〔註2〕動者，人之動也。雖未有之，而其理已具，故曰在其中。〔註3〕辭原是聖人見天下之動而繫之者，非當動爻，象之謂也。蘇氏曰：「有辭可繫，未有非動者，故雖括囊、介石，皆有為於世者也。」〔註4〕《象旨》：「爻在其中，此伏羲之重卦。動在其中，此文王之重卦。」〔註5〕

　　彭山曰：「象者，實理之體。爻者，時義之精。變者，推移之勢。動者，覺悟之幾。皆吾心之易也。自聖人作《易》，而四者寓於卦畫繫辭之中矣。此章本為動而發，見人心象。爻本有自然之變，而幾之動者自不能已也。」〔註6〕

〔註1〕朱熹《周易本義·周易繫辭下傳第六》。
〔註2〕（宋）方實孫《淙山讀周易》卷十八《繫辭》：「剛柔謂九六也。九六相推，以乘六爻，則變化在其中矣。繫辭焉而命之，則動之吉凶悔吝在其中矣。」
〔註3〕熊過《周易象旨決錄》卷六《繫辭》。
〔註4〕蘇軾《東坡易傳》卷八《繫辭傳下》。
〔註5〕熊過《周易象旨決錄》卷六《繫辭》。
〔註6〕季本《易學四同》卷六《繫辭下傳》。

鄭氏曰：「易者，象而已矣。發天下之賾而託於健、順、動、入、陷、麗、止、說之用，寓天下之道而形於天、地、山、澤、風、雨、水、火之物，則八卦成列，象斯在其中矣。卦始於三畫，未有爻也。因而重之，其體有上下，其位有內外，其時有初終，其序有先後，其數有六九，而爻在其中矣。五，陽也，而居之以六；二，陰也，而居之以九。『柔來而文剛』，『分剛上而文柔』，剛柔之中不中，屢變而無常也，故曰『剛柔相推，變在其中矣』。《蹇》之不可以往也，《坎》之不可以出也，《大過》之可以有為，《睽》之可以小事，《履》之所以經世，《需》之所以待時，『率其辭而揆其方』，天下之動，不可易也，故曰『繫辭焉而命之，動在其中矣』。」〔註7〕

龔氏曰：「『乾坤成列，而易立乎其中』者，易之義；『八卦成列，而象在其中』者，易之象也。易之義縕於乾坤而已矣，故『乾坤成列』，而易之義立。易之象則乾坤不足以盡之，故『八卦成列』而易之象見。方其三畫，以象三才之定體，則謂之八卦。作無所因，至於兼三才而兩之，以象三才之變動，則非復有所作也，因之而已矣，故曰『因而重之』。『成列』者，八卦而已。曰『象在其中』者，蓋八卦相錯，則六十四卦成也。『因而重之』者，成卦而已。而曰『爻在其中』者，蓋爻者，九六之數也。九六之數定而卦成，卦成則爻亦隨之也。象者，一卦之成體也，故天下之賾存焉。爻者，六位之變動也，故天下之動存焉。剛柔相推，所以成爻也。而爻者言乎變，則變斯在其中矣。繫辭焉而命之，所以明爻也。而辭者以鼓天下之動，則動斯在其中矣。一闔一闢而不可以常言者，變也。征行作為，出入往來而不可以靜言者，動也。命之定吉凶而不易也，猶天之命萬物也。卦則兆於成列而備於重爻，則兆於變而備於動，故吉凶悔吝生焉。」〔註8〕

吉凶悔吝者，生乎動者也。

述曰：「可以動而動焉，吉之所從生。未可以動而動焉，凶悔吝之所從生。故曰『吉凶悔吝生乎動』。」〔註9〕所以「研幾」者正在此。彭山曰：「剛柔之變，乃天命之所不容已者，故覺悟之。幾動而吉凶悔吝生，蓋四者之占皆人心獨知之處，而聖人以此開物，所以為神道設教也。」〔註10〕

〔註 7〕李衡《周易義海撮要》卷八《繫辭下》。

〔註 8〕龔原《周易新講義》卷九《繫辭下》。

〔註 9〕楊萬里《誠齋易傳》卷十八《繫辭下》。張獻翼《讀易紀聞》卷六《下傳第一章》引之而不言。

〔註10〕季本《易學四同》卷六《繫辭下傳》。

　　《傳》曰「寂然不動」，又曰「動之微」，當其不動，尚無所謂吉，又何有於凶？惟動而微也，吉斯見焉，動紛紜雜亂也，凶與悔吝始生其間矣。

剛柔者，立本者也。變通者，趣時者也。吉凶者，貞勝者也。

　　述曰：剛柔有變，故謂之易。自成列重卦而言，則「畫定剛柔如木本之植」〔註11〕，故曰「立本」。自相推繫辭而言，則著有變通，乃隨時之適，故曰「趣時」。剛柔變通之間，則為人事之吉凶。吉凶至變而天下有不變之常，貞是也。貞者，人心靜一之德，而事所歸結之處也。動於有覺之幾，則為吉之先見，而無有於凶。守此真常之理，則雖紛紜雜擾，而要歸於吉，故曰「吉凶者，貞勝者也」。

　　胡旦曰：「六十四卦，君臣父子之法，皆由此剛柔之象為之根本。如剛定體為乾，柔定體為坤。陽卦兩陰而一陽，陰卦兩陽而一陰，所以立卦之根本也。一卦之體象其一時，一爻之義象其一人。如屯難之時，其卦體象屯，初六居卦之始而『盤桓，利居貞，利建侯』，六二則『女子貞不字』之類，言君子動作之間必從時也。貞者，正也。夫有動則未免乎累，狗吉則未免乎凶。盡會通之變而不累於吉凶者，其惟貞正乎！若爻之吉行大正之道，則其事愈吉；若爻之凶行大正之道，則其事不至於凶也。」〔註12〕

〔註11〕崔銑《讀易餘言》卷四《繫辭輯下》。熊過《周易象旨決錄》卷六《繫辭》引之而不言。

〔註12〕李衡《周易義海撮要》卷八《繫辭下》，注「胡」。葉良佩《周易義叢》卷十四《繫辭下傳》，注「胡旦」。

　　按：實非胡旦之說，原出胡瑗《周易口義》卷十二《繫辭下》。

　　解「剛柔者，立本者也」：

　　故六十四卦之所本，君臣父子之所法，皆由此剛柔之象為之根本者也。至如剛定體為乾，柔定體為坤，陽卦兩陰而一陽，陰卦兩陽而一陰，是立其卦本而不遺也。

　　解「變通者，趣時者也」：

　　凡六十四卦，卦有六爻。一卦之體象其一時，一爻之義象其一人。六爻之道，上下相應而成變通，所以趣就一時者也。至如《屯》之卦，言天下屯難之時，故其卦體以象其屯。故初六居卦之始，當屯難之時，而「磐桓，利居正，利建侯」，以蘇息天下之人。至於六二，言「女子貞不字」，言女子守正，應於九五，雖為初九九六寇難，然專應於五，不改其節。至於六四，「乘馬班如」，退守其正，待時而行。如此之類，是皆一卦則言其一時，其諸爻各言其一人，以趣就其時也。然則君子之人，凡所動作必從其時，不失其中。故《中庸》曰「君子而時中」，是言君子之人動作之間皆從其時也。

　　解「吉凶者，貞勝者也」：

　　貞者，正也。夫有動者則未免乎累，殉吉者則未免乎凶。盡會通之變而不

天地之道，貞觀者也。日月之道，貞明者也。天下之動，貞夫一者也。

述曰：「天地之道，有升有降，然上下之觀不動也，故曰『天地之道，貞觀者也』。日月之道，有往有來，然晝夜之明不動也，故曰『日月之道，貞明者也』。天下之動，吉凶之變多矣，而以一貞勝，故曰『天下之動，貞夫一者也』。此象辭爻辭所以貴夫貞也。」〔註13〕然則動烏可不慎哉？聖人指此以開明人心，使知有至一之歸，而不迷於非幾也。

湛原明曰：「天地日月，無不一，故止言乎貞。有不一而侈言一，故以一言乎人也。天地日月人，其理一也。」

質卿曰：「夫是卦爻也，卦爻之辭也；剛柔也，剛柔之變也。總之皆明乎天下之吉凶也。是吉凶者，豈曰循環而無定者哉？亦豈曰對待而相勝者哉？蓋天下有常勝之道，貞是也。貞，正也，常也。惟正故常，惟常故正。吉之能勝夫凶也，非吉之能勝也，以正之勝也。不正即吉，亦凶也。凶之能勝夫吉也，非凶之能勝也，以不正勝之也。若正即凶，亦吉也。吉凶無常而貞有常，此天下趨避之準也。是何也？理一則不容有二，至常則不容有變也。」

夫乾，確然示人易矣。夫坤，隤然示人簡矣。爻也者，效此者也。象也者，像此者也。

述曰：承上文「貞一」來。「乾坤皆恒一其德」〔註14〕，故曰「確然示人易矣」、「隤然示人簡矣」。乾得一以為乾，坤得一以為坤，凡卦之爻不過效法乾坤之理，凡卦之象不過肖像乾坤之形，而安有不出於一者哉？此吉凶之所以為貞勝也。

朱氏曰：「夫乾陽至剛，確然不易，示人為君、為父、為夫之道，不亦易乎！坤陰至柔，隤然至順，示人為子、為臣、為婦之道，不亦簡乎！」〔註15〕

蔡介夫曰：「爻之奇偶，所以傚夫易簡者也。蓋百九十二之陽爻皆一而實，自是健而易之理；百九十二之陰爻皆二而虛，自是順而簡之理。卦之消息，所以像夫易簡者也。凡乾震坎艮為陽卦，諸陽卦在內而為主者，皆陽長而陰消也，則所以像乾之易。凡坤巽離兌為陰卦，諸陰卦在內而為主者，皆陰長而陽消也，

累於吉凶者，其唯貞勝者。故六十四卦之內，人事之端，情偽之作，吉凶之驗，無不備載於其間。若爻位之吉又能行其大正之道，則其事愈吉。若居爻位之凶而能行大正之道，則其事不至於凶。惟是貞正之道，則能勝於凶吉也。

〔註13〕朱震《漢上易傳》卷八《繫辭下傳》。
〔註14〕韓《注》。
〔註15〕朱震《漢上易傳》卷八《繫辭下傳》。

則所以像坤之簡。」〔註16〕

爻象動乎內，吉凶見乎外，功業見乎變，聖人之情見乎辭。

述曰：彭山曰：「『爻象動乎內』，內主心言。剛柔往來，本乾坤闔闢之幾，在內之不能自己者也。外，在外之可見者也。吉凶在心，本所獨覺，但能趨吉避凶，則見於外者有福無禍矣。此繫於人心之知變，則大業由此而生，故曰『功業見於變』。此三句乃『八卦定吉凶，吉凶生大業』之序。」〔註17〕「聖人準之命辭，而裁成輔相存乎其中。」〔註18〕至於「功業見乎變」，斯聖人之情見乎辭，貞勝之理於是昭然於天下，而與貞觀、貞明者同其流行矣。

天地之大德曰生，聖人之大寶曰位。何以守位曰人，何以聚人曰財。理財正辭，禁民為非曰義。

述曰：天地以生物為德，故為「大德」。聖人之位為生物之主，故為「大寶」。財者，生之本。「理財」乃導民生養之事，「正辭」乃教民脩德之事，「禁民為非」乃防民淫蠱之事，凡此皆義也。義以「理財正辭禁非」，以生萬物而已。「自『大寶曰位』直讀至『禁民為非曰義』，方與『大德曰生』相當。」〔註19〕

朱氏曰：「乾，大生也。坤，廣生也。乾坤合而成德，生物而已。聖人成位乎兩間，有其德，無其位，不能兼善天下。於其位也，慎之重之，在卦則尊位也。『天地之大德曰生』者，仁也。聖人之成位乎兩間者，仁而已。不仁，不足以參天地。仁被萬物，取財於天地，則財不可勝用，其民養生喪死無憾，可以保四海，守宗廟社稷矣。」〔註20〕鄭氏曰：「斂聚有經，費出有法，兼併無所，肆其開闔，邦國不得擅其節制，此之謂理財。垂法於象魏，讀於鄉黨，著之話言，布之典冊，上言之以為命，下守之以為令，此之謂正辭。奢不得僭上，賤不得踰貴，造言者有誅，偽行者有罰，有以率其怠倦，有以鋤其強梗，此之謂禁民為非。凡此皆義也。」〔註21〕

《象旨》：「『位』謂卦爻，五為君位，其剛柔中正者，天地生生之德，故曰『仁』。獨陰寡陽不生也。『聚人』亦當作『仁』。『財』古與『材』通。湛原

〔註16〕蔡清《易經蒙引》卷十一上《繫辭下傳》。
〔註17〕季本《易學四同》卷六《繫辭下傳》。
〔註18〕熊過《周易象旨決錄》卷六《繫辭》。
〔註19〕張獻翼《讀易紀聞》卷六《下傳第一章》。
〔註20〕朱震《漢上易傳》卷八《繫辭下傳》。
〔註21〕李衡《周易義海撮要》卷八《繫辭下》。

明指為卦材，是也。聚會仁道，彖言乎其材也。『理』謂料理。理卦之材而正其詞，以禁民為非，乃曰『義』也。聖人在位象。易簡而立功業，不過一仁而已。」〔註22〕義以理財，損過裁偏，準於中正；義以正辭，上命下令，當於道揆義，以禁民為非，止邪息妄，歸於一是，皆所以全其生生之德也。

古者包犧氏之王天下也，仰則觀象於天，俯則觀法於地，觀鳥獸之文與地之宜，近取諸身，遠取諸物，於是始作八卦，以通神明之德，以類萬物之情。

淮海曰：「備物致用，立成器以為天下利，莫大乎聖人。觀十三卦之器與象，餘卦可知矣。觀包犧、神農、黃帝、堯、舜之製器尚象，餘聖人可知矣。聖人不能先天而強為，不能後天而不為，皆循其天理之自然耳。天理之自然者何也？時也，易也。」〔註23〕

述曰：聖人之作《易》，無大不極，無微不究，大則取象天地，細則觀鳥獸之文與地之宜也。近取諸身，物理咸備；遠取諸物，性命各正。〔註24〕驗陰陽之消息，為卦爻之法象。神明之德，不外乎健順動止四者之德。曰「通」者，卦畫立而有以盡陰陽變化往來不測之妙也。萬物之情，不止乎風雷山澤水火之情。曰「類」者，卦畫立而有以盡陰陽感應生生不已之機也。

梅氏《古易考原》曰：「仰觀象於天而作卦，如乾天、離日、震雷、巽風、坎月、雲豐、斗沫之類。俯觀法於地而作卦，如坤地、兌澤、艮山、坎水之類。觀鳥獸之文，如乾為龍、為良馬、老馬，坤為子母牛，震為龍、為馬善鳴，巽為雞，坎為豕、為馬美脊，離為牛、為雉、為蟹、為虎、豹，艮為狗、鼠，兌為羊之類。觀地之宜以作卦，如乾為木果，震為蒼筤竹、萑葦、稼為反生、為蕃鮮，巽為木、為楊，坎木為堅多心、棟、叢棘、蒺藜，離木為科上稿，艮木為堅多節之類。『近取諸身』，不但八體而已，凡八屬皆是，如為君為父之類。『遠取諸物』，不但服食器用而已，雖計物之數曰萬皆是，如為圜、玉、金、寒、冰、大赤之類。伏羲經卦八，其別六十有四，今止云作八卦者，舉經以該別也。曷為謂之舉經以該別？乾為經卦，舉一乾乾之乾，而兌乾、離乾、震乾、巽乾、坎乾、艮乾〔註25〕、坤乾八別之乾皆該之矣。兌以下七卦皆然。故《乾》、

〔註22〕熊過《周易象旨決錄》卷六《繫辭》。
〔註23〕孫應鰲《淮海易談》卷四。（《四庫全書存目叢書》經部第7冊，第708頁）
〔註24〕蘇濬《生生篇·繫辭下傳》：「『觀象於天，觀法於地』，無大之不極也。『觀鳥獸之文與地之宜』，無微之不究也。『近取諸身』，天地物理皆備於吾身也。『遠取諸物』，萬民萬物與吾身相為一體也。」
〔註25〕「乾」，原無，據《古易考原》補。

《夬》、《大有》、《大壯》、《小畜》、《需》、《大畜》、《泰》曰始作乾，《履》、《兌》、《睽》、《歸妹》、《中孚》、《節》、《損》、《臨》曰始作兌，《同人》、《革》、《離》、《丰》、《家人》、《既濟》、《賁》、《明夷》曰始作離，《无妄》、《隨》、《噬嗑》、《震》、《益》、《屯》、《頤》、《復》曰始作震，《姤》、《大過》、《鼎》、《恒》、《巽》、《井》、《蠱》、《升》曰始作巽，《訟》、《困》、《未濟》、《解》、《渙》、《坎》、《蒙》、《師》曰始作坎，《遯》、《咸》、《旅》、《小過》、《漸》、《蹇》、《艮》、《謙》曰始作艮，《否》、《萃》、《晉》、《豫》、《觀》、《比》、《剝》、《坤》曰始作坤。羲聖心智，天象地法，動動植植，近身遠物，莫不蟠蓄於中。然後作八卦，以垂示天下後世，故其卦之妙，天、地、象、法、動、植、身、物，萬理咸備，於是幽贊神明而生蓍，以通神明之德；製器尚象，隨取隨足，以類萬物之情。」〔註26〕

作結繩而為網罟，以佃以漁，蓋取諸離。

述曰：「上古茹毛飲血，故教之以佃漁。」〔註27〕朱漢上曰：「『佃』，離為雉。『漁』，互巽，為魚。而目相麗，而虛其中，『網罟』之象也。」〔註28〕一陰麗於二陽之間，物麗網罟之象也。

包羲氏沒，神農氏作。斲木為耜，揉木為耒，耒耜之利，以教天下，蓋取諸益。

述曰：耜者，耒首也，斲木之銳而為之。耒者，耜之柄也，屈木之直而為之。耒耜取《益》，卦體下震動，上巽入，皆木中互坤土，木入土而動也。〔註29〕

日中為市，致天下之民，聚天下之貨，交易而退，各得其所，蓋取諸噬嗑。

述曰：「動〔註30〕取噬嗑。翟玄〔註31〕曰：『離象在上，故稱日中。艮為徑

〔註26〕梅鷟《古易考原》卷一《始作八卦第一》。（《四庫全書存目叢書》經部第3冊，第152頁。）
〔註27〕朱震《漢上易傳》卷八《繫辭下傳》。
〔註28〕朱震《漢上易傳》卷八《繫辭下傳》：「漁蓋取諸重離。巽繩離目，網目謂之罟。兩目相連結，繩為之，周罟也。離為雉，佃也。兌巽為魚，漁也。」
〔註29〕龔原《周易新講義》卷九《繫辭下》：
耜者，耒首也，斲木之銳而為之耜。耒者，耜之柄也，屈木之直而為之耒。耜之利以教天下，猶《益》之成卦，上震而下巽，其巽為木以動入為用也，故曰「蓋取諸益」，而益者於佃漁為益也。
胡廣《周易大全》卷二十三《繫辭下傳》：「節齋蔡氏曰：『耜，耒首也，斲木之銳而為之耒；耜，柄也，揉木使曲而為之。』」
〔註30〕「動」，《周易象旨決錄》作「市」。
〔註31〕按：「翟玄」，整理本《周易集解》卷十五《繫辭下傳》作「虞翻」，校記曰（454頁）：「『虞翻』，原作『翟玄』，今據盧本、四庫本、周本及曹校改」。

路，震為足，又為大塗，致民象也。坎水艮山，群珍所出，聚貨之象也。交易而退，各得其所，噬嗑互坎艮，勞乎坎，成言乎艮也。』〔註32〕「上古人質而自守其居，自費其用，而不相往來，財貨之有餘不足，不知其均也，故為之市。」〔註33〕「日中之時，取其遠近之人皆得以相及。」〔註34〕

神農氏沒，黃帝、堯、舜氏作。通其變，使民不倦，神而化之，使民宜之。《易》窮則變，變則通，通則久。是以「自天祐之，吉無不利」。黃帝、堯、舜垂衣裳而天下治，蓋取諸乾、坤。

述曰：通其變，所以趨時也。變而無跡曰化，言能使民日用其道而不倦者，以其通之。道神妙不測，變而不見其跡，便於民而民咸宜之耳。易之道，陽極變陰，陰極變陽，變則通而不窮，可久而不息。黃帝、堯、舜之通其變者，易之道也。制始於黃帝，至堯、舜而大備。〔註35〕故程子曰：「聖人通變，使民不倦，各隨其時而已。」「垂衣裳」者，無為之意。衣，上服；裳，下服。如乾坤定上下之位，無所為也。朱子不取上衣下裳之說，但曰：「乾坤變化而無為。」然衣裳之上下別乾坤，則此章諸卦取象之本旨也。〔註36〕

〔註32〕熊過《周易象旨決錄》卷六《繫辭》。
〔註33〕《子夏易傳·繫辭下第八》。
〔註34〕胡瑗《周易口義》卷十二《繫辭下》。
〔註35〕吳澄《易纂言》卷八《繫辭下傳》：
　　　通其變者，通其所當變之事，使不至於窮也。變而無跡曰化。上古之時，民與禽獸無異，有網罟而鮮食者，有耒耜而得粒食者。粒鮮既奏，而又為市，以質遷其有無，則與禽獸稍異矣。然民用之未備者猶多也。風氣漸開，不可如樸略之世，此窮而當變也。變之則通而不窮矣。其能使民喜樂不倦者，以其通之之道神妙不測變而不見其跡，使於民而民皆宜利之故爾。凡易之道，窮則必變而通之，然後可以久而無弊。黃帝、堯、舜之通其變者，易之道也。九事皆黃帝時，而並言堯、舜者，肇始於黃帝，而極備於堯、舜也。
〔註36〕季本《易學四同》卷六《繫辭下傳》：
　　　其時民風樸畧，無事可為，而所急者在食，故唯以此為教而已。然民用之未備者尤多也。至堯、舜時，風氣日開，漸趨多事，不可復如樸畧之世，此窮而當變也。變之則通而不窮矣。變而無跡曰化，言能使民喜樂不倦者，以其通之之道神妙不測變而不見其跡，便於民而民皆宜利之耳。凡易之道，窮則必變而通之，然後可以久而無弊也。黃帝、堯、舜之通其變者，易之道也。制始於黃帝，其後少昊、顓頊、帝嚳因之，無所損益，至堯、舜而大備。故程子曰：「聖人通變，使民不倦，各隨其時而已。後世若有作者，虞、舜不可及矣。」此可見無為之治，至舜而無以加也。「垂衣裳」者，無為之意。衣，上服。裳，下服。如乾坤定上下之位，無所為也。朱子不取上衣下裳之說，但曰：「乾坤變化而無為。」殊不知此章諸卦取象之意甚淺，則以衣裳之上下別乾坤，或其本旨耳。

朱氏曰：十二卦分而乾坤合。「上古衣裳相連，乾坤相依，君臣一體也。」〔註37〕「神農時與民並耕而食，饗飱而治，至是尊卑定位，君逸臣勞，乾坤無為，六子自用。」〔註38〕

龔氏曰：「教民始於有君臣上下，而後禮義有所錯，故衣上裳下，示之以君臣之義，乾尊坤卑之象。」〔註39〕

紫溪曰：「言通變神化而獨詳於黃帝、堯、舜，言黃帝、堯、舜而獨取諸《乾》、《坤》，《乾》、《坤》，諸卦之宗也；黃帝、堯、舜，千古人文之始也。中天之運，至此而開；洪荒之俗，至此而變。此所以為善發羲、農之精蘊也。」〔註40〕

「張文饒曰：『自《離》至《乾》、《坤》，五卦得陰爻十四者二七也，得陽爻十六者二八也。』」〔註41〕

刳木為舟，剡木為楫。舟楫之利，以濟不通，致遠以利天下，蓋取諸渙。

述曰：「刳，空其內。剡，薄銳其首也。《渙》下坎水，上巽木，中互震動，木動水上，舟楫之象。」〔註42〕「上古山無蹊，澤無梁，至是舟楫之利，以濟不通。」〔註43〕

服牛乘馬，引重致遠，以利天下，蓋取諸隨。

述曰：調習牛馬，負重致遠，施諸塗以利天下，隨之取義，以其前動而後說也。〔註44〕凡卦畫自下始，故以震下為前，動象。

重門擊柝，以待暴客，蓋取諸豫。

述曰：「坤為闔戶，互艮為門闕，重門之象。震動為有聲之木，互艮又為木。馬融云：『擊柝以行夜。』又互艮為閽人，擊柝之象也。互坎為盜，

〔註37〕熊過《周易象旨決錄》卷六《繫辭》：「十二卦分而乾坤合。朱漢上曰：『上古衣裳相連，乾坤相依，君臣一體也。』」
　　　　按：朱震《漢上易傳》卷八《繫辭下傳》：「古者衣裳相連，乾坤相依，君臣上下同體也。」
〔註38〕朱震《漢上易傳》卷八《繫辭下傳》。熊過《周易象旨決錄》卷六《繫辭》亦引。
〔註39〕龔原《周易新講義》卷九《繫辭下》。
〔註40〕蘇濬《生生篇‧繫辭下傳》。
〔註41〕熊過《周易象旨決錄》卷六《繫辭》。
〔註42〕熊過《周易象旨決錄》卷六《繫辭》。
〔註43〕朱震《漢上易傳》卷八《繫辭下傳》。
〔註44〕龔原《周易新講義》卷九《繫辭下》：「服牛乘馬，引重致遠，施諸塗以利天下，猶隨之前動而後說也，故曰『蓋取諸隨』。」

暴客之象也。蓋舟車既設,川陸既通,雖有所利,而亦當有所防矣。郭氏曰:
『豫本無備豫之意,孔子又明豫於此者,以見諸爻卦之象無窮,不可一義盡
也。』〔註45〕」〔註46〕

斷木為杵,掘地為臼,臼杵之利,萬民以濟,蓋取諸小過。

述曰:「杵以舂,臼以容,用之擣去粟殼而得米,利濟萬民,亦猶渡水之得
濟也。取小過者,朱子以為下止上動也。」〔註47〕《象旨》:「兌為毀折,斷巽
木為杵也。巽木入坤土,掘地為臼也。坎陷有臼象,而又下止上動也。」〔註48〕

弦木為弧,剡木為矢,弧矢之利,以威天下,蓋取諸睽。

述曰:吳幼清曰:「坎象弧者,中弣強,上下兩稍弱也。離為矢者,前簇
後括,實中筍虛。」〔註49〕龔氏曰:「弧矢之用,相睽不可以相無,而卒所以
治睽也。」〔註50〕

上古穴居而野處,後世聖人易之以宮室,上棟下宇,以待風雨,蓋取諸大壯。

述曰:「棟,屋脊,檁也。宇,室兩邊垂下者,即榱也。《周禮》所載可考。
凡『卑則吐水疾而霤遠』〔註51〕,以隮下為宇是也。震一陽在上卦之下而承二
陰,上棟之象;乾三陽在下而相比,下宇之象。『以蔽風雨』,二陰在上而動,
四陽在下而壯,故二陰不能凌也。」〔註52〕

**古之葬者,厚衣之以薪,葬之中野,不封不樹,喪期無數,後世聖人易之以棺
槨,蓋取諸大過。**

述曰:「厚衣以薪」,積薪以覆藉之也。「不封」,不封土為墳也。「不樹」,
不樹木為識也。「喪期無數」,無祔練祥禫之日數也。〔註53〕為棺以周身,為

〔註45〕郭雍《郭氏傳家易說》卷八《繫辭下》。
〔註46〕熊過《周易象旨決錄》卷六《繫辭》。
〔註47〕吳澄《易纂言》卷八《繫辭下傳》。
〔註48〕熊過《周易象旨決錄》卷六《繫辭》。
〔註49〕吳澄《易纂言》卷八《繫辭下傳》。
〔註50〕龔原《周易新講義》卷九《繫辭下》。
〔註51〕《周禮·冬官考工記第六·輪人》。
〔註52〕熊過《周易象旨決錄》卷六《繫辭》。
　　　按:龔原《周易新講義》卷九《繫辭下》:「故易之以宮室,上棟以致高,
　　下宇以致周,以待風雨,猶《大壯》二陰在上以動,四陽在下而壯,而二陰不
　　能陵也,故曰『蓋取諸大壯』。」
〔註53〕姜寶《周易傳義補疑》卷十一《繫辭下傳》:
　　　古之葬者,「厚衣以薪」,言積薪以覆之;「不封」,謂不堆土為墳;「不樹」,
　　謂不植松栢以識其處也;「喪期無數」,謂哀盡則止,未有三年之制也。

槨以周棺。棺槨取《大過》，俞氏曰：「下巽上兌，其卦肖坎。坎為隱伏，葬埋之象。中互重乾之大木，棺槨之象。」〔註54〕虞翻曰：「巽為木，為入處，兌為口，乾為人。木而有口，乾人入處，棺歛之象。」〔註55〕兩說意互相發也。

上古結繩而治，後世聖人易之以書契，百官以治，萬民以察，蓋取諸夬。

述曰：「書契取夬，書以刀筆畫木簡為文字也，契以木刻一二三四之畫，予者執左，取者操右，合之為信也。契但記數，書則有指事象名之變。」〔註56〕退齋徐氏曰：「上古民淳事簡，事之大小唯結繩以識之，亦足以為治。至後世風俗媮薄，欺詐日生，而書契不容不作矣。言有不能識者書識之，事有不能信者契驗之，取明決之義。蓋夬乃君子決小人之卦，而造書契者亦所以決去小人之端而防其欺也。」〔註57〕隆山李氏曰：「天下之事不至於決則不通，故雜卦之次第與十三卦之氣象皆終於夬。」〔註58〕

鄭氏曰：「黃帝、堯、舜，其號名雖殊，其所以應時而趨變，凡為民而已。執久則釋，視久則瞬，事久則弊，不更則斁。故通其變者，使民不倦而已。非常之變，黎民懼焉，故『神而化之，使民宜之』。川行而涉，陸行而塗也，為之舟車以通之。木處而顛，土處而病也，為之宮室以居之。為之棺槨，以易藁稭之陋。為之書契，以革結繩之簡。為之衣裳，以辨上下。為之弧矢，以威不恪。患至而為之備，事來而為之應。法之所未病，聖人不強易。民之所未厭，聖人不強去。凡此者，所謂『通其變』也。如天之運，如神之化，在而不示其所以在之跡，宥而不示其所以宥之事。其效至於民無所施其智巧也，日用飲食而已，此之謂『使民宜之』。物則備而有窮，道則通而無弊。易者，道也，故『窮則變，變則通，通則久』。天下之事，所以易朽而亟壞者，變而不能通也。

〔註54〕俞琰《周易集說》卷三十二《繫辭下傳一》。
〔註55〕李鼎祚《周易集解》卷十五《繫辭下傳》。
〔註56〕熊過《周易象旨決錄》卷六《繫辭》。
　　　　按：吳澄《易纂言》卷八《繫辭下傳》：
　　　　　　書以刀筆畫木簡為文字也，契以木刻一二三四之畫而中分之，各執其一，合之以為信也。契者，書之始也。契惟以畫記數而已，書則有指事象形之變。
〔註57〕胡廣《周易大全》卷二十三《繫辭下傳》、季本《易學四同》卷六《繫辭下傳》。
〔註58〕俞琰《周易集說》卷四十《雜卦傳》、熊過《周易象旨決錄》卷六《繫辭》。又見董真卿《周易會通・周易經傳集程朱解附錄纂註卷八・夬》、胡廣《周易大全》卷十五《夬》、姜寶《周易傳義補疑》卷十二《序卦傳》。按：原出李心傳《丙子學易編》，稱「先君子曰」。
　　　　另外，張獻翼《讀易紀聞》卷六《雜卦傳》引之而不言。

道之所以自古而固存者，一闔一闢，往來不窮也。故常久而不已者，天地之道，而自然無間。莊子謂之命，此所以『自天祐之，吉無不利』歟？」〔註59〕

陸績曰：「陰窮則變為陽，陽窮則變為陰，天之道也。庖犧作網罟，教民取禽獸，以充民食。民眾獸少，其道窮，則神農教播植以變之。此窮變之大要也。窮則變，變乃通。與天終始，故可久。民得其用，故無所不利者也。」〔註60〕

楊萬里曰：「作書契以上等事，非聖人之私知也。取於十三卦之象然後成，亦非一聖人所能為也。歷五聖人而後備，蓋斯人生生之道若此其難，而聖人所以生生斯人者若此其勞也。故曰〔註61〕：『如古之無聖人，人之類滅久矣。』」〔註62〕

金賁亨曰：「此章雖為尚象而發，然此十三卦者皆聖人經世大法，即上章『理財』、『正辭』、『禁非』之事也。神明之德於穆不已者也，萬物之情各正性命者也。」〔註63〕

是故易者，象也；象也者，像也；彖者，材也；爻也者，效天下之動者也。是故吉凶生而悔吝著也。

述曰：「是故」承上取象來。彭山曰：「易者，陰陽變易之名，則陰陽變易之象乃所謂易也。卦爻皆在其中，故統名之曰象。象之所擬，皆實理之形容，而象其物宜者也，故曰像也。材，質也，言一卦之全體如木之材幹也。效，呈也。動謂事變之來，良心自然之警悟也。彖之材呈於爻，爻之動具於象，其實一理也。彖、爻發卦象之蘊，則本體貞勝之幾自不能已，故吉凶因動而生也。吉而向凶則以吝，凶而趨吉則以悔，皆自其幾而發見，故曰著。此所以能貞天下之動也。」〔註64〕

虞翻曰：「《彖》說『三才』。」〔註65〕才，用也。古韻書材、才通同。「《彖》

〔註59〕李衡《周易義海撮要》卷八《繫辭下》。
〔註60〕李鼎祚《周易集解》卷十五《繫辭下傳》。
〔註61〕「故曰」，《誠齋易傳》作「故韓愈曰」。語見韓愈《昌黎先生文集》卷十一《原道》。
〔註62〕胡廣《周易大全》卷二十三《繫辭下傳》。張獻翼《讀易紀聞》卷六《下傳第二章》引之而不言。
　　　　按：原出楊萬里《誠齋易傳》卷十八《繫辭下》。
〔註63〕金賁亨《學易記》卷五卷五《下傳》。
〔註64〕季本《易學四同》卷六《繫辭下傳》。
〔註65〕李鼎祚《周易集解》卷十五《繫辭下傳》。

言成卦之材以統卦義也。」〔註66〕「每卦六爻皆傚〔註67〕效天下之物而發動也。動有得失，故『吉凶生』。動有小疵，故『悔吝著』也。」〔註68〕吉凶因此而生，人知所趨避矣；悔吝因此而著，人知所儆覺矣。」

龔氏曰：「『易者，象也』，言其剛柔相易，一奇一偶而有見，與天之象同也，然未成形也。『象也者，像也』，言人象之也，擬諸其形容，象其物宜，與人之像同也。作卦以通神明之德，製器以成天地之文，皆所謂像也。有是像則有是材。像者，體也，以上下言也。材者，用也，以內外言也。以人言之，股肱、耳目、方圓、上下，像也。能視能聽，能動能靜，材也。『象者，像也』，言易之成卦如此。『彖者，材也』，言卦之成德如此。『爻也者，效天下之動者也』，言材之趨時如此。」〔註69〕

蔡介夫曰：「天下之動，紛紜輵輵，善惡相攻，遠近相取，情偽相感，或出或處，或默或語，或鼓或罷，或泣或歌，或建侯，或行師，或涉川，或有攸往，皆天下之所有者。」〔註70〕「此章合上先言庖犧觀物制易，中言聖人觀易制物，皆尚象之事也，至此乃言尚辭、尚變、尚占之事，而易之四道備矣。」〔註71〕

蘇氏曰：「『象者，像也』，像之言似也。其實有不容言者，故以其似者告也。達者因似以識真，不達則又見其似似者而日以遠矣。象者，彖也。爻者，折俎也。古者謂折俎為爻，其文蓋象折俎之形。後世以易有六爻也，故加肉為肴以別之。象則何為取於彖也？曰：『彖者，材也』，八卦相值，材全而體備，是以為彖也。爻則何為取於折俎也？『爻者，效天下之動』，分卦之材，裂彖之體，而適險易之變也。」〔註72〕

陽卦多陰，陰卦多陽，其故何也？陽卦奇，陰卦偶。

述曰：彭山曰：「陽卦，震、坎、艮也，皆一陽二陰，陰多於陽。陰卦，巽、離、兌也，皆一陰二陽，陽多於陰。陽以一奇為主，故多陰。陰以一偶為主，故多陽。重於一奇一偶，此其故也，故以象言。惟重成卦之主，而以陽主

〔註66〕韓《注》。
〔註67〕「傚」，孔《疏》作「仿」。
〔註68〕孔《疏》。
〔註69〕李衡《周易義海撮要》卷八《繫辭下》。節錄龔原《周易新講義》卷九《繫辭下》。
〔註70〕蔡清《易經蒙引》卷十一上《繫辭下傳》。
〔註71〕項安世《周易玩辭》卷十四《繫辭下・彖象爻》。
〔註72〕蘇軾《東坡易傳》卷八《繫辭傳下》。

一奇，陰主一偶，則剛柔各定於一畫矣。」〔註73〕

質卿曰：「奇，乾道也，獨立乎眾陰之表，而物莫之與偶者也。陽卦皆乾，以奇為主，則陽之常尊者自在，故謂之陽卦也。偶，坤道也，不附乎陽道之尊，不能成乎偶者也。陰卦皆坤，以偶為主，則陰之依附者自在，故謂之陰卦也。」

彭山曰：「奇偶之名始見於此。奇之畫為一，以象陽；偶之畫為一，以象陰。皆心體之象也。陽之所以為一者，當陽之時，陰在陽中，為陽所統，合而未分，故其畫為一。陰之所以為一者，當陰之時，陽在陰中，為陰所含，分而有就，故其畫為一。一者，萬物之合於一理者也。一者，一理之散於萬物者也。合於一，則物不見其為有，而其體則實。散於萬，則理不見其為無，而其體則虛。畫外空洞，無形之地皆陽也，故陽無可盡之理，而亦非無可盡者也。有無相盪，虛實相涵，而陰陽交易，其變不窮，皆奇偶妙物之神，而心體自然之易也。若陰陽偏勝則滯於器，而奇偶之雜見者始有不當矣。此豈陰陽立本之常哉？欲知奇偶之義者，於此求之而已。」〔註74〕

其德行何也？陽一君而二民，君子之道也；陰二君而一民，小人之道也。

述曰：「『其德行何也？』」「陽德剛，君之德也；陰德柔，民之德也。」〔註75〕「陽一君而二民」，不論位上位下，而常得柔之附，是為君子之道，純用乎剛，以主民者也。「陰二君而一民」，不論相乘相間，而常惟剛之順，是為小人之道，純用乎柔，以從君者也。蓋以德行言，不分淑慝也。觀巽之為卦，柔皆順乎剛，所以言「利見大人」，吉可知。「二君一民，小人之道」矣，語意與《論語》「君子之德」、「小人之德」同。質卿曰：「道在君子，則微陽猶足以御世；道在小人，則獨陰不能以自持。此扶陽抑陰之意，聖人作《易》之微權也歟？」

彭山曰：「『德行』以理言。『一君二民』，非謂以一君治二民也；『一民二君』，非謂以一民事二君也。蓋卦有三爻，以下二爻之相乘者而言，則初為微而二為顯；以上二爻之相承者而言，則二為中而三為過；以初與三之相間者而言，則初為內而三為外。隨其所居之位，或微或顯，或中或過，或內或外，處之各當，君以此治民，民以此事君，則各盡其道也。君子、小人以位言。君子之道，剛德也，故能主民；小人之道，柔德也，故能從君。此以發明陰陽之義，

〔註73〕季本《易學四同》卷六《繫辭下傳》。
　　　　　其中，吳澄《易纂言》卷八《繫辭下傳》：「陽卦，震、坎、艮也，皆一陽二陰，陰多於陽。陰卦，巽、離、兌也，皆一陰二陽，陽多於陰。」
〔註74〕季本《易學四同》卷六《繫辭下傳》。
〔註75〕季本《易學四同》卷六《繫辭下傳》。

然後於理為正。此章文義以陽為君，陰為民，則宜曰『一民二君』以對『一君二民』，而曰『二君一民』者，以君為重，扶陽之義也。」〔註76〕《象旨》：「陰陽所據，有中外本末之殊，故曰『德行』。」〔註77〕

《易》曰：「憧憧往來，朋從爾思。」子曰：「天下何思何慮？天下同歸而殊塗，一致而百慮，天下何思何慮？」

　　述曰：「思者，心之運；慮者，思之精。理之所約謂之歸，得理之趣謂之致。同歸、一致，一本也；殊塗、百慮，萬殊也。先言同歸、一致，所重在本體也。夫百慮之殊塗者亦思也，而曰何思何慮者，蓋小德之川流皆本於大德之敦化。凡幾之所覺，能通於微者，亦皆天命之自然，豈容起一毫思慮哉？」〔註78〕故曰「天下何思何慮」？此因《咸》九四「憧憧往來，朋從爾思」而言。思為物之來所動而往，朋類亦從思而得，安能順往來之自然，非寂感自如之本體也。

　　紫溪曰：「『往來』二字是吾人所不容無者，所病者憧憧也。如以一日論，則前日之事為往，後日之事為來；以一事論，則已行之事為往，未行之事為來；以終身論，則已知已能者為往，未知未能者為來。人孰無往來哉？但順理以往來者，則思而無思，慮而無慮，如造化之自屈自信；著意於往來者，則營營以思，營營以慮，殆不覺其繁且擾矣。『同歸』二句正明其不必思慮也。同歸殊塗，無二理也。一致百慮，無二心也。即所謂『一以貫之』也。『無思無慮』者一也，『有思有慮』者二也。不得其歸而索之殊塗，則岐路愈多；不得其一而求之百慮，則膠擾愈甚。甚矣，憧憧思慮者之害也！言造化往來、物理屈伸皆自然而然，正為吾人學問張本。」〔註79〕

日往則月來，月往則日來，日月相推而明生焉。寒往則暑來，暑往則寒來，寒暑相推而歲成焉。往者屈也，來者信也，屈信相感而利生焉。尺蠖之屈，以求信也。龍蛇之蟄，以存身也。

　　述曰：「日月之生明，即寒暑之成歲。所謂『日月運行，一寒一暑』，而其往來不息所以成功也。」〔註80〕以屈伸發日月、寒暑、往來之義，天道之自然也。以尺蠖龍蛇証屈伸之義，物理之自然也。此皆易中之蘊，人心感應之妙，

〔註76〕季本《易學四同》卷六《繫辭下傳》。
〔註77〕熊過《周易象旨決錄》卷六《繫辭》。
〔註78〕季本《易學四同》卷七《文言傳》。
〔註79〕蘇濬《生生篇·繫辭下傳》。
〔註80〕季本《易學四同》卷六《繫辭下傳》。

非思非不思而幾微自通，非慮非不慮而天能自動，其神之所為乎？

蘇氏曰：「易將明乎一，未有不用變化、晦明、寒暑、往來、屈伸者。此皆二也，而以明一者，惟通二為一，然後其一可必。故曰『在天成象，在地成形』，又曰『變化者，進退之象。剛柔者，晝夜之象』，又曰『闔戶謂之坤，闢戶謂之乾』，皆所以明一也。」〔註81〕

精義入神，以致用也。利用安身，以崇德也。

述曰：精義而入於神，乃所以致用，蓋得其同歸者而殊塗皆合，得其一致者而百慮皆通，自無憧憧之擾矣。存體自然致用，發用自然歸體，體用俱存，動靜如如，身安而德崇矣。

韓《注》：「『精義』，物理之微者也。神寂然不動，『感而遂通』者也。理入寂一，則精義斯得，乃用無極也。」〔註82〕又曰：「利用之道，皆安其身而後動也。精義妙於入神，以致其用；利用妙於安身，以崇其德。理必由於其宗，事各本於其根。歸根則寧，天下之理也。若役其思慮，以求動用，忘其安身，以殉功美，則為彌多而理愈失，名彌美而累愈彰矣。」〔註83〕

紫溪曰：「『精義』二句重在『入神』，『利用』二句重在『安身』。精即惟精之精，神即合一不測之神。精義而至入神，則往屈來伸不見其跡，只是箇寂然不動本體而已，何嘗有一毫思慮哉？然寂而感，感而通，無心於致用，而用自致矣。『利用』即『不習無不利』，『安身』即靜而能安，利用而至安身，則其神不勞，其形不擾，何嘗有一毫思慮哉？然高明廣大俱自安閒無事中來，無心於崇德而德自崇矣。」〔註84〕

過此以往，未之或知也。窮神知化，德之盛也。

述曰：德至於崇，則精義之功成。若此以往，不可得而知也。〔註85〕「窮極微妙之神，通知變化之理，乃德盛而自至也。」〔註86〕張橫渠曰：「入神僅

〔註81〕蘇軾《東坡易傳》卷八《繫辭傳下》。
〔註82〕李鼎祚《周易集解》卷十五《繫辭下傳》。《周易注疏》所載韓《注》曰：「『精義』，物理之微者也。神寂然不動，『感而遂通』，故能乘天下之微會而通其用也。」
〔註83〕《周易注疏》。
〔註84〕蘇濬《生生篇·繫辭下傳》。
〔註85〕季本《易學四同》卷七《文言傳》：「德至於崇，則精義不已而有成功矣。精義所以致其用也。若其過而往者，則不可得而知。」
〔註86〕魏了翁《周易要義》卷八《十五天下事何須思慮屈信自然相感》。另，孔《疏》：「若能過此以往，則窮極微妙之神，曉知變化之道，乃是聖人德之盛極也。」

入於神，窮神窮盡其神，淺深之別也。」〔註87〕

「『精義』者，『窮理』也；『入神』者，『盡性以至於命』也。『窮理盡性，以至於命』，豈徒然哉？將以致用也。譬之於水，知其所以浮，知其所以沉，盡水之變而皆有以應之，『精義』者也。知其所以浮沉而與之為一，不知其為水，『入神』者也。與水為一，不知其為水，未有不善遊者也，而況以操舟乎！此之謂致用也。故善遊者之操也，其心閒，其體舒，是何故？則用利而安身也。事至於身安，則物莫吾測而德崇矣。」〔註88〕

項氏曰：「按十卦以《咸》九四為主意，大抵論感應之一心、屈伸之一形、往來之一氣、出入之一機也。『精義』，入也，乃所以利其出；利用出也，乃所以安其入。自此以下，《困》、《解》、《噬嗑》、《鼎》、《否》皆言利用之事，《豫》、《復》、《損》、《益》皆言精義之事。《困》不利而《解》利，《噬嗑》初九福而上六禍，《鼎》凶而《否》吉，自一人一事而至於天下之用皆盡於此矣。《豫》言知幾之早，《復》言省過之速，《損》言心之當一，《益》言道之當豫，精義入神之功亦盡於此矣。」〔註89〕「至於神，然後能窮神之所由起；至於化，然後能知化之所由推。知化，猶知大始之知。非萬物生於其手者，不能知萬物之始也；非萬物生於其身者，不能知萬變之幾也。孔子言『知天命』，子思言『知天地之化育』，皆至乎其地者也。」〔註90〕「《上繫》既舉七卦之爻辭，以發明六十四卦之微矣。此復舉十卦焉，必精義入神，窮神知化，德盛仁熟，而後學《易》之道盡也。」〔註91〕

《易》曰：「困于石，據于蒺藜，入於其宮，不見其妻，凶。」子曰：「非所困而困焉，名必辱；非所據而據焉，身必危。既辱且危，死期將至，妻其可得見邪？」

述曰：彭山曰：「以柔掩剛，所以為困。然二之剛將遇兌而通，而三猶掩之，是初既掩而掩猶不解，則其掩如石之重矣，三非可以終掩者也，故曰『非所困而困焉』。據則久居其所之謂也。困陽則辱。名久困而據之，致危之道也。危則必至於死而後已。」〔註92〕六三之不能安身而致危取凶若此。

〔註87〕張載《橫渠易說・繫辭下》：「窮神是窮盡其神也，入神是僅能入於神也，言入如自外而入，義固有淺深。」
〔註88〕蘇軾《東坡易傳》卷八《繫辭傳下》。
〔註89〕項安世《周易玩辭》卷十四《繫辭下・十卦十一爻章第四》。
〔註90〕項安世《周易玩辭》卷十四《繫辭下・空神知化》。
〔註91〕楊萬里《誠齋易傳》卷十八《繫辭下》。
〔註92〕季本《易學四同》卷七《文言傳》。

「卦以剛見揜為困，爻以柔承剛為辱為危。」〔註93〕「然困者，人之所不免。若君子不幸適遭，名不辱，身不危，如孔子在陳畏匡。若小人無幸免之困，以不善而致是，非困乃困，而欲求幸免，是據於蒺藜而求不刺，其困彌堅，尚可得而保其名、保其身、保其家之妻子乎？臧紇、陽虎之事，可以觀矣。」〔註94〕

《易》曰：「公用射隼于高墉之上，獲之，無不利。」子曰：「隼者，禽也。弓矢者，器也。射之者，人也。君子藏器於身，待時而動，何不利之有？動而不括，是以出而有獲，語成器而動者也。」

　　述曰：諸燮曰：「必在我者真有解悖之德，又當小人為悖之時，故其動利。動利者，動而不括者也，是以獲之而悖可解也。故夫子於上六言獲、言德勝者也。有禽無矢，則不可射，故君子慎動。」彭山曰：「括，結礙不通之意。藏器既久，則能通於變而無所礙，故『出而有獲』。」〔註95〕

子曰：「小人不恥不仁，不畏不義，不見利不勸，不威不懲。小懲而大誡，此小人之福也。《易》曰：『履校滅趾，无咎』，此之謂也。善不積不足以成名，惡不積不足以滅身。小人以小善為無益而弗為也，以小惡為無傷而弗去也。故惡積而不可掩，罪大而不可解。《易》曰：『何校滅耳，凶。』」

　　述曰：馮奇之曰：「不以不仁為恥，故見利而後勸於為仁；不以不義為畏，故畏威而後懲於不義。」〔註96〕「懲惡在初，改過在小。」〔註97〕虞翻曰：「小善謂復初，小惡謂姤初。」〔註98〕

　　孔氏曰：「即精義以致用者，致用之至也。即利用而安身者，安身之至也。

〔註93〕熊過《周易象旨決錄》卷六《繫辭》，「為危」前有「乘剛」二字。
〔註94〕楊萬里《誠齋易傳》卷十八《繫辭下》：
　　　　仲尼釋之，以謂困窮者，人之所不能免者也。有君子之困，有小人之困。顧所以致之者何爾。君子有不幸之困，無以致之，適遭之也，在陳畏匡是已，故名不辱而身不危。小人無幸免之困，為不善以致困也，以其非所據而據，是以非所困而困，為不善而求幸免，是據於蒺藜而求不刺也，其困彌堅，如石之不移矣，尚可得而保其名、保其身、保其家、保其妻子乎？臧紇、陽虎之出奔是已。
〔註95〕季本《易學四同》卷七《文言傳》。
〔註96〕馮椅《厚齋易學》卷四十五《易外傳第十三》。
〔註97〕楊萬里《誠齋易傳》卷十八《繫辭下》。《厚齋易學》卷四十五《易外傳第十三》引之。
〔註98〕李鼎祚《周易集解》卷十五《繫辭下傳》。

不能有見於其始，事至而後懼，禍萌而後悔者，則其次也。若《噬嗑》之初九是也。過而不能止，則為《噬嗑》之上九矣。」〔註99〕

子曰：「危者安其位者也，亡者保其存者也，亂者有其治者也。是故君子安而不忘危，存而不忘亡，治而不忘亂，是以身安而國家可保也。《易》曰：『其亡其亡，繫于苞桑。』」

述曰：龔氏曰：「《否》之九五，能安身者也。」「九五當否塞之時，能休去天下之否，當自思慮戒慎，是猶繫其社稷於苞桑之上，其根深固不可拔也。」〔註100〕

子曰：「德薄而位尊，知小而謀大，力少而任重，鮮不及矣。《易》曰：『鼎折足，覆公餗，其形渥，凶』，言不勝其任也。」

述曰：龔氏曰：「《鼎》之九四，不能利用者也。」《鼎》上體之下而應初，既承且施，非己所堪也。〔註101〕是以「古之人君必量力度德而後授之官，古之人臣亦必量力度德而後受之任」〔註102〕。

項氏曰：「德之薄，知之小，力之少，皆限於稟而不可強，聖人豈厚責以自能哉？責其貪位而不量己，過分而不能勝任爾。量力而負，其人不跌；量鼎而受，其足不折。今鼎足弱而實豐，有不折足、覆公餗者乎？自取之也，餗何辜焉。」〔註103〕

〔註99〕李衡《周易義海撮要》卷八《繫辭下》。

〔註100〕按：此一節見李衡《周易義海撮要》卷八《繫辭下》：

《否》之九五，能安身者也。〔龔。〕九五當否塞之時，能休去天下之否，常自思慮戒慎，是猶繫其社稷於苞桑之上，其根深固不可拔也。桑根深固，苞叢生也。〔胡。〕

按：分別出自龔原《周易新講義》卷九《繫辭下》、胡瑗《周易口義》卷十二《繫辭下》。

〔註101〕《鼎》九四王《注》：「處上體之下，而又應初，既承且施，非己所堪，故曰鼎折足也。」

〔註102〕融堂錢氏之說，見董真卿《周易會通·周易經傳集程朱解附錄纂註卷第十三·繫辭下傳》、胡廣《周易大全》卷二十三《繫辭下傳》。張獻翼《讀易紀聞》卷六《下傳第五章》引之而不言。

〔註103〕按：非項安世之說，實出楊萬里《誠齋易傳》卷十八《繫辭下》：

德之薄者尚可積而厚，知之小者不可強而大，力之少者不可勉而多，聖人亦豈責天下之人皆德厚而不薄、皆知大而不小、皆力多而不少哉？責其貪位而不量己，過分而不勝任耳。量力而負，其人不跌；量鼎而受，其足不折。今也鼎足之弱而鼎實之豐，有不折己之足、覆人之餗、敗己之身者乎？足之折、身之敗，自取之也；餗之覆，彼何辜焉。

子曰：「知幾其神乎！君子上交不諂，下交不瀆，其知幾乎！幾者動之微，吉之先見者也。君子見幾而作，不俟終日。《易》曰：『介于石，不終日，貞吉。』介如石焉，寧用終日？斷可識矣！君子知微知彰，知柔知剛，萬夫之望。」

述曰：龔氏曰：「《豫》之六二，幾神之事也。精義不足以明之。」〔註104〕《象旨》：「『上交』指二於六三，『下交』指二於初六。過於恭則諂，過於和則瀆，故有幾焉。見幾而守之。介石者，果而確也。」〔註105〕蘇氏曰：「無守於中者，不有所畏則有所忽也。忽者常失之太早，畏者常失於太后。既失之，又懲而矯之，則終身未嘗及事之會矣。知幾者不然。其介也如石之堅，『上交不諂』，無所畏也；『下交不瀆』，無所忽也。上無畏，下無忽，事至則發而已矣。」〔註106〕「夫知彰者眾矣，惟君子於微而知其彰；知剛者眾矣，惟君子於柔而知其剛。」〔註107〕「故萬夫望之，以為進退之候也。」〔註108〕孔氏曰：「凡物之體，從柔以至剛。凡事之理，從微以至彰。知幾之人，既知其始，又知其終，是合於神道。」〔註109〕

張邦奇曰：「三百八十四爻獨於《豫》六二發『介于石，不終日』之義，蓋以豫最溺人，非至堅靜者不能守，非有守者不能見幾之速，不為所溺也。今夫朋友夫婦之間，和樂之過，或以起釁爭之端，而況於其疏遠者乎！故曰『上交不諂，下交不瀆，其知幾乎』。楚人有言曰：『人之所患者，在於衽席之上、尊俎之間。』」〔註110〕

項氏曰：「諂者本以求福，而禍嘗基於諂梁竇之客是也。瀆者本以交驩，而怨嘗起於瀆，竇、灌之交是也。易言知幾，而孔子以不諂、不瀆明之，此真所以知幾者矣。欲進此道，惟存察之密、疆介素明者能之，此所以必歸於『介如石』者歟？」〔註111〕

子曰：「顏氏之子，其殆庶幾乎？有不善未嘗不知，知之未嘗復行也。《易》曰：『不遠復，無祇悔，元吉。』」

述曰：淮海曰：「『知幾其神乎！』人人謂心為神明，即此神也。不神則物，

〔註104〕龔原《周易新講義》卷九《繫辭下》。
〔註105〕熊過《周易象旨決錄》卷六《繫辭》。
〔註106〕蘇軾《東坡易傳》卷八《繫辭傳下》。
〔註107〕項安世《周易玩辭》卷十四《繫辭下・其殆庶幾乎》。
〔註108〕蘇軾《東坡易傳》卷八《繫辭傳下》：「知幾者，眾之所望，以為進退之候也。」
〔註109〕孔《疏》。
〔註110〕張邦奇《張邦奇集》養心亭集卷三《易說上》。
〔註111〕項安世《周易玩辭》卷十四《繫辭下・諂瀆》。

物則不通。神妙萬物。心也者，妙萬物而為言者也。故知幾則神。『幾者動之微。』吉之先見，只先見便是知幾。知微、知彰、知柔、知剛，先見也。先見者，心之所以為神也。故曰『顏子庶幾』。若顏子有不善方知，非庶幾矣。惟能先見於善不善之前，故能知不善。不復行不善，以常知也，此心體當下便是，故曰『不遠復，無祇悔，元吉』。常人不能當下默識此體，故遠於復，故悔，則有不善不能知，知而復行矣。是謂不神則物。聖人得易者無他，只得此先見之心體耳。」〔註112〕

天地絪縕，萬物化醇。男女搆精，萬物化生。《易》曰：「三人行則損一人，一人行則得其友。」言致一也。

　　述曰：「天地絪縕」謂乾坤陰陽之感，「男女搆精」謂六子陰陽之合。不言陰陽而言男女，干寶謂「釋六三之辭，主於人物」〔註113〕是也。」〔註114〕《義海》〔註115〕曰：「天地升降，其氣絪縕，萬物化矣，醇而未漓。《序卦》曰：『有天地，然後有萬物。』劉牧曰：『乾道自然而成男，坤道自然而成女。《序卦》言萬物，則男女在其中矣。萬物化醇者，言其一未始漓也。天地既生萬物，萬物各有陰陽，精氣相交，化生無窮。』《序卦》曰：『有萬物，然後有男女。』劉牧曰：『《咸》卦不繫之於離坎，以離坎而上，男女自然而生。咸卦而下，男女偶合而生。』『曰男女、化生者，言有兩則有一也。《損》之六三曰三人行則損一人，一人行則得其友，言致一則殊塗而同歸，一致而百慮矣。』」〔註116〕」〔註117〕

　　「天下事，一則精，二則襍。故舜曰『惟精惟一』，而仲尼亦曰『致一』。『致』者，力至之之謂也。」〔註118〕人能心專於一。「堯、舜之治仁義，黃、老之治清靜，孫、吳之治兵，男女之生育，其道不同，其致一則同也。」〔註119〕

〔註112〕　孫應鼇《淮海易談》卷四。（《四庫全書存目叢書》經部第7冊，第709頁）
〔註113〕　李鼎祚《周易集解》卷十六《繫辭下傳》：「干寶曰：『男女猶陰陽也，故萬物化生。不言陰陽而言男女者，以指釋損卦六三之辭，主於人事也。』」
〔註114〕　熊過《周易象旨決錄》卷六《繫辭》。
〔註115〕　「義」，原作「淮」，誤。
　　　　　　按：孫應鼇《淮海易談》未見此語。所引內容見李衡《周易義海撮要》卷八《繫辭下》，《周易象旨決錄》亦作《義海》。
〔註116〕　朱震《漢上易傳》卷八《繫辭下傳》。《周易義海撮要》所引劉牧之說，亦見《漢上易傳》。
〔註117〕　此一節見熊過《周易象旨決錄》卷六《繫辭》。
〔註118〕　楊萬里《誠齋易傳》卷十八《繫辭下》。
〔註119〕　楊萬里《誠齋易傳》卷十八《繫辭下》。

子曰：「君子安其身而後動，易其心而後語，定其交而後求。君子修此三者，故全也。危以動則民不與也，懼以語則民不應也，無交而求則民不與也。莫之與，則傷之者至矣。《易》曰：『莫益之，或擊之，立心勿恒，凶。』」

述曰：「位不能安身，時不能易心，應不能定交，不能益人而反求人之益者也。」〔註120〕「『危以動則民不與』，『黨與』之『與』也；『無交而求則民不與』，『取與』之『與』也。」〔註121〕「以『易』對『懼』，其義可見。直者其語易，曲者其語懼。乾之所以易者，以其直也。」〔註122〕

淮海曰：「安其身而後動，身之恒也。易其心而後語，心之恒也。定其交而後求，交之恒也。順道則安，不險則易，道義相與則定，只是得一箇天地人之常理。」〔註123〕

趙人齋〔註124〕曰：「自『何思何慮』起至『立心勿恒凶』當作一章貫之，方是聖學之一貫，俱是利用安身之道。困於非據者，不能自存其身以崇其德者也。思慮安用之？藏器待時，用之所以利也。『屨校滅趾』，小人有所懲，而能轉禍為福，以安其身。『何校滅耳』，小人無所懲，而積惡罪大，以滅其身。不忘保存，能安其身者也。折足覆餗，不惟不能安身矣。介於石，寂然不動，寧用終日？感而遂通天下之故。介石，安身也。知幾其神，利用安身之道也。『庶幾』貫上『知幾』、『知幾其神』，仲尼之一貫乎？庶幾其顏子之一間乎？一間者屢空，一貫者空空也。無祇悔，安其身，致一安身之道也。言君子得友如天地男女化生之合一，然後可以言致一，而不涉思慮之憧憧也。安身本於立心之恒，利用安身在立心有恆而已。有恆則致一，無恒則不能致一，故聖人儆之不占。」

〔註120〕熊過《周易象旨決錄》卷六《繫辭》。

〔註121〕項安世《周易玩辭》卷十四《繫辭下·民不與也》。

〔註122〕項安世《周易玩辭》卷十四《繫辭下·易以語　懼以語》。

〔註123〕孫應鰲《淮海易談》卷四。（《四庫全書存目叢書》經部第7冊，第709頁）

〔註124〕（明）祁承爜《澹生堂藏書目》著錄趙明倫《趙人齋閱說》一卷。

讀易述卷十四

繫辭下傳

子曰：「乾坤，其易之門耶？乾，陽物也。坤，陰物也。陰陽合德而剛柔有體，以體天地之撰，以通神明之德。」

述曰：諸卦皆《乾》、《坤》之變化，《乾》、《坤》即是易也。門者，取闔闢之義。學《易》者必自乾坤始，「明乎乾之陽，則知舉六十四卦之物，凡本乎陽者皆乾也；明乎坤之陰，則知舉六十四卦之物，凡本乎陰者皆坤也」〔註1〕。「二物之德，陰與陽合，而其情相得。二物之體，剛自剛，柔自柔，而其質不同。」〔註2〕知易之合德有體，則知易之道所以體天地之撰，通神明之德，而陰陽無遁情矣。天地以形言，易無物不具，故曰體；神明以德言，易無用不神，故曰通。《說旨》：「『體天地之撰』，以卦象言；『通神明之德』，以卦德言。」〔註3〕

蘇氏曰：「陰陽二物也，其合也未嘗不雜，其分也乾道成男，坤道成女，未嘗雜也。故曰『陰陽合德而剛柔有體』。『陰陽合德』故雜，『剛柔有體』故

〔註1〕楊萬里《誠齋易傳》卷十八《繫辭下》。

〔註2〕熊過《周易象旨決錄》卷六《繫辭》。

　　　按：俞琰《周易集說》卷三十四《繫辭下傳三》：「以二物之德言，則陰與陽合，陽與陰合，而其情相得。以二物之體言，則剛自剛，柔自柔，而其質不同。」《周易象旨決錄》本之而不言。

〔註3〕按：《說旨》不詳。此語見吳澄《易纂言》卷八《繫辭下傳》。

不越。」〔註4〕於稽其類。〔註5〕

其稱名也雜，而不越於稽其類，其衰世之意耶？

述曰：「其稱名也雜」為句，而「不越」當讀至「於稽其類」。〔註6〕「稱名」，卦名也。事類盡於陰陽，卦之稱名雜，而不越於稽考其事類，以盡陰陽之變。蓋世道下衰，民偽日滋，聖人不得已而有言，故曰「其衰世之意耶」？〔註7〕

徐進齋曰：「上古之世，俗樸民淳，迷於吉凶之途，而莫知所趨。故伏羲畫卦以教之占，而吉凶以明，斯民由之而無疑也。雖乾陽坤陰，剛柔交錯，體天地之撰，通神明之德，然剛勝則吉，柔勝則凶，亦未嘗費辭也。中古以來，人心變詐，迷謬愈甚，文王、周公於是繫卦爻之辭，稱名稽類，以開示陰陽之義。易之道雖無餘蘊，而聖人憂患後世之意蓋亦有不得已而然者，故下文又申言之。」〔註8〕

夫易，彰往而察來，而微顯闡幽。開而當名辯物，正言斷辭則備矣。其稱名也小，其取類也大，其旨遠，其辭文，其言曲而中，其事肆而隱，因貳以濟民行，以明失得之報。

述曰：姜廷善曰：「往謂陰陽消長，剛柔變化。卦爻〔註9〕所藏者，人所不明，易皆著而明之，故曰『彰往』。來謂吉凶未定，事之方來，人所未知者，占筮中所告，可以前知，故曰『察來』。顯謂百姓之日用至顯，而人所共見者，易則微之，使人敬慎而不敢慢。幽謂死生之說、鬼神之情狀至幽，而人所難見者，易則闡之，使人洞曉而無所疑。」〔註10〕「開而當名辨物，正言斷詞則備

〔註4〕蘇軾《東坡易傳》卷八《繫辭傳下》。
〔註5〕按：「於稽其類」疑衍。
〔註6〕季本《易學四同》卷六《繫辭下傳》：「自漢以後，率以『雜而不越』為句，惟龍氏仁夫連『於稽其類』為一句，於義為長。」
〔註7〕季本《易學四同》卷六《繫辭下傳》：

　　事類盡於陰陽，考之所以合於理之一也。蓋聖人非欲多言也，但以殷末以來，人心滋偽，世道衰矣，不得已而有言，故曰「衰世之意」。

〔註8〕此一節見季本《易學四同》卷六《繫辭下傳》。早見胡一桂《易本義附錄纂疏·周易繫辭下傳第八》。
〔註9〕「卦爻」，四庫本小字注「關」。
〔註10〕出姜寶《周易傳義補疑》卷十一《繫辭下傳》，稱：「此解徐幾氏、俞琰氏互有可取，今擇其可者合為解如左。」

　　按：進齋徐氏之說，見胡一桂《易本義附錄纂疏·周易繫辭下傳第八》、董真卿《周易會通·周易經傳集程朱解附錄纂註卷第十三·繫辭下傳》、胡廣《周易大全》卷二十三《繫辭下傳》：

矣。」〔註11〕

「蘇氏曰：『道之大全，未始有名，而易實開之。賦之以名，以名為不足而取諸物以寓其意，以物為不足而正言之，以言為不足而斷之以辭，則備以〔註12〕。言者，辭之約者也；辭者，言之幽〔註13〕者也。斷辭即象辭也。』〔註14〕或曰：『辨物、正言、斷辭，後天之易也，視先天則為備矣。』〔註15〕」〔註16〕

其稱名雖若甚小，其取類則為甚大。其旨遠，使人思而得之；其詞文，使人玩而悟之。其言致曲而後中於道，其事閎肆而其實本於隱。皆因其疑貳不決，恐懼勿入之時，以濟民行，以明得失之必報。明於天理之報，則吉凶之動貞夫一，而奚貳之有？曰濟者，出之陷溺之危而措之〔註17〕安吉之地也。此其所以為衰世之意耶？

孔《疏》：「往事必載，來事豫占，彰往察來也。易之論說，其初微之事，至其終末顯著也；初時幽闇，以至終末闡明也。以體言之，則云『微顯』；以理言之，則云『闡幽』。『開而當名』者，開釋卦爻之義，使當所象之名，若乾卦當龍、坤卦當馬之類是也。『辨物正言』者，若辨健物，正言其龍；若辨順物，正言其馬。開而當名，辨物正言，凡此二事，決斷於卦爻之辭，則備具矣。若『豕負塗』、『噬腊肉』之屬，是以一小物比喻大事也。若近言龍戰，遠明陰陽翽爭、聖人變革，其旨遠也。不直言得中居職，乃云『黃裳元吉』，其辭文也。變化無常，不可為體例。其言隨物屈曲，而各中其理也。《易》之所載之事，其辭放肆顯露，而所論義理深而幽隱也。『因貳以濟民行』者，欲使趨吉避凶，行善不行惡也。『以明失得之報』者，失則報之以凶，得則報之以吉

往謂陰陽消長，剛柔變化，卦爻所藏者，易皆著而明之，故曰「彰往」。來謂吉凶未定，事之方來者，占筮中所告，可以前知，故曰「察來」。顯者微之，使求其原，故曰「微顯」。幽者闡之，使見其端，故曰「闡幽」。

俞氏之說，見俞琰《周易集說》卷三十四《繫辭下傳三》：

往謂既往之事，人所不明者，易能彰之。來謂方來之事，人所未知者，易能察之。顯謂百姓之日用至顯，而人所共見者，易則微之，而使人敬慎而不敢慢。幽謂死生之說、鬼神之情狀至幽，而人所難見者，易則闡之而使人洞曉而無所疑。

〔註11〕按：此句疑衍。
〔註12〕「以」，《東坡易傳》、《周易象旨決錄》作「矣」。
〔註13〕「幽」，《東坡易傳》作「悉」。
〔註14〕蘇軾《東坡易傳》卷八《繫辭傳下》。
〔註15〕胡炳文《周易本義通釋》卷六《繫辭下傳》之說。
〔註16〕熊過《周易象旨決錄》卷六《繫辭》。
〔註17〕「而措之」，四庫本小字注「闕」。

也。」〔註18〕

質卿曰：「古之為民者一，今之為民者二。一則渾以樸，而民心不惑於多岐；二則眩以疑，而是非多昧於兩可。此衰世之意，聖人之所憂也。以為民既二矣，則趨避必惑，民行將何以濟？民行二矣，則得失必迷，其報豈可以不明？故稱名於雜而稽類於同，要以明得失之報。此報一明，則疑於行者明；徵於辭，二於心者會歸於一，聖人之為世道至矣。」

君子脩身，治行得失之間，寸心自知，何必言報？至於言報，而世事可知矣。報明而猶然不信，至有前因後果之報，累萬言而不盡，聖人之心戚矣！戚矣！

《易》之興也，其於中古乎？作《易》者，其有憂患乎？

述曰：易之爻、卦之象，則在上古伏羲之時，但其時理尚質素，聖道凝寂，直觀其象，足以垂教矣。中古之時，事漸澆浮，非象可以為教，故卦爻之辭起於中古。「作《易》者，其有憂患乎？」若無憂患，何思何慮，不須營作。身既憂患，須垂法以示於後，以防憂患之事，故繫之以文辭，明其失得與吉凶也。〔註19〕

〔註18〕節略並合而成，孔《疏》原文曰：

「夫易彰往而察來」者，往事必載，是「彰往」也；來事豫占，是「察來」也。「而微顯闡幽」者，闡，明也。謂微而之顯，幽而闡明也。言《易》之所說，論其初微之事，以至其終末顯著也；論其初時幽闇，以至終末闡明也。皆從微以至顯，從幽以至明。觀其《易》辭，是微而幽闇也；演其義理，則顯見著明也。以體言之，則云「微顯」也；以理言之，則云「闡幽」，其義一也，但以體以理，故別言之。「開而當名」者，謂開釋爻卦之義，使各當所象之名，若乾卦當龍，坤卦當馬也。「辨物正言」者，謂辨天下之物，各以類正定言之。若辨健物，正言其龍；若辨順物，正言其馬，是辨物正言也。「斷辭則備矣」者，言開而當名，及辨物正言，凡此二事，決斷於爻卦之辭，則備具矣。「其稱名也小」者，言《易》辭所稱物名多細小，若「見豕負塗」、「噬腊肉」之屬，是其辭碎小也。「其取類也大」者，言雖是小物，而比喻大事，是所取義類而廣大也。「其旨遠」者，近道此事，遠明彼事，是其旨意深。若「龍戰於野」，近言龍戰，乃遠明陰陽鬥爭、聖人變革，是其旨遠也。「其辭文」者，不直言所論之事，乃以義理明之，是其辭文飾也。若「黃裳元吉」，不直言得中居職，乃云「黃裳」，是其辭文也。「其言曲而中」者，變化無恒，不可為體例，其言隨物屈曲，而各中其理也。其《易》之所載之事，其辭放肆顯露，而所論義理深而幽隱也。「因貳以濟民行」者，貳，二也，謂吉凶二理。言易因自然吉凶二理，以濟民之行也，欲令趨吉而避凶，行善而不行惡也。「以明失得之報」者，言易明人行失之與得所報應也。失則報之以凶，得則報之以吉，是明失得之報也。

〔註19〕此一節見魏了翁《周易要義》卷八《二十一易興於中古作易其有憂患謂周易》，稱「正義」，乃節錄《正義》之文。

蔡清曰：「當中古之時，世態日新，而作《易》者又身歷乎憂患之事，故其操心也危，慮患也深，而所以反身脩德者，自無所不用其至耳，故今《易》卦之中多是處憂患之事。」〔註20〕

是故履，德之基也；謙，德之柄也；復，德之本也；恒，德之固也；損，德之脩也；益，德之裕也；困，德之辨也；井，德之地也；巽，德之制也。

述曰：「履，德之基」，「基如築土之下基，積絫之所始也。履以立禮，故曰基」〔註21〕。蘇氏曰：「基者，厚下者自全也。」〔註22〕「謙，德之柄」，《說卦傳》「坤為柄」，解「有形可執」〔註23〕，又謂「勤於造事而不名其功」〔註24〕，得之矣。歐陽南野〔註25〕曰：「謙所以持踐履之志於不墜，而為之柄也。」「復，德之本」，「本，物生之根也」〔註26〕。「復者，陽之始生。乾之元，善之端，人心發見之初。」〔註27〕養德自此始，故曰本。「恒，德之固」，「固，固守而不變也。恒主不易方，故曰固」〔註28〕。龔深甫曰：「復者，覆命知常也。固者，物莫能傾也。」〔註29〕「損，德之脩」，「脩謂治其惡；損，懲忿窒慾，所以脩身」〔註30〕。「益，德之裕」，「裕謂充長善端有餘裕也。益遷善改過以益其善」〔註31〕。「困，德之辨」，「困致命遂志而心識開明，故曰辨」〔註32〕，辨於心也。龔氏曰：「以困則異於尚口之窮也。」〔註33〕「井，德之地」，

〔註20〕蔡清《易經蒙引》卷十一下《繫辭下傳》。

〔註21〕季本《易學四同》卷六《繫辭下傳》。

〔註22〕蘇軾《東坡易傳》卷八《繫辭傳下》。

〔註23〕「有形可執，故為柄」，胡一桂《易本義附錄纂疏·周易說卦傳第十》稱「蔡氏曰」，胡廣《周易大全》卷二十四《說卦傳》稱「進齋徐氏曰」。

〔註24〕董真卿《周易會通·周易經傳程朱解附錄纂註卷十四·說卦傳》、胡廣《周易大全》卷二十四《說卦傳》引息齋余氏之說：「柄也者，勤於造事而不名其功者歟？」

〔註25〕（明）焦竑《國史經籍志》卷五集類著錄歐陽德《南野集》三十卷。

另，（明）亢思謙《慎修堂集》卷十六《明資善大夫禮部尚書兼翰林學士贈太子少保諡文莊南野歐陽公墓誌銘代作》、（明）雷禮《鐔墟堂摘稿》卷十六《大宗伯歐陽文莊行狀》可考其生平。

〔註26〕季本《易學四同》卷六《繫辭下傳》。

〔註27〕項安世《周易玩辭》卷十四《繫辭下·初陳》。

〔註28〕季本《易學四同》卷六《繫辭下傳》。

〔註29〕李衡《周易義海撮要》卷八《繫辭下》。

〔註30〕季本《易學四同》卷六《繫辭下傳》。

〔註31〕季本《易學四同》卷六《繫辭下傳》。

〔註32〕季本《易學四同》卷六《繫辭下傳》。

〔註33〕李衡《周易義海撮要》卷八《繫辭下》：「困則異乎尚口，乃窮也。」

「井，無喪無得」，動靜常定，廣博之澤所由出，故曰地。「巽，德之制」，「制，裁制之宜」〔註34〕。陸氏曰：「有為者常順時制宜，不順時制宜者一方一曲之士，非成德之事也。順時制宜非隨俗合污，如禹、稷、顏子是已。故曰『巽，德之制也』。」〔註35〕

履，和而至。謙，尊而光。復，小而辨於物。恒，雜而不厭。損，先難而後易。益，長裕而不設。困，窮而通。井，居其所而遷。巽，稱而隱。

　　述曰：「『履，和而至』，履以兌柔應在上乾剛，故龔深甫說『和為能說，至為應乾而亨』。」〔註36〕「謙之成卦在九三，以剛下人，上承下綏，眾皆歸之，故尊而光。」〔註37〕「復，小而辨於物」，小者，幾微之謂；「微而辨之，不遠復也」〔註38〕。朱子以「復陽微而不亂於群陰，恒雜而不厭」〔註39〕。人之生動，用酬酢事變非一，人情於此多生厭惡，是「不恒其德」者也。能恒者，風雷交變而立不易方。「損，先難而後易」，「忿欲之害性，損之為難覺而宜焉，是即性也，何難之有？」〔註40〕「益，長裕而不設」，鄭氏曰：「自生也而無益生之祥，自長也而無助長之害，自成也而無勸成之害。長而至於裕，其益孰御焉，豈以飾為事哉？」〔註41〕陸子曰：「設者，侈張也。」〔註42〕不設則無侈張不誠之意，乃所以為益也。「困，窮而通窮」，則反本而德慧術知出焉，所謂通也。「井，居其所而遷」，井不動而養徧於人。陸子曰：「君子不以道殉人，故曰『居其所』。而博施濟眾無有不及，故曰『遷』。」〔註43〕「巽，稱而隱」，巽為權，故能稱隱者。委曲善入而不露形跡，所以為德之制。

　　彭山曰：「小者，事之微。物者，幾之動。復於微小之幾而能辨，則理為主也。雜者，事之繁。厭者，心之擾。恒於繁雜之事而不厭，則心有常

〔註34〕季本《易學四同》卷六《繫辭下傳》。
〔註35〕陸九淵《象山集》卷三十四《語錄上》。
〔註36〕熊過《周易象旨決錄》卷六《繫辭》。
　　　　按：龔原《周易新講義》卷九《繫辭下》：「履者，以柔履剛而能說，故曰和；說而應乎乾則亨，故曰至。此禮之用和為貴也。」
〔註37〕龔原《周易新講義》卷九《繫辭下》。
〔註38〕韓《注》。
〔註39〕朱熹《周易本義・周易繫辭下傳第六》：「謙以自卑，而尊且光，復陽微而不亂於群，陰恒處雜而常德不厭。」
〔註40〕李衡《周易義海撮要》卷八《繫辭下》，注「鄭」。
〔註41〕李衡《周易義海撮要》卷八《繫辭下》。
〔註42〕陸九淵《象山集》卷三十四《語錄上》。
〔註43〕陸九淵《象山集》卷三十四《語錄上》。

也。」〔註44〕

損以去惡，用力為難，先其所難，以待其自得，不計功也，故曰「後易」。後易猶言後獲也。益以長善，改過為大，日新不已，以求其自裕，不急用也，故曰「不設」。不設猶言無所設施也。〔註45〕

履以和行，謙以制禮，復以自知，恒以一德，損以遠害，益以興利，困以寡怨，井以辨義，巽以行權。

述曰：「履以柔履剛，以說應乾，故以和行則不至於不可行。謙『稱物平施』，故以制禮，則不至於失節。」〔註46〕「『復以自知』，心獨覺而不蔽也。『恒以一德』，心不貳而能久也。」〔註47〕「損以遠害」，損其害於德者。「益以興利」，益其利於德者。「寡怨」，困而心亨之驗也。困以剛中為體，自得於心，而怨尤之意消。「辨義」，井養不窮之用也。井以上出為功，不尸其用，而利物之義明。「巽以行權」，「權者，稱錘前卻無定，以等物之輕重而取衡之平時中是也」〔註48〕。

《象旨》：「九卦之陳，《履》、《謙》、《復》、《恒》、《損》、《益》，所以豫其內；《困》、《井》、《巽》，所以利於外。基言乎其立之位，本言乎其養之始，地言乎其行之處。若曰無入而不自得云耳。陸子靜言於鵝湖。其意又曰：『《復》而先以《謙》、《履》，蓋《履》上天下澤而人居其中，先辨一身所以舉錯動作之由。謙以自持，使精神收聚於內，則此心斯可得而復。本心既復，謹始克終，以得其常，而至於堅固，私欲日以消磨而為損，天理日以澄瑩而為益。雖涉危陷險，所遭多至於困，而此心卓然不動，然後於道有左右逢原。蓋至此則順理而行，無纖毫透漏，如巽風之散，無往不入。』〔註49〕此以其義言之。三陳皆

〔註44〕季本《易學四同》卷六《繫辭下傳》。

〔註45〕此一節見季本《易學四同》卷六《繫辭下傳》。

〔註46〕龔原之說，見李衡《周易義海撮要》卷八《繫辭下》。

〔註47〕季本《易學四同》卷六《繫辭下傳》。

〔註48〕吳澄《易纂言》卷八《繫辭下傳》。季本《易學四同》卷六《繫辭下傳》引之而不言。

〔註49〕陸九淵《象山集》卷三十六《年譜》：

鄒斌俊父錄云：「朱、呂二公話及九卦之序，先生因亹亹言之，大畧謂復是本心，復處如何列在第三卦而先之以履與謙。蓋履之為卦，上天下澤，人生斯世，須先辨得俯仰乎天地而有此一身，以達於所履。其所履有得有失，又繫於謙與不謙之分，謙則精神渾收聚於內，不謙則精神渾流散於外。惟能辨得吾一身所以在天地間，舉錯動作之由，而欲藏其精神，使之在內而不在外，則此心斯可得而復矣。次之以常固，又次之以損益，又次之以困，蓋本心既復，謹

有辨。《困》之辨，辨於已；《復》之辨，辨於幾；《井》，人己之間，兩極其辨。
三陳九卦，初德，次體，次用。」〔註50〕

《易》之為書也不可遠，為道也屢遷。變動不居，周流六虛，上下無常，剛柔相易，不可為典要，唯變所適。

述曰：「《易》之為書不可遠」，遠謂遠於心也，近則在心矣。其為道也，
法象陰陽，數數遷改，〔註51〕而不滯於物，故曰「屢遷」。「上下以位言，剛柔
以爻言。上下無常，以剛柔之互相易耳。」〔註52〕「典猶冊之有典，要猶體之
有要。」〔註53〕「此謂有常也，變則無常矣。易道之屢遷〔註54〕如此，然實具
於心不可遠也。『不居』猶不止也。『六虛』，六位也。位未有爻曰虛。卦雖六
位，而剛柔爻畫往來如寄，非實有也，故以虛言。其屢遷無常，不可為典要，

始克終，曾不少廢，以得其常，而至於堅固。私欲日以消磨而為損，天理日以
澄瑩而為益，雖涉危蹈險，所遭多至於困，而此心卓然不動，然後於道有得，
左右逢其原。如鑿井取泉，處處皆足。蓋至於此，則順理而行無纖毫透漏，如
巽風之散，無往不入。」

〔註50〕 熊過《周易象旨決錄》卷六《繫辭》。
　　　　其後一部分，《周易象旨決錄》曰：
　　　　三陳皆有辨。項氏《玩辭》曰：「《困》之辨，辨於己；《復》之辨，辨於
物；《井》，人己之間，兩極其辨也。」《學齋佔畢》：「三陳九卦，初德，次體，
次用。」蓋本括蒼龔氏之遺，而龔說又原於《九家易》也。何子元獨謂始史繩
祖，殆亦未考耳。
　　　　按：項安世《周易玩辭》卷十四《繫辭下·三陳》：
　　　　三陳之中，皆有「辨」字。其一曰「困德之辨」，辨於己也；其二曰「復
小而辨於物」，辨於人也；其三曰「井以辨義」，人己之間，兩極其辨也。
　　　　史繩祖《學齋佔畢》卷三《三陳九卦》：
　　　　今推言之，自「履德之基」至「巽德之制」，皆以「之」字發明其德，此
初陳也。自「履和而至」至「巽稱而隱」，皆以「而」字發九德之體，此再陳
也。自「履以和行」至「巽以行權」，皆以「以」字發九德之用，此三陳也。
　　　　龔原《周易新講義》卷九《繫辭下》：
　　　　蓋卦有德則有體，有體則有用，故三言之。「履德之基」，以德言也；「履
和而至」，以體言也；自「履以和行」，以用言也。
　　　　李鼎祚《周易集解》卷十六《繫辭下傳》：「《九家易》曰：『故先陳其德，
中言其性，後敘其用以詳之也。』」
〔註51〕 孔《疏》：「『其為道也屢遷』者，屢，數也，言易之為道，皆法象陰陽，數數
遷改。」
〔註52〕 季本《易學四同》卷六《繫辭下傳》。
〔註53〕 李衡《周易義海撮要》卷八《繫辭下》，注「鄭」。熊過《周易象旨決錄》卷六
《繫辭》引之而不言。
〔註54〕 「屢遷」，《易學四同》作「大見於遠者」。

惟變所適而已。」〔註55〕

其出入以度，外內使知懼。又明於憂患與故，無有師保，如臨父母。

述曰：「『其』指易道也。」〔註56〕「其出入」云者，以卦內外體言，「出自內卦而往外也，入自外卦而來內也」〔註57〕。卦畫之出入，內外各有其度，所以使人知懼。「『知懼』，謂獨知之地，戒謹恐懼也。『使』謂神幾自動，若或使之也。」〔註58〕又「辨其凶、咎、眚、災、傷、嗟、惕、厲之所自來」〔註59〕，曉然明於憂患與所以致憂患之故，無有師保而嚴憚之，得失之〔註60〕報也，如父母親臨而愛敬之，見聖人之情也。蔡氏曰：「此言《易》書之不可遠也。」〔註61〕

韓康伯曰：「明出入之度，使物知外內之戒也。出入猶行藏，外內猶隱顯。遯以遠時為吉，豐以幽隱致凶，漸以高顯為美，明夷以處昧利貞，此外內之戒也。」

彭山曰：「師者，教之道；保者，保其躬也。此以禮法繩於外者。言『臨父母』，以敬愛本於天性者言，以明知懼之心乃道之自然，不能已者，非生於外之嚴憚也。」〔註62〕

初率其辭，而揆其方，既有典常。苟非其人，道不虛行。

述曰：「辭」，象、爻之辭。「初率其辭，而揆其方」，道雖不可為典要，而辭之所指則見端而知末，觀旨而知歸，亦「既有典常」，為可守矣。此得之於《易》書也，而《易》之行則待於懼以終始之人。〔註63〕項氏曰：「所命之辭，

〔註55〕季本《易學四同》卷六《繫辭下傳》。
〔註56〕季本《易學四同》卷六《繫辭下傳》。
〔註57〕熊過《周易象旨決錄》卷六《繫辭》。按：朱震《漢上易傳》卷八《繫辭下傳》：「出者，自內之外往也。入者，自外之內來也。」
〔註58〕季本《易學四同》卷六《繫辭下傳》。
〔註59〕項安世《周易玩辭》卷十四《繫辭下·易不可遠章第七》。
〔註60〕「之」，四庫本小字注「闕」。
〔註61〕胡廣《周易大全》卷二十三《繫辭下傳》、季本《易學四同》卷六《繫辭下傳》。熊過《周易象旨決錄》卷六《繫辭》引之而不言。
〔註62〕季本《易學四同》卷六《繫辭下傳》。
〔註63〕董真卿《周易會通·周易經傳集程朱解附錄纂註卷十三·繫辭下傳》、胡廣《周易大全》卷二十三《繫辭下傳》、季本《易學四同》卷六《繫辭下傳》：
凌氏曰：「率其辭之所指，而揆其方之所向，則其道雖不可為典要，而其書則有典常可循也。然非得其人，亦何以行之哉？」
按：與此所論相近。

隨道而立，周旋曲折，皆有定向。然非誠敬率理之人，不能信受而曲從也。方其率之也，則謂之辭；及其行之也，則謂之道。辭之所指，即道之所遷也。人能循其不可遠之理，則屢遷之道何有不得哉？」〔註64〕

　　楊氏曰：「此章言易道之用存乎變，易道之體存乎常，易道之行存乎人。仲尼曰：『《易》之為書也不可遠』，言不可遠求也。君臣、父子、視聽、言動、治亂、安危、取捨、進退俱載於《易》，人遠求之則涉於渺茫，非聖人作《易》意也。故曰『《易》之為書也不可遠』。易之道存乎變，是故屢遷而不居，周流而無間。《乾》之初九忽上而居於《坤》之上六，於是《坤》變而為《剝》。《坤》之上六忽下而居《乾》之初九，於是《乾》變而為《姤》。此易之變『上下無常』者也。乾之一陽與坤之一陰相易而震生焉，坤之一陰與乾之一陽相易而巽生焉。此易之變『剛柔相易』也。是皆不可拘之以典常，繩之以要約，惟變所適，誰得而御之者？然易之道有體有用，其變而無常者，用也；其常而不變者，體也。君子之學《易》，能通其變而得其常，極其用而執其體。易道之體安在哉？曰敬而已。《乾》曰『夕惕若』，敬也；《坤》曰『敬以直內』，敬也。易之道千變萬化，而歸於一敬。學易而本一敬，則出入起居非度不由，外內屋漏惟懼是知。以此應世，則遇憂患而自明，遇世故而自達。以此謹獨，則無師保而自律，遠父母而自嚴。君子何修何飾而臻此哉？其初率循乎《易》之辭而不敢違，揆度乎道之方而不敢離，玩味於變動不居之中，探索其典常不變之要，躬而行之，執而有之，則易之道為吾有矣。故曰『苟非其人，道不虛行』。」〔註65〕

〔註64〕項安世《周易玩辭》卷十四《繫辭下・易不可遠章第七》。「何有不得哉」，《周易玩辭》作「得矣」。

〔註65〕楊萬里《誠齋易傳》卷十八《繫辭下》，原曰：

　　　此章言易道之用存乎變，易道之體存乎常，易道之行存乎人。……君臣父子無非易也，視聽言動無非易也，治亂安危無非易也，取捨進退無非易也。魚離水則死，人遠易則凶。仲尼曰：《易》之為書也不可遠」，此之謂也。非《易》書之不可遠也，《易》書之道不可遠也。易之道安在哉？曰敬而已。是故屢遷而不居，周流而無間。《乾》之初九忽上而居於《坤》之上六，於是《坤》變而為《剝》。《坤》之上六忽下而居於《乾》之初九，於是《乾》變而為《姤》。此易之變「上下無常」者也。乾之一陽與坤之一陰相易而震生焉，以坤之一陰與乾之一陽相易而巽生焉。此易之變「剛柔相易」者也。是皆不可拘之以典常，繩之以要約也。唯變之所適，誰得而御之者？故曰「易道之用存乎變」。然易之道有體有用，其變而無常者，用也；其常而不變者，體也。君子之學易，能通其變而得其常，極其用而執其體，是可謂善學易之書而深明易之辭，力行易之道者矣。易道之體安在哉？曰敬而已矣。《乾》曰「夕惕若」，敬也。《坤》曰「敬以直內」，敬也。易之道千變萬化而肆於一敬，大哉敬乎！……學易而

《易》之為書也，原始要終以為質也。六爻相雜，唯其時物也。其初難知，其上易知，本末也。初辭擬之，卒成之終。

　　述曰：徐幾曰：「『質』謂卦體。『時』謂六位之時。『物』謂陰陽二物也。原其事之始，要其事之終，以為一卦之本質。卦有六爻，剛柔錯雜，隨其時，辨其物，言卦雖有全體，而爻亦無定用也。」〔註66〕「『初』者，本之所由始。事未有形，非知幾不能擬其象，故難知。『上』者，末之所由終。在事已成功之後而易知。」〔註67〕故初辭則費於擬議，卒則決以成其終而已。

　　崔憬曰：「質，體也。言《易》之書，原窮其事之初，若『初九：潛龍勿用』是『原始』也；又要會其事之末，若『上九：亢龍有悔』是『要終』也。《易》原始潛龍之勿用，要終亢龍之有悔，反〔註68〕復相明以為體也。諸卦亦然，若大畜而後通之類是也。」〔註69〕

　　侯果曰：「失在初微，猶可擬議而之福。過在卒成，事之終極，非擬議所及，故曰『卒成之終』。」〔註70〕

若夫雜物撰德，辨是與非，則非其中爻不備。

　　述曰：「漢上〔註71〕指『初難知』以下言初、上二爻，『雜物』以下皆言中四爻。〔註72〕二至四、三至五兩體交互，各成一卦，為互體。德謂卦德。撰，鄭作『籑』，云數也。二卦固各有德，自其中四爻之陰陽雜而互之，又成

　　　得乎敬之一字，則出入起居非度不由，外內屋漏惟懼是知。……以此應世，則遇憂患而自明，遇世故而自達。以此謹獨，則無師保而自律，遠父母而自嚴。君子何備何飾而臻此哉？其初率循乎易之辭而不敢違，揆度乎道之方而不敢離。既於變動不居之中，探索其典常不變之要在此而不在彼，於是執而有之，躬而行之，故易之道為實用，不為虛言矣。故仲尼稱之曰：「苟非其人，道不虛行。」

〔註66〕董真卿《周易會通・周易經傳集程朱解附錄纂註卷十三・繫辭下傳》、胡廣《周易大全》卷二十三《繫辭下傳》。

〔註67〕季本《易學四同》卷六《繫辭下傳》：

　　　「初」者，本之所由始也。「上」者，末之所由終也。……初者，事之始；上者，事之終。初當事未有形，非知幾不能擬其象，故難知。上在事已成功之後，無所用力之地，但以无事處之而已，故易知。

〔註68〕「反」，《周易集解》無。

〔註69〕李鼎祚《周易集解》卷十六《繫辭下傳》。

〔註70〕李鼎祚《周易集解》卷十六《繫辭下傳》。

〔註71〕按：朱震《漢上易傳》未見此語，實為朱熹《周易本義・周易繫辭下傳第六》之說。

〔註72〕《周易象旨決錄》此處原有「鄭云」。

兩卦，是別等其德也。初德之是非未見，上德之是非己定，故以中四爻辨之也。」〔註73〕

《紀聞》曰：「『初者，有始之謂。上者，有終之謂。言初言上，卦之首尾可見也。』〔註74〕『卦分兩體，以象言只是兩象，以人言只是兩人。六〔註75〕分六爻，以象言則分為六象，以人言則分為六人。與卦體全不同矣。』〔註76〕卦立而初四、二五、三上為相應之位，初四、三上為偏，二五為中。上下二體至是始著。『惟其時之不同，而其事物亦異。如乾之取龍，一物也，或躍或飛之不同者，時也。如漸之取鴻，亦一物也，於幹於木之不同者，亦時也。』〔註77〕『是非者，當位不當位、中不中、正不正也。內外卦既足以示人矣，復自其互體而辨之，則是是非非益可見焉。』〔註78〕」〔註79〕

蔡清曰：「以互體論，『雜物撰德』者，曰如震下坎上，其體如屯雜，而撰之自二至四，互坤也，其物為地，有順之德焉；自三至五互艮也，其物為山，有止之德焉。互陽位也，而以陽居之，則當位而吉，固可辨其是。互陰位也，而以陰居之，則不當位而凶，亦可辨其非。」〔註80〕

噫！亦要存亡吉凶，則居可知矣。知者觀其彖辭，則思過半矣。

述曰：《象旨》：「『要』與『要終』之『要』同。崔憬謂『中四爻亦能要定卦中存亡吉凶之事』〔註81〕者是也。『辨是與非，原中爻之始也；要存亡吉凶，要中爻之終也。蓋有是非，則位之存亡、事之吉凶要之則可知矣。要者，得其要也。以辨是與非為要，則存亡吉凶居可知矣，言無待於動也。以象為要，則

〔註73〕 熊過《周易象旨決錄》卷六《繫辭》。
〔註74〕 胡一桂《周易本義啟蒙翼傳》下篇《卦分爻位之陰陽》。《讀易紀聞》引之而不言。
〔註75〕 「六」，《周易本義啟蒙翼傳》、《讀易紀聞》作「爻」。
〔註76〕 胡一桂《周易本義啟蒙翼傳》上篇《周公易》。《讀易紀聞》引之而不言。
〔註77〕 董真卿《周易會通‧周易經傳集程朱解附錄纂註卷十三‧繫辭下傳》、胡廣《周易大全》卷二十三《繫辭下傳》錄錢氏藻之說：

　　六爻相雜，唯其時之不同，而其事物亦異。如乾之取龍，一物也，或潛、或見、或躍、或飛之不同者，時也。如漸之取鴻，一物也，而於幹、於磐、於陸、於木之不同者，亦時也。

　　《讀易紀聞》本於此而不言。
〔註78〕 胡一桂《易本義附錄纂疏‧周易繫辭下傳第八》。《讀易紀聞》引之而不言。
〔註79〕 張獻翼《讀易紀聞》卷六《下傳第九章》。
〔註80〕 蔡清《易經蒙引》卷十一下《繫辭下傳》。
〔註81〕 李鼎祚《周易集解》卷十六《繫辭下傳》。

知者觀其彖辭而思過半矣，言無待於爻也。蓋所要者愈約，則所見者愈易矣。中爻者，六爻之要也；彖者，一卦之要也。」〔註82〕」〔註83〕

質卿曰：「『亦要存亡吉凶』，言中爻之辨是與非若是其備者，無非欲人之存其亡，吉其凶也。存不忘亡，安不忘危，易道以恐懼為本也。存亡吉凶，易之辭，而欲人存其亡、吉其凶者，則辭各指所之之意。故居則觀象玩辭，動則觀變玩占，此其要也，是以有吉利而無凶咎。」

韓康伯曰：「夫彖者，舉立象之統，論中爻之義，約以存博，簡以兼眾，雜物撰德而一以貫之。形之所宗者道，眾之所歸者一。其事彌繁則愈滯乎形，其理彌約則轉近乎道。彖之為義，存乎一也。一之為用，同乎道矣。形而上者，可以觀道。過半之益，不亦宜乎？」〔註84〕

二與四同功而異位，其善不同。二多譽，四多懼，近也。柔之為道，不利遠者。其要无咎，其用柔中也。三與五同功而異位，三多凶，五多功，貴賤之等也。其柔危，其剛勝邪？

述曰：《彖旨》：「仲虎曰：『雜物撰德指中爻互體，此論中爻本體。』〔註85〕崔憬曰：『二主士夫，佐於一國；四主公孤牧伯，佐於天子。皆有助理之功。三，諸侯。五，天子。同有理人之功，異位者。』〔註86〕韓康伯曰：『有內外也。』〔註87〕朱先生以『二四同陰位，三五同陽位』〔註88〕，疑與下『異位』之說相左矣。陰以降為用，而有待於陽，故以遠近等之。不成乎四，退而成乎二。〔註89〕陽以升為用，而無待於陰，故以貴賤等之。不成乎三，進而成乎五。〔註90〕譽、懼、凶、功，以異位言之。柔本不利遠，二遠而譽，要之无咎耳，非元吉也。其用柔中，明其无咎之故。柔危剛勝，專為五言。『邪』，疑辭。君德以剛為本，亦有柔中而吉者，然其功鮮矣。二與四、三與五皆同功異位，二

〔註82〕龔原《周易新講義》卷九《繫辭下》。《周易象旨決錄》引之而不言。
〔註83〕熊過《周易象旨決錄》卷六《繫辭》。
〔註84〕韓《注》。
〔註85〕胡炳文《周易本義通釋》卷六《繫辭下傳》。
〔註86〕李鼎祚《周易集解》卷十六《繫辭下傳》。
〔註87〕韓《注》。
〔註88〕朱熹《周易本義・周易繫辭下傳第六》：「『同功』謂皆陰位。……三五同陽位。」
〔註89〕胡炳文《周易本義通釋》卷六《繫辭下傳》：「陰以降為用，故不成乎四，退而成乎二。」
〔註90〕胡炳文《周易本義通釋》卷六《繫辭下傳》：「陽以升為用，故不成乎三，獨進而成乎五。」

四言其善不同而三五不言者，二四皆臣，可以比量；三五君臣之際，則稱君，不敢較也。」〔註91〕

潘夢旂曰：「三與五功同乎陽而位有貴賤之異，三以臣之賤而居下卦之上，故多凶；五以君之貴而居上體之中，故多功。然五君位也，柔居之則危，剛居之則能勝其事。故六居五多危，九居五多吉也。」〔註92〕

韓康伯曰：「三、五陽位，柔非其位，處之則危。居以剛健，則勝其任也。夫所貴剛者，閑邪存誠，動而不違其節者也。所貴柔者，含弘居中，順而不失其貞者也。若剛以犯物，則非剛之道；柔以卑佞，則非柔之義也。」〔註93〕

侯果曰：「三、五陽位，陰柔處之，則多凶危；剛正居之，則勝其任。言『邪』者，不定之辭也。或有柔居而吉者，得其時也；剛居而凶，私其應也。」〔註94〕

《易》之為書也，廣大悉備，有天道焉，有人道焉，有地道焉。兼三才而兩之，故六。六者非他也，三才之道也。道有變動，故曰爻。爻有等，故曰物。物相雜，故曰文。文不當，故吉凶生焉。

述曰：「三畫已具三才，重之故六。」〔註95〕言《易》書廣大，而天道、人道、地道悉具其中也。陸績曰：「天道有晝夜日月之變，地道有剛柔燥濕之變，人道有行止動靜善惡之變。聖人設爻以儌三者之變動，故謂之爻也。」〔註96〕乾陽物，坤陰物，古註以類釋等，謂爻有陰陽之類，〔註97〕易蓋陽貴陰賤，「以其有等也，『故曰物』。以〔註98〕云者，『物之不齊，物之情也。』〔註99〕」〔註100〕陽物入陰，陰物入陽，更相雜成六十四卦，乃有文章，「故曰文」。「若

〔註91〕熊過《周易象旨決錄》卷六《繫辭》。

〔註92〕董真卿《周易會通·周易經傳集程朱解附錄纂註卷十三·繫辭下傳》、胡廣《周易大全》卷二十三《繫辭下傳》。

〔註93〕韓《注》。

〔註94〕李鼎祚《周易集解》卷十六《繫辭下傳》。

〔註95〕朱熹《周易本義·周易繫辭下傳第六》。

〔註96〕李鼎祚《周易集解》卷十六《繫辭下傳》。

〔註97〕韓《注》：「等，類也。乾陽物也，坤陰物也。爻有陰陽之類，而後有剛柔之用，故曰『爻有等，故曰物』。」

　　　　熊過《周易象旨決錄》卷六《繫辭》：「《大傳》云：『乾陽物，坤陰物。』古註以類釋等，謂爻有陰陽之類。易蓋陽貴陰賤，猶物類有等。」

〔註98〕「以」，作「物」。

〔註99〕《孟子·滕文公上》。

〔註100〕葉良佩之說，見《周易義叢》卷十四《繫辭下傳》。

純一其色，則不為文矣。」〔註101〕「文既相雜，則必有當位與不當位者在焉。爻即九六之爻是也，位即初、二、三、四、五、上之虛位也。」〔註102〕「『不當為陽物居陰位，陰物居陽位。當位者多吉，不當位者多凶。』〔註103〕吉凶之生，正其變動之幾，所不能息者也。」〔註104〕

彭山曰：「天道、地道皆就人言。三、四，憂勤作用之時，故為人位。初與二則潛藏含蓄之時，故為地位。五與六則成就無為之時，故為天位。其實天地人一理也。」〔註105〕淮海曰：「知三者之為一物，聖人所以主靜，立人極而天地之道歸矣。」〔註106〕

干寶曰：「其辭為文也。動作云為。必考其事，令與事義相稱也。事不稱義，雖有吉凶，則非今日之吉凶也。故『元亨利貞』而穆姜以死，『黃裳元吉』而南蒯以敗，是所謂『文不當』也。故於經則有『君子吉，小人否』，於占則王相之氣，君子以遷官，小人以遇罪也。」〔註107〕

《易》之興也，其當殷之末世，周之盛德邪？當文王與紂之事邪？是故其辭危。危者使平，易者使傾。其道甚大，百物不廢。懼以終始，其要无咎，此之謂《易》之道也。

述曰：仲虎曰：「文王以憂患之心作《易》，『故其辭危』。危懼故安平，慢易故傾覆。易之道雖廣大悉備，不過使人懼以終始而已。懼以始者易，懼以終而猶始者難。《乾》第一卦而曰『君子終日乾乾，夕惕若，厲无咎』，此『懼以終始，其要无咎』之說也。」〔註108〕

韓康伯曰：「夫爻〔註109〕不當而吉凶生，則保其存者亡，不忘亡者存，有其治者亂，不忘危者安，懼以終始，歸于无咎，安危之所由，爻象之大體也。」〔註110〕「文王以盛德蒙難，而能亨其道，故稱文王之德，以明易之道

〔註101〕 蔡清《易經蒙引》卷十一下《繫辭下傳》。
〔註102〕 葉良佩之說，見《周易義叢》卷十四《繫辭下傳》。
〔註103〕 《易學四同》在句首稱「草廬吳氏謂」，原出吳澄《易纂言》卷八《繫辭下傳》。
〔註104〕 季本《易學四同》卷六《繫辭下傳》。
〔註105〕 季本《易學四同》卷六《繫辭下傳》。
〔註106〕 孫應鰲《淮海易談》卷二《无妄》。(《四庫全書存目叢書》經部第 7 冊，第 666 頁)
〔註107〕 李鼎祚《周易集解》卷十六《繫辭下傳》。
〔註108〕 胡廣《周易大全》卷二十三《繫辭下傳》。按：胡炳文《周易本義通釋》未見此語。
〔註109〕 「爻」，《周易正義》、《周易義海撮要》均作「文」。
〔註110〕 韓《注》解「其道甚大」數語。

也。」〔註111〕

　　邵寶曰:「『危者使平』孰使之?『易者使傾』孰使之?理如是而易言之,謂易之使之也亦宜。『百物不廢』,理無物而不存也。『懼以終始』,心無時而不存也。『无咎』者,用易之功。」〔註112〕

　　彭山曰:「『殷之末世』謂紂,『周之盛德』謂文王。『其辭危』謂當其時,人心陷溺,放逸為非,皆由不知天命之可畏,故特示以危厲之意,使人知所警而不蹈凶幾,非謂遇禍而始懼也。『使』者,天理之自然,若或使之也。其心危懼,則天理必使之平康。其心忽易,則天理必使之傾覆。蓋有不得不危者,此其辭危之意也。故易道之大,百物之理悉具於中,無一廢者。而所以盡此道者,唯在知懼之心始終如一,要其終于无咎而已。則易道之大在心,而不必遠求矣。」〔註113〕

夫乾,天下之至健也,德行恒易以知險。夫坤,天下之至順也,德行恒簡以知阻。能說諸心,能研諸侯之慮,定天下之吉凶,成天下之亹亹者。

　　述曰:彭山曰:「健之極而不見有健之跡謂之至健,順之極而不見有順之跡謂之至順。恒者,久而不已也。險,危懼不安之意。阻,退避不進之意。知險者險之,知乾之所以兢兢也。知阻者阻之,知坤之所以抑抑也。此言乾坤之德。朱子以知險阻專為處憂患而發,故謂險為自高臨下之地,阻為自下趨上之地。〔註114〕而不知險、阻二字皆以德言也。」〔註115〕若乾不知險,其為易也不能恒;坤不知阻,其為簡也不能恒。不能恒易恒簡,則亦非健順之至矣。

　　「說者,理說於心,言好德之切也。研者,幾研於慮,言覈理之精也。」〔註116〕聖人體易簡之德,故能道占者之心而使之說,能因占者之慮而使之研,「以定天下之吉凶,成天下之亹亹」。定吉凶是剖判得這事,成亹亹是做得這

〔註111〕韓《注》解「當文王與紂之事邪」。
〔註112〕邵寶《簡端錄》卷三《易》。
〔註113〕季本《易學四同》卷六《繫辭下傳》。
〔註114〕朱熹《周易本義·周易文言傳第七》:
　　　　至健則所行無難,故易。至順則所行不煩,故簡。然其於事,皆有以知其難,而不敢易以處之,是以其有憂患。則健者如自高臨下而知其險,順者如自下趨上而知其阻。蓋雖易而能知險,則不陷於險矣;既簡而又知阻,則不困於阻矣。所以能危能懼,而無易者之傾也。
〔註115〕季本《易學四同》卷六《繫辭下傳》。
〔註116〕季本《易學四同》卷六《繫辭下傳》。

事業。胡氏曰：「定吉凶於卦爻之中，使人勉勉從善，而不陷於邪佞也。」〔註117〕「此章之意，專為定民吉凶而發。朱子以乾、坤分配說心、研慮，而又以說心、研慮分配定吉凶、成亹亹者，〔註118〕則太支離矣。」〔註119〕

金賁亨曰：「乾知險，若《需》『剛健不陷』之類也；坤知阻，若《剝》『順而止』之之類也。『知險』、『知阻』，即上章『懼以終始』之意。」〔註120〕

朱氏曰：「乾健而為萬物先，莫或御之，故其德行恒易。坤順以從乾，無二適也，其德行恒簡。以易也，故知險之為難；以簡也，故知阻之為疑。簡生於易，阻生於險。簡易也，故能悅諸心；知險阻也，故能研諸慮。簡易者，我心之所固有，反而得之，能無悅乎？以我所有，慮其不然，能無研乎？天下之吉凶藏於無形，至難定也。天下之亹亹來而不已，至難成也。定之成之者，簡易而已。」〔註121〕

是故變化云為，吉事有祥。象事知器，占事知來。

述曰：「變化即乾坤闔闢往來之變化。」〔註122〕變化顯設於人心，則「云為」也。人心應感至神，言雲行為無停機，無滯跡，如天道闔闢往來變化之自然，此幾也。善之先見而為吉端者，故言吉。事有祥，「祥未有形而已見於心，故謂之象。象之所見即事也，事之所成為器，故云『象事知器』。占者因象而占驗吉凶，謂之占事。所占之事即象事也。」〔註123〕「『象事知器』，不筮而知也。『占事知來』，筮而知也。」〔註124〕蘇氏曰：「此言易簡者無不知也。」〔註125〕

天地設位，聖人成能。人謀鬼謀，百姓與能。

述曰：彭山曰：「天地設位，則乾坤變化而見吉凶者，天地之能也，但不

〔註117〕 李衡《周易義海撮要》卷八《繫辭下傳》，注「胡」。葉良佩《周易義叢》卷十四《繫辭下傳》，注「胡巽之」。

〔註118〕 朱熹《周易本義・周易文言傳第七》：
「說諸心」者，心與理會，乾之事也。「研諸慮」者，理因慮審，坤之事也。「說諸心」，故有以定吉凶；「研諸慮」，故有以成亹亹。

〔註119〕 季本《易學四同》卷六《繫辭下傳》。

〔註120〕 金賁亨《學易記》卷五《下傳》。

〔註121〕 朱震《漢上易傳》卷八《繫辭下傳》。

〔註122〕 季本《易學四同》卷六《繫辭下傳》。

〔註123〕 季本《易學四同》卷六《繫辭下傳》。

〔註124〕 邵寶《簡端錄》卷三《易》。

〔註125〕 蘇軾《東坡易傳》卷八《繫辭傳下》。熊過《周易象旨決錄》卷六《繫辭》引之。

能使天下之人皆定吉凶耳。聖人體乾坤之德而定之，是成其能也。人謀以聖人之設卜筮而定吉凶者言，鬼謀以天地之生神物而見吉凶者言。吉凶之幾乃人人之所同有，有以開之，則人人皆能趨吉避凶，就易簡之歸，而天下無事也，故曰『百姓與能』。」〔註126〕

仲虎曰：「天地有此理，不能以告人，聖人作為卜筮之書，明則謀諸人，幽則謀之鬼，百姓亦得以與其能。此聖人所以成天地之能也。聖人成天地所不能成之能，百姓得以與聖人所已成之能也。」〔註127〕

韓康伯曰：「人謀，凡議於眾以定得失也。鬼謀，凡寄卜筮以考吉凶也。不役思慮，而失得自明；不勞探討，而吉凶自著。類萬物之情，通幽深之故，故百姓與能，樂推而不厭也。」〔註128〕

項氏曰：「『云為』，即言動也，人之言動即易之變化，云為〔註129〕。自此以下四句，即《上繫》之四道也。『云為』即『尚其辭』、『尚其變』也，『象事』、『占事』即『尚其象』、『尚其占』也。精於『變化云為』，則知言動為〔註130〕，見吉之先，有擬議之功，無諂瀆之禍，故曰『吉事有祥』，即《中庸》所謂『至誠之道可以前知。見乎蓍龜，形乎動靜也』〔註131〕。此以辭與變體之於身也，即乾之知險也。精於觀象，則可以知製器之理，如上文十三卦之聖人是也。精於占卜，則可以知方來之事，如上文『無遠近幽深，遂知來物』是也。此以占與象措之於事也，即坤之知阻也。此二者聖人之知也。天下有自然之奇偶，而不與聖人同憂，聖人象其奇偶而文其用，以成作易之能事，此聖人能作於上者也。」〔註132〕

八卦以象告，爻彖以情言。剛柔雜居，而吉凶可見矣。

述曰：「上古觀之於象，可見後世非『爻彖以情言』不可也。」〔註133〕彭山曰：象謂畫爻。告，告人也。爻彖謂爻辭彖辭。」剛柔雜居，象之交錯。有得有失，有正有不正，而吉凶可見。爻彖可發，乃其情之所不能已耳。剛柔交錯即所謂變化，情即所謂險阻也。見聖人之繫辭皆本於卦畫自然之象，而以人

〔註126〕季本《易學四同》卷六《繫辭下傳》。
〔註127〕胡炳文《周易本義通釋》卷六《繫辭下傳》。
〔註128〕韓《注》。其中，兩「凡」，《周易正義》、《周易義海撮要》均作「況」。
〔註129〕「云為」，《周易玩辭》作「故曰變化云為」。
〔註130〕「知言動為」，《周易玩辭》作「知動之微」。
〔註131〕《中庸》：「至誠之道，可以前知。……見乎蓍龜，動乎四體。」
〔註132〕項安世《周易玩辭》卷十四《聖人之知能》。
〔註133〕胡炳文《周易本義通釋》卷六《繫辭下傳》。

情言，此百姓之所以與能也歟？〔註 134〕

變動以利言，吉凶以情遷。是故愛惡相攻而吉凶生，遠近相取而悔吝生，情偽相感而利害生。凡《易》之情，近而不相得則凶。或害之，悔且吝。

述曰：「『變動以利言』，謂爻之變動本欲人趨吉避凶而無不利。其有吉有凶之不同，則以情而遷。」〔註 135〕易蓋以爻詞明人情之險阻，必參之下四者而後知所以趨變動之利也。康伯曰：「泯然同順，何吉何凶？愛惡相攻，然後順逆者殊，故吉凶生也。」〔註 136〕蘇氏曰：「順其所愛，則謂之吉；犯其所惡，則謂之凶。夫我之所愛，彼之所甚惡，則我之所謂吉者，彼或以為凶矣。凡吉凶之紛紛者，生於愛惡之相攻也。」〔註 137〕「『相取』言相求也。」〔註 138〕「遠」謂兩體上下相隔，「『近』為比爻共聚」〔註 139〕。「非正應而以私情相求謂之相取。」〔註 140〕「取之不以理，故悔吝生矣。」〔註 141〕「情偽」，虞翻謂陽情陰偽。〔註 142〕以情實而相感者，己信而人皆信己，則利生焉；以虛偽而相感者，己不信而物莫能信，則害生焉。「相感」者，情之始交。「利害」，則吉凶悔吝之端也。「近謂比爻。易之情，剛柔相摩，變動相適者也。陽乘陰承，謂之相得。近而不相得，則必有乖違之患」〔註 143〕，而凶或害之。曰「或」，且然之詞，其不免於悔且吝必矣。「害之而悔，則趨於吉且利也。吝而不悔，則遂凶。聖人不得不以利言之，而使知遠害也，故曰『聖人之情

〔註 134〕糅合而成。季本《易學四同》卷六《繫辭下傳》：
　　象謂卦畫。告，告人也。爻象謂爻辭象辭。情說見下文。言亦告也。剛柔雜居，象之交錯，即前所謂變化也。爻象所以發其情，則吉凶乃其情之所不能已耳。見聖人之繫辭皆本於卦畫自然之象，而以人情言，此百姓之所以與能也歟？
　　另，胡瑗《周易口義》卷十二《繫辭下》：
　　言六爻之內有剛有柔，剛柔之位上下錯雜，有得有失，有正有不正，得於理者為吉，逆於理者為凶，吉凶之道自然可見矣。
〔註 135〕胡一桂《易本義附錄纂疏·周易文言傳第九》：
　　愚謂變動即上文爻有變動是已。「以利言」者，爻之變動本皆教人趨吉避凶而歸於利耳。然不免吉凶殊分者，由情而遷也。
〔註 136〕韓《注》。
〔註 137〕蘇軾《東坡易傳》卷八《繫辭傳下》。
〔註 138〕張獻翼《讀易紀聞》卷六《下繫第十二章》。
〔註 139〕孔《疏》。
〔註 140〕張獻翼《讀易紀聞》卷六《下繫第十二章》。
〔註 141〕孔《疏》。
〔註 142〕李鼎祚《周易集解》卷十六《繫辭下傳》：「虞翻曰：『情，陽。偽，陰也。』」
〔註 143〕孔《疏》。

見乎詞』。」〔註 144〕

　　徐幾曰：「易道變動，開物成務，以利言也。而卦爻之辭有吉有凶，其情之有所遷耳。『愛惡相攻』，如《訟》九四『不克訟，復即命』，以與初相愛也；《謙》六五『利用侵伐』，上六『利用行師』，以與九三相愛也；《同人》九三『伏戎於莽』，惡九五也，九五『大師克相遇』，惡三、四也。」〔註 145〕

　　「『遠近相取』，如《姤》九五『以杞包瓜』，上九『姤其角』，遠取初六也；《解》六三『負且乘』，近取二、四也；《豫》六三『盱豫』，近取九四也。」〔註 146〕

　　「『情偽相感』，如《中孚》九二『鶴鳴在陰』，以誠感乎五也；《屯》六四『求婚媾』，往以情感乎初也；《蒙》六三『見金夫，不有躬』，以偽感乎二也；《漸》九三『夫征不復，婦孕不育』，以偽感乎四也。」〔註 147〕「橫渠張子以情偽專人事〔註 148〕，則亦幾於析天人然者。『不恒』、『有孚』皆陰陽之實象實理，而獨指為人事，可乎？」〔註 149〕

　　「『利害』者，商略其事宜有利、有不利。『悔吝』則有跡矣。『吉凶』則其成也。『相感』者，情之始交，故以『利害』言之。『相取』則有事矣，故以『悔吝』言之。『相攻』則其事極矣，故以『吉凶』言之。」〔註 150〕《象旨》：「凡爻居皆有遠近，其行皆有情偽，其情皆有愛惡也。然近不相得則惡相攻而凶生，偽相感而害生，近相取而悔吝生，尤為易見。反以三隅，則遠而為應。及一卦主爻亦必備此三條，不獨比爻矣。」〔註 151〕

〔註 144〕朱震《漢上易傳》卷八《繫辭下傳》。

〔註 145〕胡一桂《易本義附錄纂疏·周易繫辭下傳第八》、董真卿《周易會通·周易經傳集程朱解附錄纂註卷十三·繫辭下傳》、胡廣《周易大全》卷二十三《繫辭下傳》。

〔註 146〕徐幾之說，當接上一則。

〔註 147〕徐幾之說，當接上一則。

〔註 148〕張載《橫渠易說·繫辭下》：「《易》言『情偽相感而利害生』，則是專以人事言。」

〔註 149〕熊過《周易象旨決錄》卷六《繫辭》。

〔註 150〕吳澄《易纂言》卷八《繫辭下傳》。張獻翼《讀易紀聞》卷六《下繫第十二章》引之而不言。

〔註 151〕熊過《周易象旨決錄》卷六《繫辭》，稱「平菴項氏曰」。
　　　　按：項安世《周易玩辭》卷十四《繫辭下·吉凶　悔吝　利害》：
　　　　其居皆有遠近，其行皆有情偽，其情皆有愛惡也，故末章總以相近一條明之。近而不相得則以惡相攻而凶生矣；以偽相感，而害生矣；不以近相取，而悔吝生矣。是則一近之中，備此三條也。凡爻有比爻，有應爻，有一卦之

蘇氏曰：「『悔吝』者，生於不弘通者也。天下孰為真遠？自其近者觀之則遠矣。孰為真近？自其遠者觀之則近矣。遠近相資以為別也。而各挾其有以自異，則『或害之』矣。『或害之』者，『悔吝』之所從出也。」〔註152〕

邵〔註153〕寶曰：「爻應於遠，則於近者不能相取，偽而不情，惡而不愛，感通絕而相攻之釁生矣，故曰『凶或害之，悔且吝』。苟比於近，則於遠也亦然。近者得禍於勢，遠者得罪於義。得罪於義者，人得而攻之，然不若得禍於勢者之迫也。辭言近者，其理如此，非姑以為例也。動尚變，筮尚占，其道一也。」〔註154〕

邵寶曰：「觀變動者存乎應，應遠者也。陽唱陰和，是謂相得。故《屯》六二之貞，君子取之，否則為《比》之三矣。變順逆者存乎比，比近者也。陽乘陰承，是謂相得。故《復》六二之休，君子取之，否則為《遯》之四也。雖然，感莫大於正應，而比不與焉。應有正矣，而苟焉以求相得，可乎？故曰近不必比，遠不必乖。此之謂也。故遠而相求，有如《睽》之三、上者；久而相待，有如《屯》之二、五者；變而相守，有如《同人》之二、五者；難而相濟，有如《蹇》之二、五者。此所謂相得也。如其無正應也，則近有相取之道焉。如《賁》之二，則以承而賁須；如《復》之二，則以乘而下仁。此亦所謂相得也。其不然者反是。」〔註155〕

邵寶曰：「情偽之動，非數之所求也，故有合散，如《萃》之六二者；有屈伸，如《乾》之初九者；有躁靜，如《歸妹》之九四者；有剛柔，如《履》之六三者。是曰體與情反，質以願違。情偽之道，不越是矣。合散，合而散也。屈伸，屈而伸也。躁靜，躁而靜也。柔剛，柔而剛也。」〔註156〕

項氏曰：「凡繫辭之稱八卦，即六十四卦也。八卦更相上下為六十四，故例以八卦稱之。」〔註157〕「『八卦以象告』，謂卦爻之以象示人也。『爻彖以情言』，謂繫辭之以言論人也。『剛柔雜居，而吉凶可見』，此再言象之所以示人者明也。『變動以利言，吉凶以情遷』，此再言辭之所以論人者殊也。自彖辭觀之，卦體

主爻，皆情之當相得者也。今稱近者，止據比爻言之。反以三隅，則遠而為應、為主者，亦必備此三條矣。

〔註152〕蘇軾《東坡易傳》卷八《繫辭傳下》。
〔註153〕「邵」，四庫本作「千」，誤。
〔註154〕出邵寶《簡端錄》卷三《易》。
〔註155〕邵寶《簡端錄》卷三《易》。
〔註156〕邵寶《簡端錄》卷三《易》。
〔註157〕項安世《周易玩辭》卷十四《繫辭下・乾坤　八卦》。

本以變動而成，故彖辭專言其變通之利，如『柔來而文剛』，『分剛上而文柔』之類是也。雖《睽》、《蹇》、《明夷》至不美之卦，其彖皆有所利，蓋其初皆因窮而變，變而成卦，則以成卦者為利，故曰『變動以利言』。自爻辭觀之，據逐爻之情而處事，則吉凶皆異於本象矣，故有在象為主爻，而在本爻則為凶。〔註158〕。」〔註159〕「今稱近者，此〔註160〕據比爻言之，反以三隅，則遠而為應，亦必備此三條矣。但居之近者，其吉凶尤多，故聖人槩以近者明之也。」〔註161〕

「相攻」、「相取」、「相感」、「近而不相得」四者，人情之見於動者也，而卦爻之變動如之。憸、枝、多、寡、游、屈六者，人情之見於言者也，而爻象之辭如之。所謂「爻象以情言」者如此。「動」與「辭」，與上文「云為」正相應。〔註162〕

將叛者其辭憸，中心疑者其辭枝，吉人之辭寡，躁人之辭多，誣善之人其辭游，失其守者其辭屈。

述曰：《象旨》：「吳幼清曰：『上文言易之辭皆由情而生，此又以人譬之。人之辭亦由情而生也。』〔註163〕今按：虞翻云：『將叛者其辭憸，坎人之辭也；中心疑者其辭枝，離人之辭也；吉人之辭寡，艮人之辭也；躁人之辭多，震人之辭也；誣善之人其辭游，兌人之辭也；失其守者其辭屈，巽人之辭也。』〔註164〕」〔註165〕

《紀聞》曰：「『《漸》三所繫，將叛者之辭也；《睽》上所繫，中心疑者之辭也；《臨》二所繫，吉人之辭也；《睽》三所繫，躁人之辭也；《中孚》三所繫，誣善之辭也；《節》上所繫，失其守者之辭也。』〔註166〕六辭之中，吉一而躁、叛、疑、誣、失居其五。」〔註167〕

〔註158〕「凶」，底本無，四庫本小字注「闕」一字。今據《周易玩辭》、《易纂言》補。

〔註159〕項安世《周易玩辭》卷十四《繫辭下·以象變占辭推演聖人之知能》。吳澄《易纂言》卷八《繫辭下傳》引之。

〔註160〕「此」，《周易玩辭》作「止」。胡廣《周易大全》卷二十三《繫辭下傳》、葉良佩《周易義叢》卷十四《繫辭下傳》引之，亦作「止」。

〔註161〕項安世《周易玩辭》卷十四《繫辭下·吉凶　悔吝　利害》。

〔註162〕此一節見金賁亨《學易記》卷四《下傳》。

〔註163〕吳澄《易纂言》卷八《繫辭下傳》。

〔註164〕李鼎祚《周易集解》卷十六《繫辭下傳》。

〔註165〕熊過《周易象旨決錄》卷六《繫辭》。

〔註166〕胡廣《周易大全》卷二十三《繫辭下傳》，稱「節齋蔡氏曰」。

〔註167〕張獻翼《讀易紀聞》卷六《下繫第十二章》。

「叛謂背實棄信。言與實相背，故憨。」〔註168〕「『中心疑』，故不敢說殺。『其辭枝』者，如木之有枝，開兩岐去。」〔註169〕「吉者靜，躁者動，叛者無信，疑者不自信，誣者敗人，失守者自敗，皆相反對。守謂所依據。吳王失國，故其辭屈於晉；夷之失對，故其辭屈於孟子。皆失其所據也。」〔註170〕「『將〔註171〕』者，守不定也，失其守則既叛矣。『慚』猶強言之，屈則無能強言矣。『中心疑』者，以為是又以為非，以為可又以為否，竟莫適從。『誣善』，或云本無而自誣為有，本不能而自誣為能。夫由其誣也，竟不見其歸著矣。《上繫》以『默而成之』為結，《下繫》以諸辭之不同者為結。吉人辭寡，其默成之旨歟？」〔註172〕

張邦奇曰：「夫不知言，無以知人。不知人，其不陷於險阻者鮮矣。聖人擬之彖爻而人情見，君子學《易》，以知人情，則知險知阻，是故易而不輕，簡而非率。又曰『吉人之辭寡』，易簡故也。其餘五者，不易不簡，而險阻存焉，可不畏乎？」〔註173〕

質卿曰：「闔戶闢戶之乾坤，以造化之運行言也。易知簡能之乾坤，以造化之德行言也。成象之乾、效法之坤，以人之稟受言也。正此知險知阻之乾坤。人無此乾坤二德，無以為立人之道。此德人人有之，但體之而未盡其全，故用之而未盡其妙，以其為情所遷，故不能率其所性而發不中節。善易者只明乾坤於易簡，征其所得於險阻，辨其所知。不然，則艱難委曲，自投於陷阱而不知。」

按：非張氏創論。項安世《周易玩辭》卷十四《繫辭下·六辭》：「六辭之中，吉一而已，躁、叛、疑、誣、失居其五。」

丁易東《周易象義》卷十五《繫辭傳下》：

「將叛者其辭慚」，《漸》之六三是也；「中心疑者其辭枝」，《睽》之上九是也；「吉人之辭寡」，《訟》之九五是也；「躁人之辭多」，《離》之九三是也；「誣善之人其辭遊」，《无妄》六三是也；「失其守者其辭屈」，《蒙》之六三是也。然六辭之中，吉居其一，而躁、叛、疑、誣、失居其五。

〔註168〕項安世《周易玩辭》卷十四《繫辭下·六辭》：「叛，非叛逆之叛，但背實棄信者皆是也。言與實相叛，故慚。」

〔註169〕黎靖德《朱子語類》卷七十六《易十二》。

〔註170〕項安世《周易玩辭》卷十四《繫辭下·六辭》。

〔註171〕「將」下《讀易紀聞》有「叛」，是。

〔註172〕張獻翼《讀易紀聞》卷六《下繫第十二章》。

〔註173〕張邦奇《張邦奇集》養心亭集卷三《易說下》。

讀易述卷十五

說卦傳

　　吳幼清曰：「《說卦》者，備載卦位、卦德、卦象之說，蓋自昔有其說意者，如《八索》之書所載有若此者，而夫子筆削之以為傳爾。首章、次章則夫子總說聖人作《易》大意，以為《說卦傳》之發端也。」〔註1〕

昔者聖人之作《易》也，幽贊於神明而生蓍，參天兩地而倚數，觀變於陰陽而立卦，發揮於剛柔而生爻，和順於道德而理於義，窮理盡性以至於命。

　　述曰：《象旨》：「『幽贊』者，龔氏曰：『顯相之反也，賓主之言。贊者，通之神明之德。聖人通之以大衍之法而推天地之數，此之謂『生蓍』。』」〔註2〕有蓍則因蓍起數，故以數繼之。參兩倚數，吳幼清指『揲蓍一變之後，掛扐而

〔註1〕吳澄《易纂言》卷十《說卦傳》：
　　　　《說卦》者，備載卦位、卦德、卦象之說，蓋自昔有其說，夫子傳述之以為傳爾。首章、次章則夫子總說聖人作《易》大意，以為《說卦傳》之發端也。其餘十一章以下語頗叢雜，其義不可盡通，於經亦不盡合，或是夫子贊《易》以前，如《八索》之書所載有若此者，而夫子筆削之，以其無大害於理者姑存之也。
　　　　　　按：張獻翼《讀易紀聞》卷六《說卦傳第一章》：「《說卦》者，備載卦位、卦德、卦象之說。首章、次章則總說聖人作《易》大意，以為《說卦傳》之發端。」本此而不言。
〔註2〕龔原《周易新講義》卷十《說卦》：
　　　　「幽贊」者，反顯相也。顯相者以事，幽贊者以道，贊非佑神也，猶贊者之贊也，賓主之意。贊者通之神明之德，聖人通之以大衍之法，而推天地之數，此之謂「生蓍」。

言得天一奇數，則象天之圓而圍三。三者，參其奇一之數，故以三數倚於天一奇數之傍，謂之參天。掛扐得地二偶數，則法地之方而圍四。四者，兩其偶數之一，故以二數倚於地二偶數之傍，謂之兩地』〔註3〕。『有數則因素得卦，故以卦繼之。』〔註4〕『觀變』者，揲蓍十八變後觀蓍變。陰六、八，陽七、九，而立奇偶卦畫，『或主陽，或主陰，或陰陽分，或陰陽雜，皆觀其變而為之，此之謂立卦。立者，具二體之謂也』〔註5〕。六畫既成，則發揮所值剛柔之變而生爻以占也。『曰陰陽，即所以為爻矣。復言剛柔而生爻者，未入用則謂之陰陽，已入用則謂之剛柔；未入用故止曰觀，已入用故曰發揮。』〔註6〕龔氏曰：『剛柔之為物，始隱而終明，始聚而終散者也。方其隱也，發之使明；方其聚也，揮之使散。或以剛推柔，或以柔推剛，其時則為晝夜，其道則為變化，其事則為君子小人。此之謂生爻，則作《易》之體具矣。』〔註7〕道德義就易言。『和順』，言因其自然而無矯強也。和順於道德，統言一卦之體。理，治也。理於義，各指其所之，析言六爻之用。如乾為天道而健為其德，爻之潛、見、躍、飛則其義也。窮理、盡性、至命，以用占者言。窮理即所理之義，盡性即

〔註3〕吳澄《易纂言》卷十《說卦傳》。
〔註4〕季本《易學四同》卷八《說卦傳》。
〔註5〕龔原《周易新講義》卷十《說卦》。
〔註6〕俞琰《周易集說》卷三十六《說卦傳一》：

節齋蔡氏曰：「陰陽者，即所以為爻矣。此復言剛柔而生爻者，蓋未入用則謂之陰陽，已入用則謂之剛柔。」未入用，故止曰「觀」。已入用，故曰「發揮」。

張獻翼《讀易紀聞》卷六《說卦傳第一章》引之而不言。

按：原出蔡淵《易象意言》：「『觀變於陰陽而立卦，發揮於剛柔而生爻』，陰陽、剛柔皆畫也。未入用則謂之『陰陽』，已入用則謂之『剛柔』。」

另，胡一桂《易本義附錄纂疏·周易說卦傳第十》、董真卿《周易會通·周易經傳集程朱解附錄纂註卷十四·說卦傳》、胡廣《周易大全》卷二十四《說卦傳》錄節齋蔡氏之說：

陰陽，七八九六也。觀七八九六之變，則卦可得而立矣。陰陽之變，即所以為爻。後言發揮剛柔而生爻者，蓋未入用則謂之陰陽，已入用則謂之剛柔也。

按：較之《周易集說》，均少後二句。可知「未入用，故止曰『觀』。已入用，故曰『發揮』」，乃俞琰之說。

姜寶《周易傳義補疑》卷十二《說卦傳》：

蔡氏曰：「陰陽即所以為爻矣，此復言『發揮於剛柔而生爻』者，蓋未入用則謂之陰陽，已入用則謂之剛柔。未入用，故止曰『觀』；已入用，故曰『發揮』。」

則是將俞琰之說誤合蔡淵之說。
〔註7〕龔原《周易新講義》卷十《說卦》。

和順於德，至命即和順於道。」〔註8〕章氏曰：「性命本各正於乾道之變化，盡性至命則全歸於大始之乾元。」〔註9〕

「『和順於道德』，猶言『說諸心』也。『理於義』，猶言『研諸慮』也。」〔註10〕道，一陰一陽之道。德，圓神方知之德。義，六爻時措之義。道德者出於性命之理也，和則雖異而不乖，順則有同而無逆。「義又理之變動者而欲理。理者，有倫而不亂也。」〔註11〕窮天地之理，盡人物之性，以至於命，蓋天命自然而然，而聖人之作《易》，豈心思知慮之所為哉？

數寓於蓍而蓍非數，故得數者忘蓍。卦託於數而數非卦，故得卦者忘數。〔註12〕「昔者子路問於孔子曰：『豬肩、羊膊可以得兆，萑葦、藁芼可以得數，何必以蓍、龜？』孔子曰：『不然。蓋取其名也。夫蓍之為言耆也，龜之為言舊也，明狐疑之事當問耆舊也。』」〔註13〕

黃勉齋曰：「性命一也，天所賦為命，物所受為性。性命繫於氣，則天之所賦、吾之所受者剛柔通塞，受制於不齊。性命純乎德，則天之所賦、吾之所受者中正純粹，皆原於固有之德。窮理盡性，則不但德勝其氣而已，且將性命於天矣。天德天理，德以所得者而言，理以本然者而言，故性曰天德，命曰天理，亦一而已，非二物也。如此則氣之偏者變而正，柔者變而強，昏者變而明。其不可變者，死生壽夭，有定數也。」〔註14〕

龔氏曰：「天使我有是者，命也。命之在我者，性也。有命有性，具之者理也。理在物而莫非我之性，故以人造理，所謂窮理也。窮理者，知之事也。推之無餘，所謂盡性也。盡性者，仁之事也。理不窮則暗於物，非所以盡性也。性不盡則役於己，非所以至命也。至命則內無己，外無物，尚何性理之分哉？故以此言之，則非知也，以無所用明故也；非仁也，以無所用力故也。乃聖人之於天道，時也。其體則為神，其用則為易。以命則命，萬物而無所聽；以道

〔註8〕熊過《周易象旨決錄》卷七《說卦傳》。
〔註9〕章潢書中未見此語。
〔註10〕季本《易學四同》卷八《說卦傳》。
〔註11〕李衡《周易義海撮要》卷九《說卦傳》。義者，又理之變也，故欲理。理者，有位而不亂者也。
〔註12〕楊萬里《誠齋易傳》卷十九《說卦》。張獻翼《讀易紀聞》卷六《說卦傳第一章》引之而不言。
〔註13〕張獻翼《讀易紀聞》卷六《說卦傳第一章》。
　　　　按：此事原出（漢）王充《論衡》卷二十四《卜筮篇》。
〔註14〕（宋）真德秀《讀書記》卷二《命》、董真卿《周易會通·周易經傳集程朱解附錄纂註卷十四·說卦傳》、胡廣《周易大全》卷二十四《說卦傳》。

則道，萬物而無所用，故天地萬物有常理、有成性者，正命也。順其常理，達其成性，以受正命者，易之道也。」〔註15〕

昔者聖人之作《易》也，將以順性命之理。是以立天之道曰陰與陽，立地之道曰柔與剛，立人之道曰仁與義。兼三才而兩之，故易六畫而成卦。分陰分陽，迭用柔剛，故易六位而成章。

述曰：「八卦小成，但有三畫，於三才、二體之義未備，所以重三為六，然後周盡。故云昔者聖人之畫卦作易也，將以順天地生成萬物性命之理也。天地生成萬物性命之理須以兩而備，是以立天之道有二種之氣，曰成物之陰與施生之陽也；立地之道有二種之形，曰順承之柔與持載之剛也。天地既立，人生其間。立人之道有二種之性，曰愛惠之仁與斷割之義也。既兼三才之道而皆兩之，作《易》本順此道理。故因三畫而重之，六其畫而成卦也。」〔註16〕六畫，初、上無位，中爻分二、四為陰位，三、五為陽位。迭用剛柔，「位之陽者剛居之，柔亦居之；位之陰者柔居之，剛亦居之。」〔註17〕故易分布六位而成爻，卦之文章也。「《繫辭》『物相雜曰文』，即此『成章』之謂。」〔註18〕

性、命、理，三者一也，故云「聖人作《易》，將以順性命之理」。性命之理即天地人之道。「五陽而上陰，初剛而二柔，三仁而四義。『與』云者，相與為用，不可廢一也。」〔註19〕「陰陽者，剛柔之象；剛柔者，陰陽之氣；仁義者，剛柔之善。」〔註20〕仁義立於人，則陰陽合德。剛柔有體，故下言「分陰分陽，迭用柔剛」，而不復言仁義，見用天地之道惟人能也。周子曰：「聖人之道，仁義中正而已。守貴，行利，廓之配天地，豈不易簡？豈為難知？」〔註21〕非仁義之外又有中正。得仁義之貞為正，得仁義之時為中。

紫溪曰：「性命只是一理。聖人盡性以至於命，不過順之而已。眾人不知理之在我，往往逆其性而鑿之，逆其命而牿之。此聖人憂世之心不能自己，而發之於《易》也。《易》書之作，原是詔天下，將使人曉然知性之所在，盡之

〔註15〕龔原《周易新講義》卷十《說卦》。

〔註16〕孔《疏》。

〔註17〕俞琰《周易集說》卷三十六《說卦傳一》。又見胡廣《周易大全》卷二十四《說卦傳》，稱「建安丘氏曰」。

〔註18〕吳澄《易纂言》卷十《說卦傳》。熊過《周易象旨決錄》卷七《說卦傳》引之。

〔註19〕熊過《周易象旨決錄》卷七《說卦傳》。其中，「相與為用」前有「俞氏謂」。

〔註20〕季本《易學四同》卷八《說卦傳》。

〔註21〕周敦頤《周元公集》卷四《通書·慎動第五》。

而無所逆；將使人曉然知命之所在，至之而無所逆而已。天有陰陽，是性命之運於上，陰陽合德便順乎天而不逆矣。地有剛柔，是性命之運於下，剛柔不偏便順乎地而不逆矣。人有仁義，是性命之具於吾心，體仁精義便順乎人而不逆矣。這性命之理原自兩兩分明。天地以兩而化，人道以兩而成。立得天地之道，便立得人道；立得人道，便立得天地之道。是『兼三才而兩之』也。故《易》以六畫成卦，而三才之統體者在《易》矣。這性命之理原自交相為用。分天之陽，用地之剛，則成人之仁。分天之陰，用地之柔，則成人之義。分而合，合而分者也。故《易》以六位成章，而三才之流行者在《易》矣。人而神明乎統體之易，則有以順乎性命渾然之理；人而會通乎流行之易，則有以順乎性命燦然之理。此《易》之所為作也。」〔註22〕

天地定位，山澤通氣，雷風相薄，水火不相射，八卦相錯。

　　述曰：彭山曰：「乾坤定陰陽之位，六卦之相交者皆本於此，則乾坤雖對待，而未嘗不交者，亦默寓於其中矣。『薄』與『泊』同，附也。『射』，害也，以射之殺物言也。『山澤通氣』者，假山澤之象以明艮兌，故以『通氣』言。山之水聚於澤，澤之水浮於山，是其氣之相通也。見艮有資於兌，兌有資於艮矣。『雷風相薄』，假雷風之象以明震巽，故以『相薄』言。雷之行附於氣，氣之行附於雷，是其行之相薄也，見震有資於巽，巽有資於震矣。『水火不相射』者，假水火之象以明坎離，故以『不相射』言。水太盛則熯以火，火太盛則濡以水，是其『不相射』也，見坎有資於離，離有資於坎矣。其所以相資者，即其相交也。相交則兩相為用也，而不可相無矣。蓋陰陽本二體而實一體，相為變化，故八卦相錯而可變六十四卦也。此言六十四卦變皆本於乾坤之交也。」〔註23〕

數往者順，知來者逆，是故易逆數也。

　　述曰：彭山曰：「『順』者，從其勢之往也。『逆』者，迎其幾之來也。『已往而利見為順，未來而前知為逆。易主於前民用，故曰易逆數。』〔註24〕」〔註25〕安公石《易牖》云：「天下之事，『數往者順，知來者逆』。《易》為知來而

〔註22〕蘇濬《生生篇・說卦》。

〔註23〕季本《易學四同》卷八《說卦傳》。

〔註24〕「已往」前《易學四同》有「舊說」二字。按：胡炳文《周易本義通釋》卷八《說卦傳》：「諸儒訓釋此，皆謂已往而易見為順，未來而前知為逆，易主於前民用，故曰『易逆數也』。」

〔註25〕季本《易學四同》卷八《說卦傳》。

作，故其數逆數也。『數往者順』蓋因下句而並舉之，非謂《易》有數往之順數也。」〔註26〕「楊用脩謂易畫自下而上，圖自右而左，故曰逆數。凡上下下曰順，下上上曰逆，左徂右曰順，右徂左曰逆。」〔註27〕

雷以動之，風以散之，雨以潤之，日以晅之，艮以止之，兌以說之，乾以君之，坤以藏之。

　　述曰：彭山曰：「此序六子有生成萬物之切，而歸之於乾坤也。『之』指萬物也。動則物萌，散則物具。二者言生物之功。潤則物通，晅則物舒，二者言長物之功。止則物成，說則物遂，二者言收物之功。君則物有所主，藏則物有所息，言六子致用主於乾而動，歸於坤而藏。此又父母之功也，故以乾坤終之。」〔註28〕

　　梅氏《古易考原》以「『天地定位，山澤通氣，雷風相薄，水火不相射』，又曰『數往者順』」，其言曰：「此伏羲六十四卦圓運之圖。止言八卦之象者，皆舉經以該別也。天定位於南，其別八天皆定位於南；地定位於北，其別八地皆定位於北；山通氣於西北，其別八山皆通氣於西北；澤通氣於東南，其別八澤皆通氣於東南；雷相薄於東北，其別八雷皆相薄於東北；風相薄於西南，其別八風皆相薄於西南；水不相射於西，其別八水皆不相射於西；火不相射於東，其別八火皆不相射於東。不著卦名者，以夫子恒言象故也。其所以為『數往者順』何也？天位於南，由南而左行，則天而澤而火而雷；由南而右行，則風而水而山而地。皆自南而北，自上而下，故曰數已往之定位順而不逆。從古及今，皆如是也。」〔註29〕

　　「八卦相錯，知來者逆，是故易逆數也」，又曰：「雷以動之，風以散之，雨以潤之，日以晅之，艮以止之，兌以說之，乾以君之，坤以藏之。」此言伏羲六十四卦方列之圖。止言八卦者，亦舉經以該別也。「八卦相錯」承上文天地山澤雷風水火之圓運，令彼此交錯而為方列也。邵堯夫以上文八卦為三畫卦，至此相錯，則八卦之上各加八卦，而始為六十四卦，是以相錯為相重也。

〔註26〕熊過《周易象旨決錄》卷七《說卦傳》、張獻翼《讀易紀聞》卷六《說卦傳第三章》。按：原出楊慎《升菴集》卷四十一《數往者順知來者逆》。
〔註27〕張獻翼《讀易紀聞》卷六《說卦傳第三章》。按：原出楊慎《升菴集》卷四十一《數往者順知來者逆》。
〔註28〕節齋蔡氏之說，見胡廣《周易大全》卷二十四《說卦傳》。
〔註29〕梅鷟《古易考原》卷一《八卦圓運第二》。（《四庫全書存目叢書》經部第3冊，第155頁。）

凡此往彼來謂之錯，加增其上謂之重，以相錯即為相重。誤矣。不然，則此言「雷以動之」，八卦之方列者無相錯之文，是圓運者兼及六畫卦，而方列者僅有三畫卦，其不通亦明矣。雷以動物於中左，風以散物於中右，其別八雷皆動物於中左，八風皆散物於中右也。雨以潤物於次風，日以晅物於次雷，其別八雨皆潤物次風，八日皆晅物次雷也。艮以止物次雨，兌以說物次日，其別八艮皆止物次雨，八兌皆說物次日也。乾以君物居北，坤以藏物居南，其別八乾皆以君物居北，八坤皆以藏物居南也。卦位相對，雖與上文同，先後次第大與上文交錯矣。上文天地居首，此離坎居中，乾坤殿後，是天地與水火交錯也。上文山澤居第二，此艮兌居第三，是山澤與雷風相交錯也。上文雷風居第二，此居其中，是雷風與天地相交錯也。上文水火居第四，此雨日居二，是水火與山澤相交錯也。又分而言之，天南地北，今乾北坤南，是乾與坤相交錯也；澤東南，山西北，今兌次北，艮次南，是兌與艮相交錯也；火東水西，今日又次北，雨又次南，是離與坎相交錯也；雷東北，風西南，今雷動北中，風散南中，是震與巽相交錯也。由乾而兌而離而震而巽而坎而艮而坤，皆自北而南，自下而上，故曰「知來者逆」也。因上文「八卦相錯」一句渾成未詳，故詳列此八句以發明方列相錯之義也。然則先儒皆以圓運之乾、兌、離、震為「數往者順」，坤、艮、坎、巽為「知來者逆」，其說不通。夫伏羲之卦序乾一至坤八未嘗有順也，夫子之意借圖運之順、方列之逆，以發明《繫辭》「知以藏往，神以知來」之義耳。〔註30〕

「天地定位」節，孔《疏》：「此一節就卦象明重卦之意，以乾坤象天地，艮兌象山澤，震巽象雷風，坎離象水火。若使天地不交，水火異處，則庶類無生成之用，品物無變化之理。所以因而重之，令八卦相錯，則天地人事無不備矣。故『天地定位』而合德，山澤異體而『通氣』，雷風各動而『相薄』，水火不相入而相資。八卦之用變化既如此，故聖人重卦，令八卦莫不交錯，則易之爻卦與天地等，成性命之理、吉凶之數、既往之事、將來之幾，備在卦爻之中矣。」

龔氏曰：「陽而輕清者為山，陽屬也；下而深者為澤，陰屬也。是皆以止為體也。雷陽也，故動。風陰也，故入。水陽也，故內景。火陰也，故外景。是皆以動為用也。以止為體，故其相絕也為定位，其相屬也為通氣。以動為用，

<hr />

〔註30〕此一節見梅鷟《古易考原》卷一《八卦方列第三》。（《四庫全書存目叢書》經
　　　部第 3 冊，第 155～156 頁。）

故其同功也則相薄，其異德也則不相射。其定位也，故其縱為上下，其周為四方，其上成象，其下成形，其交為泰，其塞為否。其通氣也，故其蒸為雲，其降為雨，其凝為水，其泄為電，其離此以感彼則為咸，其隆上而殺下則為損。而相薄者反相與也，相薄則相勝，相與則相親。不相射者反相逮也，相逮則相致，不相射則不相入。始則相薄而終不相悖則為益，始雖不相射而終於相逮則為既濟。然則之八物也，其成體也則各有用，若乾、坤、坎、離、震、艮、巽、兌之八卦是也。其定位也，其通氣也，其相薄也，其不相射也，則以相交為用，若《泰》、《否》、《咸》、《恒》、《損》、《益》、《既濟》、《未濟》之八卦是也。相錯則不特上下相交而已矣。縱橫相為用，而六十四卦備，然後可以數往而知來。往有體，故順數之；來無方，故逆知之。順數者，知之事也；逆知者，神之事也。易具神知者也，此所以於來不特知之而又數之也。」〔註31〕

紫溪曰：「首節雖言先天圖位兩兩相對，以成化工，而要上下經之成始成終，其文畢具。上經首以《乾》、《坤》，『天地定位』之象。下經首《咸》而次《恒》，咸者，『山澤通氣』之象；恒者，『雷風相薄』之象。上經終以《坎》、《離》，下經終以《既濟》、《未濟》，又『水火不相射』之象。至『八卦相錯』，而天地之運無有終窮矣。」〔註32〕「不言八卦而言八物，非物無以見其相與變化之理。」〔註33〕

「雷以動之」節，《象旨》：「程直方曰：『天地定位，圓圖，乾坤從南北之中起；雷動風散，方圖，震巽自圖之中起。』張氏易東曰：『風雷，初畫之奇偶；雨日，中畫之奇偶；兌艮，上畫之奇偶；乾坤，三畫之奇偶。震、巽、坎、離以其象言，艮、兌、乾、坤以其卦言，動、止、說以其性言，散、潤、烜以其功言，君以其道言，藏以其量言。』曷為分卦與象？自動至烜言乎其出機，

〔註31〕龔原《周易新講義》卷十《說卦》。
〔註32〕蘇濬《生生篇・說卦》。
　　　按：何楷《古周易訂詁》卷一卷首：
　　　　　建安丘氏云：「《說卦》曰：『天地定位，山澤通氣，雷風相薄，水火不相射』，此八卦者，上下經成始成終之義也。上經首以《乾》《坤》者，『天地定位』之象。下經首《咸》而次《恒》者，咸，『山澤通氣』之象；恒，『雷風相薄』之象。上經終以《坎》《離》，下經終《既》《未濟》，又『水火不相射』之象也。」
〔註33〕柴氏中行之說，見董真卿《周易會通・周易經傳集程朱解附錄纂註卷十四・說卦傳》、胡廣《周易大全》卷二十四《說卦傳》。張獻翼《讀易紀聞》卷六《說卦傳第三章》引之而不言。

自止至藏言乎其入機。出無於有氣之行也，故言乎象；入有於無質之具也，故言乎卦。」〔註34〕

潘夢旂曰：「上章先言天地之無為，後言六子之相為用，言天地之用六子也。此章先言六子之職，後言乾坤之道言六子，非乾坤無以主之藏之也。」〔註35〕

帝出乎震，齊乎巽，相見乎離，致役乎坤，說言乎兌，戰乎乾，勞乎坎，成言乎艮。萬物出乎震，震東方也。「齊乎巽」，巽，東南也；齊也者，言萬物之潔齊也。離也者，明也，萬物皆相見，南方之卦也。聖人南面而聽天下，嚮明而治，蓋取諸此也。坤也者，地也，萬物皆致養焉，故曰「致役乎坤」。兌，正秋也，萬物之所說也，故曰「說言乎兌」。「戰乎乾」，乾，西北之卦也，言陰陽相薄也。坎者，水也，正北方之卦也，勞卦也，萬物之所歸也，故曰「勞乎坎」。艮，東北之卦也，萬物之所成終而所成始也，故曰「成言乎艮」。

述曰：前後兩段，或古有是語而夫子釋之，或夫子自言而自釋之也。帝出生萬物，則在乎震。潔齊萬物，則在乎巽。相見乎離，日出而萬物皆相見也。致役以養萬物，則在乎坤。坤，臣道也，帝之於臣役之而已。萬物至秋而實，無不自得，故說。自巽至兌，皆陰卦。乾陽始萌，而當陰之交，故戰。「受納萬物，勞在乎坎。能成萬物而可定，則在乎艮。」〔註36〕

帝之出、之齊、之見、之役、之說、之勞、之成，非帝自為之出、自為之齊、自為之見、自為之役也，即卦氣之出、之見、之役，而帝因之也。卦氣常運而帝不動，以不動，故謂之帝。

卜子夏曰：「帝者，造化之主，天地之宗，無象之象也，不可以形智索。因物之生成始終，而顯其出入焉，參而主之者，陽也，是故出乎東，春之建也。陽動於下，萬物震之而生也，故震東方之物。『齊乎巽』，物之長，齊乎布生鮮潔，區別而不相亂也，物方長貌。強而下柔也，故下柔而巽之，待其大者，不可以不巽，故巽東南之物也。離也者，明也，萬物之貌始大，皆明而相見。中柔順也，可以治之矣。是以聖人南面而聽天下，嚮明而治，蓋取諸此。坤也者，地也，萬物皆致養焉。物之雜也，外盛而中未盈，養之而後成者也，故順而求役而致養之，故坤為西南之卦也。兌，正秋也，外柔而中壯也。萬物之盛而咸

〔註34〕熊過《周易象旨決錄》卷七《說卦傳》。
〔註35〕董真卿《周易會通·周易經傳集程朱解附錄纂註卷十四·說卦傳》、胡廣《周易大全》卷二十四《說卦傳》、季本《易學四同》卷八《說卦傳》。張獻翼《讀易紀聞》卷六《說卦傳第三章》引之而不言。
〔註36〕孔《疏》。

說也，故兌為正西之物也。乾，西北地也，陽之老，陰薄而爭興也，故戰也。萬物衰而落其榮也，故乾為西北之物也。坎者，陽胎於中而陰盛於外，水之卦也。水，幽陰之物也。水流而不已也，萬物之所歸也。故物之生，先聚水而質；其死也，水涸而枯。故其勞卦，為北方之物也。艮，四時之終，萬物之所成，止於艮也，終則有始也，『故曰成言乎艮』，為東北之卦也。」〔註37〕

紫溪曰：「震而巽，巽而離，皆春夏之時也，以生長為事，帝之出也。而夏秋之【交，有坤土，則出之終，所以為入之始。兌而乾，乾而坎，皆秋冬之時也，以收藏為事，帝之入也。而冬春之交，有艮土，則入之終，所】〔註38〕以為出之始。其實八卦之德，各一其性；八卦之次，各一其位。春夏秋冬，各一其時；木火土金水，各一其氣。或以德言，舉一卦之德而他可推也；或以位言，舉一卦之位而他可推也。兌言正秋，舉一時而他時可推也。或言地，或言水，舉一行而五行可推也。帝為四時之綱，而萬物則生，且成於四時之內；帝為五行之府，而萬物則終，且始於五行之中。此化之所以無端，命之所以不已也。」〔註39〕

《象旨》：「萬物隨帝者何？《洪範傳》云：『雷於天地為長子，以其首長萬物為出入也。雷地出百八十三日而復入，入則物皆入；入地百八十三日而復出，出則萬物亦出也。』」〔註40〕

「『齊乎巽』，言萬物潔齊於巽方，非巽有齊義也。如「戰乎乾」，乾非有戰義也。」〔註41〕「自巽至兌皆陰卦，忽與乾遇，陰疑於陽必戰，故曰『戰乎乾』。」〔註42〕乾能自強，決戰而勝之也。

兌不言正西而言正秋者，萬寶告成，寶〔註43〕在正秋，不特在西也。正秋，秋分也。以兌為秋分，則震為春分，坎為冬至，離為夏至，乾為立冬，艮為立秋，巽為立夏。坤不言西南而言地者，地即土也，萬物皆產於坤土，而土

〔註37〕《子夏易傳》卷九《說卦傳第九》。
〔註38〕【 】內文字，四庫本小字注「闕」。
〔註39〕蘇濬《生生篇·說卦》。
〔註40〕熊過《周易象旨決錄》卷七《說卦傳》。
〔註41〕程頤《伊川易傳·家人》。張獻翼《讀易紀聞》卷六《說卦傳第五章》引之而不言。
〔註42〕胡一桂《易本義附錄纂疏·周易說卦傳第十》。張獻翼《讀易紀聞》卷六《說卦傳第五章》引之而不言。
　　　　按：俞琰《周易集說》卷三十七《說卦傳二》：「蓋自巽至兌，四卦皆陰，今也忽與乾遇，則陰陽相薄而戰，故曰『戰乎乾』。」
〔註43〕「寶」，《周易集說》、《讀易紀聞》均作「實」。

王四季，不可以一方言也。坎為正北方之卦，又兼言水者，天一生水，實在於此，所以為生物之根也。他卦皆言萬物，乾獨不言者，戰不繫於物也。他卦皆無所取，離獨有所取者，以其居中而正，當南面之位也。〔註44〕

「『於帝言致役乎坤而萬物言致養，何耶？坤於帝言致役者，蓋坤臣位也，帝君也，君之於臣，役之而已。於萬物言致養者，蓋坤母也，萬物子也，母之於子，養之而已。』〔註45〕『役物以養己者，物也。役己以養物者，地也。人皆知地稱乎母，莫知其疲於乳哺，故曰致役乎坤。乾西北也，乾陽而西北陰，陰陽相逢，不戰則攻。其戰不力，其生物不殖，故曰戰乎乾。』〔註46〕」〔註47〕

「文王於伏羲八卦，取震兌而東西之，取坎離而南北之，退乾於西北，退坤於西南，移艮於東北，移巽於東南者，豈無謂哉？即天之所以生成乎萬物者也。」〔註48〕先天之易主於對待，而成象成形之變化見焉；後天之易主於流行，而四時五行之妙用章焉。可見《易》之書縱橫進退，無往而非自然也。

先天卦，乾以君言，則所主者在乾；後天卦，震以帝言，則所主者又在震。乾為震之父，震為乾之子，以統臨謂之君，則統天者莫如乾，而先天卦位尊一乾，此乾方用事，則震居東北而緩其用；以主宰謂之帝，主器者莫若長子，後天卦位宗一震，此乾不用，則震居正東而司其用。皆尊陽之意也。〔註49〕

楊萬里曰：「聖人象八卦而為治，故南面而治，取諸離者，陽明之卦，萬

〔註44〕此一節見張獻翼《讀易紀聞》卷六《說卦傳第五章》。按：俞琰《周易集說》卷三十七《說卦傳二》：

　　或曰：兌不言正西而言正秋者，萬寶告成，實在正秋，不特在西也。正秋，秋分也。以兌為秋分，則震為春分，而他卦皆可以類推也。坤不言西南而言地者，地即土也，萬物皆產於坤土，而土王四季，不可以一方言也。坎為正北方之卦，又兼言水者，天一生水，實在於此，所以為生物之根也。他卦皆言萬物，而乾獨不言者，戰不繫於物也。他卦皆無所取，而離獨有所取者，以其居中而正，當聖人南面之位也。

　　《讀易紀聞》引之而不言。

〔註45〕胡廣《周易大全》卷二十四《說卦傳》錄雲峰胡氏曰：

　　於帝獨言致役乎坤而萬物言致養，何耶？曾不知坤於帝言致役者，蓋坤臣也，帝君也，君之於臣，役之而已。於萬物言致養者，蓋坤母也，萬物子也，母之於子，養之而已。

　　《讀易紀聞》引之而不言。

〔註46〕楊萬里《誠齋易傳》卷十九《說卦》。《讀易紀聞》引之而不言。

〔註47〕張獻翼《讀易紀聞》卷六《說卦傳第五章》。

〔註48〕張獻翼《讀易紀聞》卷六《說卦傳第五章》。

〔註49〕此一節見胡廣《性理大全書》卷十五《易學啟蒙二》，稱「玉齋胡氏曰」。張獻翼《讀易紀聞》卷六《說卦傳第五章》引之而不言。

物交相見之時，大人以繼明照於四方，豈不宜哉？然聖人不獨取諸離以為治，至於握乾符，闡坤維，興震巽坎兌之治，無非取之也。」〔註50〕

蔡清曰：「『致役乎坤，言地能役己，以養萬物，而不自以為能也。』〔註51〕父母養子，亦是為子致役，故曰『生我劬勞』。」〔註52〕致者，畢其力之謂也。〔註53〕柳子厚《送河東薛存義序》蓋謂致役之意。

「《魏相傳》云：五方之卦，各有所治。『東方之卦不可以治西方，南方之卦不可以治北方。春興兌治則饑，秋興震治則革，冬興離治則泄，夏興坎治則電。』〔註54〕」〔註55〕

神也者，妙萬物而為言者也。動萬物者莫疾乎雷，撓萬物者莫疾乎風，燥萬物者莫熯乎火，說萬物者莫說乎澤，潤萬物者莫潤乎水，終萬物始萬物者莫盛乎艮。故水火相逮，雷風不相悖，山澤通氣，然後能變化，既成萬物也。

述曰：孔《疏》於此言神者，明「八卦運動，萬物變化，應時不失，無所不成，莫有使然者，而求其真宰，無有近遠，了無晦跡，不知所以然而然，況之曰神也。然則神也者，非物妙萬物而為言者。神既範圍天地，故此之下不復別言乾坤，直舉六子以明神之功用也。故水火雖不相入而相逮及，雷風雖相薄而不相悖逆，山澤雖相懸而能通氣，然後能行變化，而盡成萬物也。艮不言山，獨舉卦名者，動撓燥潤之功，是雷風水火，至於終始萬物，於山義為微，故言艮而不言山也。上章言『水火不相入』，此言『水火相逮』也，既不相入，又不相及，則無成物之功，明性雖不相入而氣相逮及也。上言『雷風相薄』，此言『不相悖』，二者象俱動，動若相悖逆則相傷害，亦無成物之功，明雖相薄而不相逆也」。

龔氏曰：「八卦以序則有時，以居則有方，以象則有物，相繼以為衰王，相推以為變化，相繼以至無窮也。若夫神者則無物也，其用無時，其居無方，其實則萬物以為體，其用則妙萬物以為言也。」〔註56〕「鄭玄曰：『乾坤共成

〔註50〕胡廣《周易大全》卷二十四《說卦傳》稱「誠齋楊氏曰」，《誠齋易傳》未見此語。
〔註51〕梁寅《周易參義·周易說卦傳卷八》。
〔註52〕蔡清《易經蒙引》卷十二上《說卦傳》。
〔註53〕按：自「致役乎坤」至此，見錢一本《像象管見》卷七《說卦傳》，稱「姚仁夫曰」。
〔註54〕《漢書》卷七十四《魏相傳》。
〔註55〕張獻翼《讀易紀聞》卷六《說卦傳第五章》。
〔註56〕李衡《周易義海撮要》卷九《說卦傳》。

萬物，不可得而分，故合而謂之神。』〔註57〕虞翻曰：「不言乾坤者，乾主變，坤主化。言變化則乾坤備矣。」〔註58〕

乾，健也。坤，順也。震，動也。巽，入也。坎，陷也。離，麗也。艮，止也。兌，說也。

述曰：乾純陽，故健。坤純陰，故順。震陽在下，故動。坎陽在中，故陷。艮陽在上，故止。巽陰在下，故入。離陰在中，故麗。兌陰在上，故說。此八卦之德也。仲虎曰：「夫子欲於下文言八卦之象，故先言其性情如此。象者其似，性情者其真也。」〔註59〕

動、陷、止皆屬健，入、麗、說皆屬順。凡物健則能動，順則能入。健順其體也，動入其用也。健遇順則陷，順遇健則麗。陷麗者，其勢也；健者始於動而終於止，順者始於入而終於說。陽之動，志在得所止；陰之入，志在得所說者；其志也。〔註60〕

乾為馬，坤為牛，震為龍，巽為雞，坎為豕，離為雉，艮為狗，兌為羊。

述曰：《象旨》：「乾馬坤牛。《造化權輿》云：『乾，陽物也，馬故蹄圓。坤，陰物也，牛故蹄拆。陽病則陰，故馬疾則臥。陰病則陽，故牛疾則立。馬陽物，故起先前足，臥先後足。牛陰物，故起先後足，臥先前足。』〔註61〕」〔註62〕邵二泉曰：「乾之象龍，此乃以屬馬，而於震稱之。震，乾之初也。其德動，故曰震為龍。坤之馬，猶乾之龍也。坤之牛，猶乾之馬也。」〔註63〕「『巽為雞』，吳幼清曰：『伏身而出聲於天氣重陽之內，與地風同感。』〔註64〕坎豕離雉，幼清曰：『前後皆陰之污濁而中心剛躁者，豕也。前後皆陽之文明而中心柔怯者，雉也。』〔註65〕艮狗兌羊，龔氏曰：『外剛而善御，內柔而附人者，狗也。內狠而善觸，外說而不能害人者，羊也。』〔註66〕」

〔註57〕熊過《周易象旨決錄》卷七《說卦傳》。
〔註58〕董真卿《周易會通・周易經傳集程朱解附錄纂註卷十四・說卦傳》、胡廣《周易大全》卷二十四《說卦傳》。
〔註59〕胡炳文《周易本義通釋》卷八《說卦傳》。
〔註60〕此一節見項安世《周易玩辭》卷十五《說卦・健順》。
〔註61〕項安世《周易玩辭》卷十五《說卦・馬牛》。
〔註62〕熊過《周易象旨決錄》卷七《說卦傳》。
〔註63〕邵寶《簡端錄》卷三《易》。
〔註64〕吳澄《易纂言》卷十《說卦傳》。
〔註65〕吳澄《易纂言》卷十《說卦傳》。
〔註66〕龔原《周易新講義》卷十《說卦傳》：「剛而善御，柔而附人者，狗也。狠而善

〔註67〕「此以動類之八物擬八卦」〔註68〕，「『遠取諸物』也」〔註69〕。

乾為首，坤為腹，震為足，巽為股，坎為耳，離為目，艮為手，兌為口。

述曰：《象旨》：「乾首坤腹。龔氏曰：『外圓，諸陽所會，首也。中寬，眾陰所藏，腹也。』〔註70〕震足巽股，吳氏曰：『陽動陰靜，動而在下者，足也。陽連陰折，折而在下者，股也。』坎，耳水，內景，陽在內；離，目火，外景，陽在外。吳氏曰：『耳外內皆凹者，陰；中凹而實者，陽。目上下皆白者，陽；中黑而虛者，陰。』〔註71〕艮手兌口，吳氏曰：『動而在上者，手也。折而在下者，口也。』〔註72〕於艮不取止義。」〔註73〕「此以人身之八體擬八卦」〔註74〕，「近取諸身」也。《荀九家》又以艮為鼻。陳希夷：「乾為首，坤為腹，『天地定位』也。坎為耳，離為目，『水火相逮』也。艮為鼻，兌為口，『山澤通氣』也。巽為手，震為足，『雷風相薄』也。」〔註75〕

乾，天也，故稱乎父。坤，地也，故稱乎母。震一索而得男，故謂之長男。巽一索而得女，故謂之長女。坎再索而得男，故謂之中男。離再索而得女，故謂之中女。艮三索而得男，故謂之少男。兌三索而得女，故謂之少女。

述曰：介夫曰：「乾，天也，物所資始，有父道焉，故稱父。坤，地也，物所資生，有母道焉，故稱母。乾坤有父母之道，六子則皆本於乾坤而成也。震是坤初求於乾而得乾之初畫，故謂之長男。巽是乾初求於坤而得坤之初畫，故謂之長女。蓋從前為父、為母、為長男、中男、少男、長女、中女、少女之稱，此則解其所以稱之義。」〔註76〕

《象旨》：「乾坤三索男女，俞玉吾曰：『三男之卦，以氣言之，則得乾一爻之奇；以體言之，則得坤二爻之偶。三女之卦，以氣言之，則得坤一爻之偶；

触，說而不能害人者，羊也。」

吳澄《易纂言》卷十《說卦傳》：「外剛能止物，而中內柔媚者，狗也。外柔能說草，而中內剛很者，羊也。」
〔註67〕熊過《周易象旨決錄》卷七《說卦傳》。
〔註68〕吳澄《易纂言》卷十《說卦傳》。
〔註69〕龔原《周易新講義》卷十《說卦傳》。
〔註70〕龔原《周易新講義》卷十《說卦傳》。
〔註71〕吳澄《易纂言》卷十《說卦傳》。
〔註72〕吳澄《易纂言》卷十《說卦傳》。
〔註73〕熊過《周易象旨決錄》卷七《說卦傳》。
〔註74〕吳澄《易纂言》卷十《說卦傳》。
〔註75〕（元）李簡《學易記》卷九《說卦》。
〔註76〕蔡清《易經蒙引》卷十二上《說卦傳》。

以體言之，則得乾二爻之奇。是故一爻為氣，二爻為體。伏羲卦位則以體相聚，而女從父於東南，男從母於西北；文王卦位則以氣相依，而男從父於東北，女從母於西南。不可驟觀也。』〔註77〕」〔註78〕

姚舜牧曰：「此明乾坤之稱父母，六子之稱男女，義各有攸當而非偶者。其曰一索而得男，再索而得男，若曰此初畫之成男，再畫之成男云耳。」〔註79〕

乾為天，為圜，為君，為父，為玉，為金，為寒，為冰，為大赤，為良馬，為老馬，為瘠馬，為駁馬，為木果。

述曰：《象旨》：「項氏曰：『乾道大而無極，惟天足以盡之；運而無極，唯圜足以盡之。故以二象為首。』〔註80〕崔子鍾曰：『主萬物者天，知大始者父。』『為玉』、『為金』，龔氏曰『粹而不雜』、『剛而能變』也〔註81〕。『為寒』、『為冰』，乾尊在上，高則寒也。或以後天卦位，乾居西北，其候水始冰，地始凍。或又以寒陰氣，冰陰物，陰盛之極，自坤而變乾，故為寒冰。〔註82〕皆非也。『為大赤』，漢上朱氏曰：『赤，陽色。陽始於子，坎中陽為赤。極於巳純陽也，故乾為大赤。』〔註83〕蓋加『大』以別坎也。〔註84〕『為良馬』，純陽，善也。『老馬』，老陽。『瘠馬』，純剛也。〔註85〕崔憬曰：『骨屬陽。純陽，骨多。』〔註86〕非陽弱也。《山海經》：『駁馬鋸牙，食虎豹。』吳幼清所謂『健之最有威猛者』〔註87〕。『木果』，圓實在上之象。沙隨程氏曰：『以實承實，若艮為果蓏，則下有柔者存焉。』」〔註88〕

「乾為天而實四時，故在秋冬為寒為冰，在夏為大赤；純陽而健，為馬，

〔註77〕俞琰《周易集說》卷三十七《說卦傳二》。
〔註78〕熊過《周易象旨決錄》卷七《說卦傳》。
〔註79〕姚舜牧《重訂易經疑問》卷十二。（《四庫全書存目叢書》經部第12冊，第556頁）
〔註80〕項安世《周易玩辭》卷十五《說卦·乾》。
〔註81〕龔原《周易新講義》卷十《說卦傳》。
〔註82〕俞琰《周易集說》卷三十八《說卦傳三》：
乾居西北，極高而至剛之地，其位屬亥，於時為十月。其候為水始冰，地始凍，故為寒為冰。或曰：寒陰氣，冰陰物，陰盛之極，自坤而變乾，故為寒為冰。
〔註83〕朱震《漢上易傳》卷九《說卦傳》。
〔註84〕吳澄《易纂言》卷十《說卦傳》：「『赤』加『大』字，以別於坎。」
〔註85〕吳澄《易纂言》卷十《說卦傳》：「良謂純陽，健之最善者也；老謂老陽，健之最久者也；瘠謂多骨少肉，健之最堅強者也。」
〔註86〕李鼎祚《周易集解》卷十七《說卦》。
〔註87〕吳澄《易纂言》卷十《說卦傳》：「駁馬鋸牙，食虎豹，健之最威猛者也。」
〔註88〕熊過《周易象旨決錄》卷七《說卦傳》。

在春為良，夏為老，秋為瘠，冬為駁。乾取象，無所不包。」〔註89〕「其於地，其於人，其於物，其於稼，其於輿，其於木，惟乾無之。」〔註90〕

　　鄧伯羔曰：「乾為馬矣，而又曰為良馬、為老馬、為瘠馬、為駁馬，見坤之牝馬，震之善鳴、馵足、作足、的顙，坎之美脊、亟心、下首、薄蹄、曳，皆不得比也。」

坤為地，為母，為布，為釜，為吝嗇，為均，為子母牛，為大輿，為文，為眾，為柄。其於地也，為黑。

　　述曰：《象旨》：「坤積陰為地，作成物為母。旁有邊幅而中廣平，南北經而東西緯，皆布象，是也。或以泉貨為布，取廣布流行之義，非也。〔註91〕容物熟物以養物『為釜』。三畫皆虛，為歉縮。又陰至靜，翕而不施，故『吝嗇』。『均』猶《周禮》『土均』之『均』。均者，陶人造瓦，所用載土以成器物者也。崔憬曰：『生物不擇善惡。』〔註92〕亦動闢廣均之義。性順而蕃育，『為子母牛』。項氏曰：『乾馬老、瘠，故坤牛特犢，明少且肥，皆與乾反也。』〔註93〕三畫虛，所容載者多，故『為大輿』。『為文，為眾』，『奇為質，偶為文，奇則寡，偶則眾。三畫皆偶，故為文為眾也』〔註94〕。『為柄』，解謂『有形可執』〔註95〕者，是；謂『生物之權』〔註96〕者，非。俞氏曰：『柄一作柄。乾性圓轉而曲，坤性勢方而直，故乾圓坤柄，相反也。乾極陽，為大赤；坤極陰，故於地為黑。』〔註97〕」〔註98〕

〔註89〕雙湖胡氏之說，見董真卿《周易會通‧周易經傳集程朱解附錄纂註卷十四‧說卦傳》、胡廣《周易大全》卷二十四《說卦傳》。張獻翼《讀易紀聞》卷六《說卦傳第十一章》引之而不言。

〔註90〕柴氏中行之說，見董真卿《周易會通‧周易經傳集程朱解附錄纂註卷十四‧說卦傳》、胡廣《周易大全》卷二十四《說卦傳》。張獻翼《讀易紀聞》卷六《說卦傳第十一章》引之而不言。

〔註91〕俞琰《周易集說》卷三十八《說卦傳三》：「古者以泉貨為布，蓋取廣布流行之義。……或曰地南北為經，東西為緯，故為布。」

〔註92〕李鼎祚《周易集解》卷十七《說卦》：「崔憬曰：『取地生萬物，不擇善惡，故為均也。』」

〔註93〕項安世《周易玩辭》卷十五《說卦‧坤》。

〔註94〕俞琰《周易集說》卷三十八《說卦傳三》。

〔註95〕胡一桂《易本義附錄纂疏‧周易說卦傳第十》：「蔡氏曰：『有形可執，故為柄。』」蔡清《易經蒙引》卷十二下《說卦傳》：「進齋曰：『有形可執，故為柄。』」

〔註96〕蔡清《易經蒙引》卷十二下《說卦傳》：「融堂曰：『柄者，生物之權也。』」

〔註97〕俞琰《周易集說》卷三十八《說卦傳三》。

〔註98〕熊過《周易象旨決錄》卷七《說卦傳》。

震為雷，為龍，為玄黃，為旉，為大塗，為長子，為決躁，為蒼筤竹，為萑葦。其於馬也，為善鳴，為馵足，為作足，為的顙。其於稼也，為反生。其究為健，為蕃鮮。

述曰：《象旨》：「『龍』，虞翻、干寶作『驪』。驪，色蒼也。剛柔始交，天地之雜，故『為玄黃』。得乾初為玄，得坤中上為黃也。旉，蓋古鋪為花貌名之義。《說旨》：『旉與華通。花蔕下連而上分花出也。』帝與萬物之所出，故『為大塗』。陽決陰開，無壅塞也。決躁，陽進決陰而性躁動也。蒼筤竹，青色而美也。萑，荻。葦，蘆。蒼筤、萑葦皆下本實而上榦虛，震象也。萑葦，震之廢氣，故竹堅而萑葦虛，竹久而萑葦易枯也。氣始亨，故於馬為善鳴。《爾雅》曰：『後右足白，驤。後左足白，馵。』震居左也。『作足』，猶《駉頌》『斯馬斯作』之『作』〔註99〕，雙足並舉也，皆言在下之陽畫也。『的顙』，吳幼清訓『如射的之的』〔註100〕。額有旋毛中虛，如射者之的，言上畫之虛。古皆訓白，與震色不同。蓋惑《爾雅》『的顙白顛』之語。『反生』，萌芽自下而生，反勾向上，陽在下也。宋氏曰：『麻豆之屬，反戴孚甲而出者也。』〔註101〕陽生不已，其究如乾之健、蕃鮮。草蕃盛而鮮美，根一而葉分於上也。」〔註102〕《象旨》：「蕃謂草，與《坤·文言傳》同。鮮謂魚，即《書·益稷》『鮮食』也。震三爻俱變則為巽，故『為蕃鮮』。震居東，得木正氣。巽居東南，皆木餘氣。故震花變巽為草，震驪變巽為魚。漢上朱氏曰：『震、巽皆木，巽初草根，震初木根。巽二三，木在上者；震二三，草在上者。木有柔者，木之草；草有剛者，草之木。《說卦》舉一隅爾。』」〔註103〕

仲虎曰：「震為長子，而坎、艮不言者，尊嫡也，於陽之長者尊之也。兌少女為妾，而巽、離不言者，少女從姊為娣，於陰之少者卑之也。」〔註104〕

巽為木，為風，為長女，為繩直，為工，為白，為長，為高，為進退，為不果，為臭。其於人也，為寡髮，為廣顙，為多白眼，為近利市三倍。其究為躁卦。

述曰：《象旨》：「巽，偶，下入者木根；奇，上升者木幹。又其性可曲直，

〔註99〕 《魯頌·駉》：「思馬斯作。」
〔註100〕 吳澄《易纂言》卷十《說卦傳》。
〔註101〕 按：此語見陸德明《經典釋文》卷二《周易音義》，未言何人所說，當是陸氏之說。
〔註102〕 熊過《周易象旨決錄》卷七《說卦傳》。
〔註103〕 熊過《周易象旨決錄》卷七《說卦傳》。按：此一節《象旨》內容全出俞琰《周易集說》卷三十八《說卦傳三》。
〔註104〕 胡炳文《周易本義通釋》卷八《說卦傳》。

亦順巽之象。張子曰：『陰氣凝聚，陽在外者不得入，則周旋不捨而為風。』
〔註105〕『繩直』，順以達也。『工』謂入而順。『白』者，虞翻曰：『乾陽在上。』
〔註106〕古註：風吹去塵為潔白。〔註107〕古註說憂也。吳幼清曰：『陽長陰短，
陽高陰卑，中陽積而達於上，故長而高。前二陽欲進，後二陰欲退，將進又退，
不果於進者也。』〔註108〕荀爽曰：『風行無常，故『進退』。風或西或東，故
『不果』。』〔註109〕『為臭』者，臭以風傳。陰氣在下，盤鬱而不散，二陽達
之於外也。『寡髮』，虞翻本作『宣髮』，馬君改『寡』。按：《周禮》：『車人之
事，半矩為宣。』《注》：『頭髮頹落曰宣。』正與宣義同。陰血盛髮多，陽血
盛髮少。『廣顙』蒙『寡髮』而言，髮稀疏而顙廣也。『多白眼』，凡眼『白者
為陽，黑者為陰。離目上下白而黑者居中，黑白相間而勻停；巽目上中白而黑
者在下，上白多於黑也』〔註110〕。俞玉吾曰：『巽順而多有入，故有近利市
三倍。南方離，日之中為市。巽居東南，與離相近。一陰下為巽主，而在上
二陽皆其所有。三倍謂在上二陽畫，每畫三分，則其數六，而三倍於一陰之
二。』〔註111〕『每畫三分』，不知俞氏何據。竊意陽奇為三，乾有美利，而
巽二乾陽畫，是三之倍者。不知然否。巽三變成震，為躁卦。《乾鑿度》曰：
『物有始有壯有究。』震得陽氣之先，巽得陰氣之先，故其卦皆有究極之義
也。」〔註112〕

仲虎曰：「有一卦之中相因取象者，巽為繩直，因而為工；坎為隱伏，因
而為盜；艮為門闕，因而為闍寺。」〔註113〕

坎為水，為溝瀆，為隱伏，為矯輮，為弓輪。其於人也，為加憂，為心病，為
耳痛，為血卦，為赤。其於馬也，為美脊，為亟心，為下首，為薄蹄，為曳。
其於輿也，為多眚，為通，為月，為盜。其於木也，為堅多心。

述曰：《象旨》：「水，內景，坎陽在內，又二陰象土之凹，中陽象水之
流於凹中也，故『為溝瀆』。一陽匿於二陰，為其所蔽，故『為隱伏』。『矯

〔註105〕《正蒙·參兩篇第二》。
〔註106〕李鼎祚《周易集解》卷十七《說卦》。
〔註107〕孔《疏》：「『為白』，取其風吹去塵，故潔白也。」
〔註108〕吳澄《易纂言》卷十《說卦傳》。
〔註109〕李鼎祚《周易集解》卷十七《說卦》。
〔註110〕吳澄《易纂言》卷十《說卦傳》。
〔註111〕俞琰《周易集說》卷三十八《說卦傳三》。
〔註112〕熊過《周易象旨決錄》卷七《說卦傳》。
〔註113〕胡炳文《周易本義通釋》卷八《說卦傳》。

輮』者，宋衷曰：『曲者更直為矯，直者更曲為輮。水流有曲直，故為矯輮。』〔註114〕『弓輪』者，吳幼清曰：『中剛象弓之弣，上下之柔象弓之畏弰，中之奇象輪之軸，上下之偶像輪之輻牙也。』〔註115〕『加憂』、『心病』、『耳痛』，龔氏曰：『《素問》有言：西方生金，在志為憂。北方生水，在志為恐。以恐對憂，則有加矣。寒氣，水之勝也。火熱受邪，心病生焉。』〔註116〕《莊子》云：『上而不下則使人善怒，下而不上則使人善忘，不上不下，中身當心，則為心〔註117〕病。』〔註118〕『恐則傷腎，腎傷則耳痛。』〔註119〕孔《疏》云：『坎為勞卦，聽勞則耳痛』，亦是也。『為血卦，為赤』，血在人身，水之屬，赤其色也。漢上朱氏曰：『《黃帝書》：腎主血，心藏血。腎，坎水也；心，離火也。離中陰而藏血，坎離交也。』〔註120〕坎『心亨』而此曰『心病』，楊殿撰曰：『有孚則心亨，加憂則心病。』孚之亨，盈科而進；憂之病，饑渴害之也。坎為心中實，心之體也；離為心中虛，心之用也。『脊者，外體之中；心者，內藏之中。坎陽在中，故脊美；內剛勁，故心亟；前畫柔，故首不昂；下畫柔，故蹄不厚。』〔註121〕『曳』，龔氏曰：『盈科而進也。』〔註122〕郭子和云：『《易》云見輿曳，馬無曳也。乾、震之馬四，而坎之言馬五，亦知曳為輿矣。』〔註123〕當作『其於輿也為曳』。『多眚』疑在『為心病』之下。目有病為眚。心與目皆屬離，離與坎反，故在坎為病為眚。『通亦以輿言，得時則為通，失時則為曳。』〔註124〕坤輿當平地，任載物未實，故畫皆虛。坎輿在險阻，陽人居中乘之，路艱難，進若或曳之也。『為月』，依簡輔在『為水』之下，以巽離例之，月為水精，故方諸取水於月。坎受乾為體，月借日為光，一也。『為盜』，楊用修曰：『解《繫》作易者其知盜，謂坎外險柔而內剛狠，象盜。又為隱伏，有穿穴踰垣、乘墉伏莽

〔註114〕李鼎祚《周易集解》卷十七《說卦》。
〔註115〕吳澄《易纂言》卷十《說卦傳》。
〔註116〕龔原《周易新講義》卷十《說卦傳》。
〔註117〕「心」，《莊子》無。
〔註118〕《莊子·外篇·達生第十九》。
〔註119〕龔原《周易新講義》卷十《說卦傳》。
〔註120〕朱震《漢上易傳》卷九《說卦傳》。
〔註121〕吳澄《易纂言》卷十《說卦傳》。
〔註122〕李衡《周易義海撮要》卷九《說卦傳》。
〔註123〕郭雍《郭氏傳家易說》卷九《說卦》。
〔註124〕俞琰《周易集說》卷三十八《說卦傳三》。

之象。』〔註125〕與項氏《玩辭》『盜潛行，有水象』者意同。閔夜行，象盜，亦通。木、堅多心，中剛也。」〔註126〕

離為火，為日，為電，為中女，為甲冑，為戈兵。其於人也，為大腹。為乾卦，為鼈，為蟹，為蠃，為蚌，為龜。其於木也，為科上稿。

述曰：《象旨》：「吳幼清曰：『火中虛麗於實物，中黑者，陰；光明而上下赤者，二陽也。日者，天之火，故陽燧可取火於日中。一陰，象日暗虛〔註127〕；上下二陽，象日外明也。』〔註128〕火麗木，日麗天，電麗雲。鄭玄曰：『大明似日，暫明似電也。』『中女』者，謂再索所得。『甲冑』，吳幼清曰：『上剛象冑，下剛象甲，中柔象披甲冑之人也。』〔註129〕俞玉吾曰：『冑字與冒字相似，皆從日從月者，冑子之冑也。』〔註130〕『兵戈者，上剛象刃，下剛象鐏鐓，中柔者，其秘也，大腹中虛也。』〔註131〕『乾卦』，火日乾，燥物也。鄭玄作幹，陽在外能幹正也。鼈、蟹、蠃、蚌、龜者，外剛內柔者也。栝〔註132〕蒼龔氏曰：『蠃則形銳而善麗，蚌則內虛而含明。〔註133〕宋衷曰：『陰在內，則空中。木中空，則科上稿也。』〔註134〕」〔註135〕彭山曰：「科，鳥之科巢，以木枝結構而成也，如鵲巢之類。巢中之木，已無生意，為日所爆則稿矣。」〔註136〕

艮為山，為徑路，為小石，為門闕，為果蓏，為閽寺，為指，為狗，為鼠，為黔喙之屬。其於木也，為堅多節。

述曰：《象旨》：「下二陰，地上一陽，隆起於地上者為山。震陽始出，為平地之大塗。艮陽上窮高山之上成〔註137〕蹊耳。小石。陸績曰：『艮，剛卦之小

〔註125〕楊慎《升菴集》卷四十一《易說卦坎為盜》。
〔註126〕熊過《周易象旨決錄》卷七《說卦傳》。
〔註127〕「日暗虛」，《易纂言》作「日之內斂」。
〔註128〕吳澄《易纂言》卷十《說卦傳》。
〔註129〕吳澄《易纂言》卷十《說卦傳》。
〔註130〕俞琰《周易集說》卷三十八《說卦傳三》。
〔註131〕吳澄《易纂言》卷十《說卦傳》。
〔註132〕「栝」當作「括」。
〔註133〕龔原《周易新講義》卷十《說卦傳》。
〔註134〕李鼎祚《周易集解》卷十七《說卦》。
〔註135〕熊過《周易象旨決錄》卷七《說卦傳》。
〔註136〕季本《易學四同》卷八《說卦》。
〔註137〕「成」，原作「或」，據《周易象旨決錄》改。

也。』〔註138〕一說俞氏曰：『陽大陰小，艮之陽畫為山，故陰為小石。郭子和以為山與小石如坎水溝瀆之類。』〔註139〕上陽連互，下陰雙峙，門闕象。一剛在上，象木果；二柔在下，象草蔬。項氏曰：『震，勇，草木之始；艮，果蓏，草木之終。果蓏終而又能始，故於艮象切也。』〔註140〕『閽寺』者，吳幼清曰：『外一剛，閽人無足，而御止於外；內二柔，寺人無陽，而給使於內也。』〔註141〕『為指』，據王太古當足指。括〔註142〕栝蒼龔氏曰：『指於四支之末而能止者。』〔註143〕虞翻『艮手多節』〔註144〕，非也。『為狗』，漢上朱氏曰：『狗當作狗。《爾雅》謂熊虎醜，其子狗。蓋虎子未有文，猶狗也。』〔註145〕『鼠與狗皆善齧，艮剛在前也。』〔註146〕郭子和曰：『坎之隱伏，在君子為隱，在小人為盜。艮之利則狗，害則鼠。皆一義而二象也。』〔註147〕『黔喙』，依鄭氏作『黔』。馬融曰：『肉食之獸。黔，黑色，陽玄在前。』〔註148〕吳幼清『與鈐通』，謂『齒牙堅利如鐵』，『持束物者』。〔註149〕愚謂陽色非玄黔，亦不與「鈐」通也。郭子和曰：『艮剛動於上，故言喙。堅多節，剛不中也中則為心，不中則為節。心則利用節，則不利於用，二卦之辨也。』〔註150〕」〔註151〕

兌為澤，為少女，為巫，為口舌，為毀折，為附決。其於地也，為剛鹵，為妾，為羊。

　　述曰：《象旨》：「『澤』者，虞翻謂『坎水半見』〔註152〕。俞氏曰：『坎體

〔註138〕李鼎祚《周易集解》卷十七《說卦》。
〔註139〕俞琰《周易集說》卷三十八《說卦傳三》。
〔註140〕項安世《周易玩辭》卷十五《說卦·艮》。
〔註141〕吳澄《易纂言》卷十《說卦傳》。
〔註142〕「括」，四庫本作「栝」。
〔註143〕據俞琰《周易集說》卷三十八《說卦傳三》轉錄。龔原《周易新講義》卷十《說卦》：「止於四支之末而能止者，指也。」
〔註144〕李鼎祚《周易集解》卷十七《說卦》。
〔註145〕朱震《漢上易傳》卷九《說卦傳》。
〔註146〕俞琰《周易集說》卷三十八《說卦傳三》。
〔註147〕郭雍《郭氏傳家易說》卷九《說卦》：「且坎之為隱伏也，在賢者為隱，在小人為盜；艮之為利則為狗，為害斯為鼠。皆一義而二象也。」
〔註148〕李鼎祚《周易集解》卷十七《說卦》。
〔註149〕吳澄《易纂言》卷十《說卦傳》：「『黔』字當與『鉗』，通以鐵持束物者。黔喙之屬，山居猛獸，齒牙堅利如鐵，能食生物者也。」
〔註150〕郭雍《郭氏傳家易說》卷九《說卦》。
〔註151〕熊過《周易象旨決錄》卷七《說卦傳》。
〔註152〕李鼎祚《周易集解》卷十七《說卦》。

則上下俱虛，澤體則上虛而下實。川壅則成澤，澤決則成川也。』〔註153〕『巫』，吳幼清曰：『少女外以口媚悅陽神，俾陽神降於心內也。』〔註154〕『為口舌』，兌上拆，偶畫，口之象中。內畫奇，連互舌之象也。『毀折者，前畫缺。』〔註155〕橫渠張子曰：『物成則上柔者必折也。』〔註156〕『附決』，一陰附二陽之外以為缺。龔氏曰：『震動斯決，無所附。兌決附，不足於震也。』〔註157〕孔《疏》：『秋物成熟，槀稈之屬則毀折，果蓏之實則附決。』『剛鹵』，吳幼清曰：『東方斥，西方鹵，在燥地而剛。下二陽，剛也；上一陰，鹵也。』〔註158〕『鄭少梅謂剛者出金，鹵者出鹽，雖不生五穀，而寶貨興。』〔註159〕兌『為少女，女子之未嫁，以兄弟言也；為妾，女子之既嫁，以嫡娣而言也』〔註160〕。『為羊』，虞翻作『羕』，鄭康成本作『陽』，陽謂養無家女，行賃炊爨，賤於妾者。〔註161〕郭璞引《魯詩》曰『陽如之何』，又曰『巴濮之人，自呼阿陽』，是其義也。《後漢·西南夷傳》：『夷女為婣徒。』」〔註162〕「凡兌之象皆屬末。口舌者，行之末；妾婢者，女之末。」〔註163〕

鄧伯羔曰：「離為乾卦，可見坎之為濕。坎為血卦，可見離之為氣。巽為臭，可見震之為聲。乾為君，可見坤之為臣；為員，可見坤之為方。坤之吝嗇，可見乾之為施；為輿，可見乾之為蓋。兌為毀折，可見艮為堅韌；又為附決，可見艮為附剡。學者能推類以及其餘，庶幾哉盡天下之賾矣。」

程迴曰：「八卦之象，八物而已。充其類，則有所謂百物不廢者。極其說，則又可以類萬物之情。然玩《說卦》之象，有與卦爻相符者，如乾為天、坤為地之類是也；有不與卦爻相符者，如《乾》、《坤》稱龍而不必在《震》；《坤》、

〔註153〕俞琰《周易集說》卷三十八《說卦傳三》。

〔註154〕吳澄《易纂言》卷十《說卦傳》。

〔註155〕吳澄《易纂言》卷十《說卦傳》。

〔註156〕《正蒙·大易第十四》。

〔註157〕李衡《周易義海撮要》卷九《說卦傳》。

〔註158〕吳澄《易纂言》卷十《說卦傳》。

〔註159〕俞琰《周易集說》卷三十八《說卦傳三》。

〔註160〕張獻翼《讀易紀聞》卷六《說卦傳第十一章》。

〔註161〕項安世《周易玩辭》卷十五《說卦·兌》：「『羊』，虞氏作『羕』，鄭氏作『羊』，皆訓為女使，」

季本《易學四同》卷八《說卦傳》：「『羊』，虞本作『羕』，鄭本作『陽』，皆謂女使，蓋行賃炊爨而賤於妾者也。」

〔註162〕熊過《周易象旨決錄》卷七《說卦傳》。

〔註163〕項安世《周易玩辭》卷十五《說卦·剛鹵》。

《屯》稱馬而不必在《乾》之類是也。有見於卦爻而《說卦》不載者，如《漸》之鴻、《中孚》之豚魚之類是也；有見於《說卦》而卦無之者，如為釜、為布、為臝、為蚌之類是也。若夫大琴謂之離，小罍謂之坎，此見於他書，而《易》於《說卦》又可以類推也。」〔註164〕

〔註164〕馮椅《厚齋易學》卷四十七《易外傳第十五‧說卦下》。

讀易述卷十六

序卦傳

吳幼清曰：「羲皇六十四卦之序，始《乾》終《坤》，蓋奇畫偶畫之上，每加一奇一偶二而四，四而八，八而十六，十六而三十二，以極於六十四，乃其生卦自然之序，非人所安排也。後之《易》各因羲皇之卦，而其序不同，如《連山》首《艮》，《歸藏》首《坤》，不復可知其六十四卦之序何如。始《乾》、《坤》，終《既濟》、《未濟》者，《周易》六十四卦之序也。蓋文王既立卦名之後，而次其先後之序如此，皆以施用於人事者起義。而夫子為之傳，以發明其意。或者乃疑其非夫子之作。張子曰：『《序卦》不可謂非聖人之緼，今欲安置一物，猶求審處，況聖人之於《易》，必須布遍精密如是。大匠豈以一斧可知矣。』」〔註1〕」〔註2〕

蔡介夫曰：「序卦之義有相反者，有相因者。相反者，極而變者也。相因者，其未至於極者也，亦老變而少不變之義。」〔註3〕

文中子曰：「大哉《序卦》！時之相生也，達者可與幾矣。」〔註4〕韓康伯曰：「序卦之所明，非《易》之緼也。蓋因卦之次，託象以明義。」〔註5〕

〔註1〕《橫渠易說‧序卦》。
〔註2〕吳澄《易纂言》卷十一《序卦傳》。
〔註3〕蔡清《易經蒙引》卷十二下《序卦傳》。
〔註4〕熊過《周易象旨決錄》卷七《序卦傳》。
〔註5〕見《周易正義》。

有天地，然後萬物生焉。

干寶曰：「蓋物有先天地而生者矣，今正取始於天地。天地之先，聖人弗論也。故其所法象，必自天地而還。」〔註6〕

盈天地之間者唯萬物，故受之以屯。屯者，盈也。屯者，物之始生也。

王肅曰：「屯，剛柔始交而難生，故為物始生也。」〔註7〕

項安世曰：「屯不訓盈。剛柔始交，雷雨動盪，其氣充盈，故謂之盈耳。謂物之始生者，其時也。若屯之訓盈，紛紜盤錯之義。」〔註8〕

物生必蒙，故受之以蒙。

張氏曰：「物始生，稺小昧蒙，未發蒙，所以次屯。」〔註9〕

蒙者，蒙也，物之稺也。物稺不可不養也，故受之以需。需者，飲食之道也。

蘇氏曰：「義有不盡於名者，履為禮、蠱為事、臨為大、解為緩之類是也。故曰『蒙者，蒙也』；『比者，比也』；『剝者，剝也』；皆義盡於名者也。」〔註10〕

朱氏曰：「幼稺而無以養之，則夭閼不遂。蓄德養才者亦然。」〔註11〕

龔氏曰：「需非飲食也，飲食之道也。萬物之於天，則以雨為需。人之於君，則以飲食為需。兩相比者，情也，而義不足以畜，則情勝義而不可久。故比必有所畜，所以止之也。物畜則萬物勝多，而禮所由興也。」〔註12〕

飲食必有訟，故受之以訟。

朱氏曰：「乾餱以愆，豕酒生禍。有血氣者必有爭心，故次以訟。」〔註13〕

訟必有眾起，故受之以師。師者，眾也。

介夫曰：「人之有訟，必各有朋黨。彼以朋黨而起者非一人，此以朋黨而起者亦非一人，是有眾起也，皆理勢自然也。」〔註14〕

〔註6〕李鼎祚《周易集解》卷十七《序卦》。
〔註7〕此語見李鼎祚《周易集解》卷十七《序卦》，稱「韓康伯曰」。
〔註8〕項安世《周易玩辭》卷十六《序卦》。
〔註9〕張獻翼《讀易紀聞》卷六《序卦傳》。按：原出程頤《伊川易傳·蒙》，《讀易紀聞》引之而不言。
〔註10〕蘇軾《東坡易傳》卷八《序卦傳》。
〔註11〕朱震《漢上易傳》卷十《序卦傳》。
〔註12〕李衡《周易義海撮要》卷十《序卦傳》，節自龔原《周易新講義》卷十《序卦》。
〔註13〕朱震《漢上易傳》卷十《序卦傳》。
〔註14〕蔡清《易經蒙引》卷十二下《序卦傳上篇》。

眾必有所比，故受之以比。比者，比也。比必有所畜，故受之以小畜。

　　韓康伯曰：「眾起而不比，則爭無由息；必相親比，而後得寧也。」〔註 15〕
羅彝正曰：「畜，聚也。比則聚。」

物畜然後有禮，故受之以履。

　　彝正曰：「物聚則分殊，分殊則禮立。禮者，人之所履也。故小畜之後，
繼之以履。」

履而泰，然後安，故受之以泰。

　　介夫曰：「履然後安，人有禮以相處，然後彼此各得其分而安矣。《曲禮》
所謂『有禮則安，無禮則危』也。」〔註 16〕

　　姚信曰：「安上治民，莫過於禮。有禮然後泰，泰然後安也。」〔註 17〕

　　楊廷秀曰：「乾、坤，天地之泰初；屯、蒙，人物之泰初。有物此有養，
故需以養之。養者生之源，亦爭之端。爭生焉，小者訟，大者戰。師以除其惡，
比以附其善。畜以生治。履以辨治，而後致泰。豈一手一足之力哉？故曰古無
聖人，則人之類滅久矣。」〔註 18〕

泰者，通也。物不可以終通，故受之以否。

　　張敬夫曰：「治亂相仍，如環無端，物安有久通者乎？故受之以否。夫泰
而驕，所以致否；否而畏，所以復泰。」〔註 19〕

　　胡一桂曰：「《小畜》、《履》後，乾坤自相遇成《泰》、《否》。然乾坤十變
方泰，何其難；泰一變即否，何其易！履其交會處。處此者，宜知警戒，為變
化持守之道可也。」〔註 20〕

物不可以終否，故受之以同人。

　　韓康伯曰：「否則思通，人人同志，故可出門同人，不謀而合。」〔註 21〕

與人同者，物必歸焉，故受之以大有。

　　司馬君實曰：「否者，物不相交之卦。不相交則異，異則爭，爭則窮，故

〔註 15〕韓《注》。
〔註 16〕蔡清《易經蒙引》卷十二下《序卦傳上篇》。
〔註 17〕李鼎祚《周易集解》卷十七《序卦》。
〔註 18〕楊萬里《誠齋易傳》卷四《泰》。
〔註 19〕張栻《南軒易說》卷四《序卦》。
〔註 20〕胡一桂《周易本義啟蒙翼傳》上篇《文王六十四卦次序圖並說》。
〔註 21〕韓《注》。

受之以同人。同人者，所以通之也，物通則大有矣。」〔註22〕

彝正曰：「同於人者，物必歸，故大者皆為吾有也。」

有大者不可以盈，故受之以謙。

朱氏曰：「認物之歸為己有者必驕，驕則充〔註23〕滿，大復為累矣。有大者不可盈，故次以謙。」伯羔曰：「謙者，居有之道也。」〔註24〕

有大而能謙，必豫，故受之以豫。

姜廷善曰：「『有大而能謙』，則滿而不溢，人皆敬之，而無有疾之者矣。如此則吾亦得以安和說樂而豫，故謙繼以豫。」〔註25〕

孫從龍〔註26〕曰：「同人者，公好公惡，不拂天下之心。謙者，畏天勤民，不恃天下之有。豫則常保其有而樂以天下矣，於此見致治保治之道。」

豫必有隨，故受之以隨。

鄭玄曰：「『豫必有隨』者，喜樂而出，人則隨從。孟子曰：『吾君不遊，吾何以休？吾君不豫，吾何以助？』此之謂也。」〔註27〕

以喜隨人者，必有事，故受之以蠱。蠱者，事也。

胡氏曰：「大有天下之眾，又能謙順，則人必說豫而隨之，故以豫次謙。以喜隨人，久而已極，必敗成事，故蠱次隨。」〔註28〕

介夫曰：「豫必有所隨，所喜樂則隨之矣。『以喜隨人者』，非無故也，必有其事。如臣之事君，必以治天職為事；弟子之隨師，必以受業解惑為事。」〔註29〕

項安世曰：「蠱者，壞也。物壞則萬事生矣。事因壞而起，故以蠱為事之

〔註22〕司馬光《易說》卷二《同人》。
〔註23〕「充」，《漢上易傳》作「亢」。董真卿《周易會通·周易經傳集程朱解附錄纂註第十四·序卦傳》、胡廣《周易大全》卷二十四《序卦傳》引之，亦作「亢」。
〔註24〕朱震《漢上易傳》卷十《序卦傳》。
〔註25〕姜寶《周易傳義補疑》卷十二《序卦傳》。
　　　　按：俞琰《周易集說》卷三十九《序卦傳》：「有大而能謙，則滿而不溢，人皆敬之而無有疾之者矣，則吾亦得以安和說樂，故謙後繼以豫。」
〔註26〕《經義考》著錄孫從龍《周易參疑》十卷，錄王世貞序。引陸元輔之說，稱：「孫從龍，字化光，吳江人。隆慶戊辰進士，歷官江西按察副使。」
〔註27〕《周易鄭注·序卦第十一》。
〔註28〕胡瑗《周易口義》卷十三《序卦》。
〔註29〕蔡清《易經蒙引》卷十二下《序卦傳上篇》。

先〔註30〕。」〔註31〕

有事而後可大，故受之以臨。臨者，大也。

彖正曰：「可大之業由事而生，故因蠱之事而後有臨之大。二陽進而四陰退，臨所以大也。」荀爽曰：「陽稱大。」〔註32〕

項安世曰：「臨不訓大。大〔註33〕者，以上臨下，以大臨小。凡稱臨者，皆大者之事，故以大稱之。若『豐者大也』，則真訓大也。是以六十四卦有二大而不相妨焉。」〔註34〕

物大然後可觀，故受之以觀。

彖正曰：「物之小者不足觀，必大然後可觀。臨反而為觀，則二陽之大者在上矣，可為四陰之觀也。」

可觀而後有所合，故受之以噬嗑。嗑者，合也。

朱氏曰：「在上無可觀，在下引而去矣。非可觀，而能有合乎？」〔註35〕

韓康伯曰：「可觀則異方合會也。」〔註36〕

物不可以苟合而已，故受之以賁。

楊中立曰：「『物不可以苟合』。無故而合者，必無故而離，又在乎賁以飾之。」〔註37〕

蘇氏曰：「君臣、父子、夫婦、朋友之際，所謂合也。直情而行之謂之苟，禮以飾情謂之賁。苟則易合，易合則相瀆，瀆則易以離。賁則難合，難合則相敬，敬則久矣。」〔註38〕

賁者，飾也。致飾然後亨則盡矣，故受之以剝。

荀爽曰：「極飾反素，文章敗，故為剝也。」〔註39〕

〔註30〕「先」，《周易玩辭》作「元」。

〔註31〕項安世《周易玩辭》卷十六《序卦·以喜隨人者必有事蠱者事也》。

〔註32〕李鼎祚《周易集解》卷十七《序卦》。

〔註33〕「大」，《周易玩辭》作「臨」。

〔註34〕項安世《周易玩辭》卷十六《序卦·臨者大也　豐者大也》。

〔註35〕朱震《漢上易傳》卷十《序卦傳》。

〔註36〕韓《注》。

〔註37〕董真卿《周易會通·周易經傳集程朱解附錄纂註第十四·序卦傳》、胡廣《周易大全》卷二十四《序卦傳》。

〔註38〕蘇軾《東坡易傳》卷八《序卦傳》。

〔註39〕李鼎祚《周易集解》卷十七《序卦》。

韓康伯曰：「極飾則實喪也。」〔註40〕

剝者，剝也。物不可以終盡剝，窮上反下，故受之以復。

崔憬曰：「夫易窮則有變，物極則反於初，故剝之為道，不可終盡，而歸之於復也。」〔註41〕

復則不妄矣，故受之以无妄。

朱氏曰：「復則天地〔註42〕无妄，无妄則其動也天。」〔註43〕

有无妄然後可畜，故受之以大畜。

朱氏曰：「无妄然後物物循理，乃可大畜。」〔註44〕荀爽曰：「物不妄者，畜之大也。畜積不散，故大畜也。」〔註45〕

物畜然後可養，故受之以頤。頤者，養也。

彝正曰：「萬物聚而養道備也。」

不養則不可動，故受之以大過。

龔氏曰：「『不養則不可動』，雖形體亦然，況欲有為乎！故上九『由頤』，然後『利涉大川』也。」〔註46〕

閭彥升曰：「養者，君子所以成己。動者，君子所以應物。然君子處則中立，動則中行，豈求勝物哉？及其應變，則有時或過，故受之以大過。」〔註47〕

物不可以終過，故受之以坎。坎者，陷也。陷必有所麗，故受之以離。離者，麗也。

彝正曰：「『物不可以終過』，過極必陷，故君子貴中。」彭山曰：「處險久則困，心衡慮而能生明，故離次坎。」〔註48〕

〔註40〕韓《注》。
〔註41〕李鼎祚《周易集解》卷十七《序卦》。
〔註42〕「地」，《漢上易傳》作「理」。
〔註43〕朱震《漢上易傳》卷十《序卦傳》。
〔註44〕朱震《漢上易傳》卷十《序卦傳》。
〔註45〕李鼎祚《周易集解》卷十七《序卦》。
〔註46〕李衡《周易義海撮要》卷十《序卦傳》。
〔註47〕董真卿《周易會通·周易經傳集程朱解附錄纂註第十四·序卦傳》、胡廣《周易大全》卷二十四《序卦傳》。
〔註48〕季本《易學四同》卷一《離》。

有天地，然後有萬物。有萬物，然後有男女。有男女，然後有夫婦。有夫婦，然後有父子。有父子，然後有君臣。有君臣，然後有上下。有上下，然後禮義有所錯。

　　干寶曰：「『錯』，施也。此詳言人道，三綱六紀有自來也。人有男女陰陽之性，則自然有夫婦配合之道。有夫婦配合之道，則自然有剛柔尊卑之義。陰陽化生，血體相傳，則自然有父子之親。以父立君，以子資臣，則必有君臣之位。有君臣之位，故有上下之序。有上下之序，則必禮以定其體，義以制其宜。明先王製作，蓋取之於情也。上經始於《乾》、《坤》，有生之本也。下經始於《咸》、《恒》，人道之首也。易之興也，當殷之末也，有妲己之禍；當周之盛德，有三母之功。以言天不地不生，夫不婦不成，相須之至，王教之端。故《詩》以《關雎》為《國風》之始，而《易》於《咸》、《恒》備論禮義所由生也。」〔註49〕

夫婦之道，不可以不久也，故受之以恒。恒者，久也。

　　程《傳》：「咸，夫婦之道。夫婦終身不變者也，故《咸》之後受之以《恒》也。」〔註50〕

物不可以久居其所，故受之以遯。遯者，退也。

　　胡一桂曰：「此又借恒之名泛論物義，若夫婦之道，豈可以不久居其所者乎？」〔註51〕

物不可以終遯，故受之以大壯。

　　姜廷善曰：「《大壯》在《遯》之後，《晉》之前，介乎進退之間，退而方止，止而未進者也。」〔註52〕

物不可以終壯，故受之以晉。

　　唐應德曰：「明出地上，晉也。日出於積陰之下，而升至陽之位，如人之破乎障塞而極乎高明，此非強健有力者不能，此《晉》之所以次《大壯》也。」〔註53〕

〔註49〕李鼎祚《周易集解》卷十七《序卦》。
〔註50〕程頤《伊川易傳·恒》。
〔註51〕董真卿《周易會通·周易經傳集程朱解附錄纂註第十四·序卦傳》、胡廣《周易大全》卷二十四《序卦傳》。
〔註52〕姜寶《周易傳義補疑》卷十二《序卦傳》。
〔註53〕（明）唐順之《荊川集》文集卷十三《晉齋說並跋》。

崔憬曰：「『不可以終壯』於陽盛，自取『觸藩』，宜柔進而上行，受茲『錫馬』。」〔註54〕

晉者，進也。進必有所傷，故受之以明夷。夷者，傷也。傷於外者，必反其家，故受之以家人。

鄧伯羔曰：「晉與漸皆進而有別。進必有歸者，先以艮；進必有傷者，先以壯也。進極當降，復入於地，故曰明夷，故『日盈則昃』也。」

閻彥升曰：「『以利合者，迫窮禍患害相棄也。以天屬者，迫窮禍患害相收也。』〔註55〕明夷之傷，豈得不返於家人乎？」〔註56〕

家道窮必乖，故受之以睽。睽者，乖也。

張敬夫曰：「夫家有父子之親、夫婦之愛，然身不行道，則父子、夫婦無復親矣。此家道窮則乖，《離》所以次《睽》也。」〔註57〕

乖必有難，故受之以蹇。蹇者，難也。

介夫曰：「屯、蹇皆為難義，但屯者始生之難，蹇者所遇之難也。乖必有難，如人情義乖離，必至相戕賊，而難作矣。」〔註58〕

物不可以終難，故受之以解。

介夫曰：「凡人患難，畢竟皆有解散之日，故曰『物不可終難，故受之以解』。」〔註59〕程《傳》：「難極則必散。」〔註60〕

解者，緩也。緩必有所失，故受之以損。

程《傳》：「縱緩則必有所失，失則損也。」〔註61〕

損而不已必益，故受之以益。

崔憬曰：「《損》終則『弗損益之』，故言『損而不已必益』。」〔註62〕

姜廷善曰：「損益盛衰，若循環然。損而不已，天道復還，故必益。益而

〔註54〕李鼎祚《周易集解》卷十七《序卦》。
〔註55〕《莊子・外篇・山木第二十》。
〔註56〕董真卿《周易會通・周易經傳集程朱解附錄纂註第十四・序卦傳》、胡廣《周易大全》卷二十四《序卦傳》。
〔註57〕張栻《南軒易說》卷四《序卦》。
〔註58〕蔡清《易經蒙引》卷十二下《序卦傳下篇》。
〔註59〕蔡清《易經蒙引》卷十二下《序卦傳下篇》。
〔註60〕程頤《伊川易傳・解》。
〔註61〕程頤《伊川易傳・損》。
〔註62〕李鼎祚《周易集解》卷十七《序卦》。

不已，則所損滿盈，故必決。《損》繼以《益》，深谷為陵之意也。《益》繼以《夬》，高岸為谷之意也。」〔註63〕

益而不已必決，故受之以夬。夬者，決也。

　　陳紫峰〔註64〕曰：「物無終益之理，益而不已，必盈溢而決隄防，故受之以夬。夬者，決也。」

決必有所遇，故受之以姤。姤者，遇也。

　　姜廷善曰：「決主開，遇主合。開則必合，決則必遇。」〔註65〕

　　胡一桂曰：「上決一陰，下復一陽，猶可也。今上決一陰，下遇一陰，姑論卦名相次。」〔註66〕

物相遇而後聚，故受之以萃。萃者，聚也。

　　姜廷善曰：「物相遇合，然後會聚而成群。」〔註67〕

聚而上者謂之升，故受之以升。

　　張敬夫曰：「天下之物，散之則小合，而聚之則積小以成其高大，故聚而上者為升也。」〔註68〕

升而不已必困，故受之以困。

　　崔憬曰：「冥升在上，以消不富則窮，故言『升而不已必困』也。」〔註69〕

困乎上者必反下，故受之以井。

　　姜廷善曰：「困乎上則必反於下，而物之在下者莫如井。井有養道焉，猶言困竭者就井取汲以養。」〔註70〕

井道不可不革，故受之以革。

　　張獻翼曰：「井道，常道也。革者，非革常道也，革其壞常者也。《後漢書·

〔註63〕姜寶《周易傳義補疑》卷十二《序卦傳》。

〔註64〕《經義考》卷五十三著錄陳琛《易經通典》（原注：一名《淺說》）六卷。引《人物考》，稱：「陳琛，字思獻，號紫峯，晉江人。正德丁丑進士。歷官江西提學僉事。」

〔註65〕姜寶《周易傳義補疑》卷十二《序卦傳》。

〔註66〕董真卿《周易會通·周易經傳集程朱解附錄纂註第十四·序卦傳》、胡廣《周易大全》卷二十四《序卦傳》。

〔註67〕姜寶《周易傳義補疑》卷十二《序卦傳》。

〔註68〕張栻《南軒易說》卷四《序卦》。

〔註69〕李鼎祚《周易集解》卷十七《序卦》。

〔註70〕姜寶《周易傳義補疑》卷十二《序卦傳》。

禮儀志》引《古禮》云：『立秋：濬井改水。冬至：鑽燧改火。』即井道之革也。」〔註71〕

革物者莫若鼎，故受之以鼎。

　　韓康伯曰：「革去故，鼎取新。既以去故，則宜製器立法，以治新也。鼎所以和齊生物，成新之器也，故取象焉。」〔註72〕

主器者莫若長子，故受之以震。

　　程《傳》：「鼎者，器也。震為長男，故取主器之義，而繼鼎之後。長子，傳國家、繼位號者也。」〔註73〕

震者，動也。物不可以終動，止之，故受之以艮。艮者，止也。物不可以終止，故受之以漸。

　　關朗曰：「震，動也，動無不止。艮，止也，止無不漸。漸，進也。萬物無不漸，漸其聖人之進乎！古者無為而治，百姓日用而不知，其漸之然乎？」〔註74〕

漸者，進也。進必有所歸，故受之以歸妹。

　　閻彥升曰：「晉者，進也，晉必有所傷。漸者，進也，進必有所歸。何也？曰：晉所謂進者，有進而已，此進必有傷也。漸之所謂進者，漸進而已，烏有不得所歸者乎？」〔註75〕胡一桂曰：「夫子特借『歸』之一字以論其序，非以明卦旨也。」〔註76〕

得其所歸者必大，故受之以豐。豐者，大也。

　　朱氏曰：「前曰『與人同者，物必歸焉，故受之以大有』，此曰『得其所歸者必大』，《大有》次《同人》者，處大之道也；《豐》次《歸妹》者，致大之道也。」〔註77〕

　　胡一桂曰：「亦借『歸』字以泛論致豐之由，非取歸妹義矣。」〔註78〕

〔註71〕張獻翼《讀易紀聞》卷六《序卦傳》。

〔註72〕韓《注》。

〔註73〕程頤《伊川易傳・震》。

〔註74〕《關氏易傳・雜義第十一》。

〔註75〕董真卿《周易會通・周易經傳集程朱解附錄纂註第十四・序卦傳》、胡廣《周易大全》卷二十四《序卦傳》。

〔註76〕董真卿《周易會通・周易經傳集程朱解附錄纂註第十四・序卦傳》、胡廣《周易大全》卷二十四《序卦傳》。

〔註77〕朱震《漢上易傳》卷十《序卦傳》。

〔註78〕董真卿《周易會通・周易經傳集程朱解附錄纂註第十四・序卦傳》、胡廣《周易

窮大者必失其居，故受之以旅。

　　介夫曰：「『豐盛至於窮極，則必失其所安，旅所以次豐也。』〔註79〕唐明皇、宋徽宗是也。」〔註80〕

旅而無所容，故受之以巽。

　　彝正曰：「旅者親寡，非巽順則無所容。巽順則何往而不入？」

巽者，入也。入而後說之，故受之以兌。兌者，說也。說而後散之，故受之以渙。

　　項安世曰：「人之情，相拒則怒，相入則說，故入而後說之。」〔註81〕

　　程《傳》：「人之氣憂則結聚，說則舒散，故說有散義，所以繼兌也。」〔註82〕

渙者，離也。物不可以終離，故受之以節。

　　韓《注》：「說不可偏繫，故宜散。渙者發暢而無所壅滯則散越〔註83〕，各肆不返而遂乖離。」「故受之以節」，「夫事有其節，則物所同守而不散越也。」〔註84〕

節而信之，故受之以中孚。

　　姜廷善曰：「受之以節，謂有禮制乎其間，而將有以合其情，非若睽之乖也。節者，制之於外。孚者，信之於中。節得其道，而上能信守之，則下亦能信從之矣，所謂『節而信之』也。」〔註85〕

有其信者必行之，故受之以小過。

　　韓康伯曰：「守其信者，則失貞而不諒之道，而以信為過，故曰小過也。」〔註86〕

有過物者必濟，故受之以既濟。

　　韓康伯曰：「行過乎恭，禮過乎儉，可以矯世厲俗，有所濟也。」〔註87〕

　　　　大全》卷二十四《序卦傳》。張獻翼《讀易紀聞》卷六《序卦傳》引之而不言。
〔註79〕按：出程頤《伊川易傳・旅》。《易經蒙引》原有「程曰」二字。
〔註80〕蔡清《易經蒙引》卷十二下《序卦傳下篇》。
〔註81〕項安世《周易玩辭》卷十六《序卦・入而後說之　說而後散之》。
〔註82〕程頤《伊川易傳・渙》。
〔註83〕「散越」，韓《注》作「殊趣」。
〔註84〕韓《注》。
〔註85〕姜寶《周易傳義補疑》卷十二《序卦傳》。
〔註86〕韓《注》。
〔註87〕韓《注》。

物不可窮也，故受之以未濟終焉。

　　韓康伯曰：「有為而能濟者，以己窮物者也。物窮則乖，功極則亂，其可濟乎？故受之以未濟也。」〔註88〕

　　蘇氏曰：「《未濟》所以為無窮也。以《雜卦》觀之，六十四卦皆兩兩相從，非覆則變也。變者八：《乾》、《坤》也，《頤》、《大過》也；《坎》、《離》也；《中孚》、《小過》也。覆變具者八：《泰》、《否》也；《隨》、《蠱》也；《漸》、《歸妹》也；《既濟》、《未濟》也。其餘四十八皆覆也。卦本以覆相從，不得已而從變也。何為其不得已也？變者八，皆不可覆者也。《雜卦》皆相反，《序卦》皆相因，此理也而有二。變者八，覆變具者八，覆者四十八，此數也而有三。然則六十四卦之序果何義也？曰理二，曰數三，五者無不可，此其所以為易也。步曆而曆協，吹律而律應，考之人事而人事契，循乎天理而天理行，無往而不相值也。且非獨此五者而已，將世之所有，莫不咸在。是故從孔子之言，則既有二說矣。『物不可終過，故受之以坎。坎者，陷也。陷必有所麗，故受之以離。』又曰：『有男女，然後有夫婦。』方其為男女，則所謂陷與麗者不取也。自是以往，吾豈敢一之哉？」〔註89〕

―――――――――――――――

〔註88〕韓《注》。
〔註89〕蘇軾《東坡易傳》卷八《序卦傳》。

讀易述卷十七

雜卦傳

虞翻曰：「《雜卦》者，雜六十四卦以為義，其於《序卦》之外別言也。」昔者聖人之興，因時而作，隨其時宜，不必皆相因襲，當有損益之意也。故《歸藏》名卦之次，亦多異於時。王道躓駁，聖人之意或欲錯綜以濟之，故次《序卦》以其雜也。〔註1〕

《象旨》：「《雜卦》者，韓康伯云：『雜糅眾卦，錯綜其義，或以類相同，或以異相明也。』文中子讀《易》至《雜卦》，云：『旁行而不流，守者可與存義矣。』〔註2〕」〔註3〕

張敬夫曰：「《序卦》所以言易道之常，《雜卦》所以言易道之變，此古有是言也。殊不知《易》之《雜卦》乃言其卦畫反對，各以類而言之，非雜也，於雜之中有不雜者存焉。」〔註4〕

邵二泉曰：「《序卦》序言之也，《雜卦》錯言之也。於序之中，復錯舉其反對者，序言之其義如此，錯言之其義又如此。序也，錯也，互為經緯者也。」〔註5〕

項氏曰：「有序必有雜。序者，天地之定體；雜者，天地之大用也。有序

〔註1〕此一節出孔《疏》。
〔註2〕王通《中說》卷五《問易篇》。
〔註3〕熊過《周易象旨決錄》卷七《雜卦傳》。
〔註4〕張栻《南軒易說》卷五《雜卦》。
〔註5〕邵寶《簡端錄》卷三《易》。

而無雜，則易之用窮矣，故以《雜卦》終之。此《既濟》之終後〔註6〕之以《未濟》之意也。」〔註7〕

乾剛坤柔，比樂師憂。

「『乾剛坤柔』，與離上坎下相類，語若淺近，而乾坤坎離之性，盡於二語之中。凡《易》之剛爻皆乾也，柔爻皆坤也。凡《繫辭》之稱乾坤，皆謂剛爻柔爻，非但指六畫兩卦而言也。三百八十四爻，不過剛柔二字。」〔註8〕「比者，聖人之本心；師者，聖人之不能已。故比謂之吉，師謂之毒。《師》之九二，必待『中吉』而後『无咎』，必待『王三錫命』而後成功；《比》之九五，內不戒邑人，外不取逆者，而物自歸之。其憂樂之分明矣。」〔註9〕

熊氏曰：「《乾》主上九，《坤》主上六。『《比》樂《師》憂』，皆一陽統五陰卦也。《比》一陽在上，為顯比之主；《師》一陽在下，為行險之師。」〔註10〕

臨觀之義，或與或求。

「或與或求」，皆尊陽之義。「吳幼清曰：『二陽浸長，上陰不以勢臨而與之，俟其進。四陰已盛，然不進逼陽，統率三陰，居下求《觀》九五中正。』〔註11〕其解是已。」〔註12〕

屯見而不失其居，蒙雜而著。

項氏曰：「《屯》之初九已出乎震而未離於下，盤桓居貞，奠而後動，不使有失策也。《蒙》之九二藏於坎中，不求於蒙而蒙自求之，剛中而志應，不可得而掩也。此二卦皆有康主濟民之用。以居對見，則見謂出也；以著對雜，則雜謂隱也。屯雖出而不失其處，蒙雖處而不免於出，二義正相反也。」〔註13〕

熊氏曰：「《屯》、《蒙》皆二陽之卦，陽陷一也，而位不同。《屯》陽見於上卦二陰之中而為主，下一陽動乎險中而利居貞；《蒙》陽雜於下卦二陰之中

〔註6〕「終後」，《周易玩辭》作「後終」。
〔註7〕項安世《周易玩辭》卷十六《雜卦・序卦雜卦》。
〔註8〕項安世《周易玩辭》卷十六《雜卦・乾剛坤柔》。
〔註9〕項安世《周易玩辭》卷十六《雜卦・比樂師憂》。
〔註10〕熊過《周易象旨決錄》卷七《雜卦傳》。
〔註11〕吳澄《易纂言》卷十二《雜卦傳》：
　　　「與」者，上與下。「求」者，下求上。《臨》九二，二陽浸長，在上之陰不敢以勢臨之而與之，以俟其上進。《觀》六四，四陰已盛，然不進逼犯陽，而統率三陰，居下以求《觀》九五之中正。
〔註12〕熊過《周易象旨決錄》卷七《雜卦傳》。
〔註13〕項安世《周易玩辭》卷十六《雜卦・屯象》。

而為主,其上一陽止於險外,以貞示人。」〔註14〕

震,起也。艮,止也。損益,盛衰之始也。

龔氏曰:「『起』者生於動,陽在下也。『止』者生於靜,陽在上也。」〔註15〕「震一陽起於初,艮一陽止於終,此天道之起止,自東方而至於東北者也。《雜卦》言止者三:『艮止也』,『大壯則止』,『節止也』。《大壯》之止,與《遯》之退相反,謂陽德方盛,故止而不退也。此止有向進之象,非若《艮》之止而終也。《節》之止與《渙》之離相反,謂遏而止之,使不散也。此乃人止之,非若《大壯》之自止也。」〔註16〕「『損益,盛衰之始也』,此句發明損益之義最為親切。《泰》之變為《損》,損未遽衰也。然損而不已,自是衰矣。《否》之變為《益》,益未遽盛也。然益而不已,自是盛矣。為人者能使惡日衰,善日盛,其為聖賢也孰御焉?為國者能使害日衰,利日盛,其為泰和也孰御焉?」〔註17〕關朗曰:「始盛者,由衰而益。始衰者,由盛而損。」〔註18〕

大畜,時也。无妄,災也。

「止健者,時有適然,无妄而災自外至。」〔註19〕「以乾之剛而受畜於四、五之二陰,如大畜者,可以言時矣。當无妄之時,而猶有災焉,可以言災也。」〔註20〕「以艮畜乾而可者,艮為上主,而力足以畜大,故云時也。以乾行震而不利者,震為下主,以上主者為時,則下主者災矣。是上下之分也。」〔註21〕

萃聚而升不來也,謙輕而豫怠也。

《萃》、《升》皆四陰之卦。《萃》三陰在下,皆萃於五,是聚而不散;《升》

〔註14〕熊過《周易象旨決錄》卷七《雜卦傳》。

〔註15〕龔原《周易新講義》卷十《雜卦》。

〔註16〕項安世《周易玩辭》卷十六《雜卦・艮止也 節止也 大壯則止》:

《雜卦》言止者三:「艮止也」,「大壯則止」,「節止也」。震一陽起於初,艮一陽止於終,此天道之起止,自東方而至於東北者也。《大壯》之止,與《遯》之退相反,謂陽德方盛,故止而不退也。此止有向進之象,非若《艮》之止而終也。《節》之止與《渙》之離相反,謂遏而止之,使不散也。此人止之,非若《大壯》之自止。

〔註17〕項安世《周易玩辭》卷十六《雜卦・損益》。

〔註18〕《關氏易傳・雜義第十一》。

〔註19〕朱熹《周易本義・周易雜卦傳第十》。

〔註20〕項安世《周易玩辭》卷十六《雜卦・大畜无妄》。

〔註21〕熊過《周易象旨決錄》卷七《雜卦傳》。

按:蘇軾《東坡易傳》卷八《雜卦傳》:「以艮畜乾而可者,時也。以乾行震而不可者,災也。」

三陰在上，而主初陰，「柔以時升」，是以往而不來。〔註22〕《易》以上為往下為來也。《象旨》：「陽在下卦，自抑而為謙之主，故輕。陽在上卦，自高〔註23〕而為豫之主，故怠。」〔註24〕

噬嗑，食也。賁，無色也。

《象旨》：「《噬嗑》、《賁》皆三陰三陽之卦。《噬嗑》中陽在頤，居下卦震動之上，食也；《賁》中陽文剛，而光輝於艮實之內，無色也。色謂一色，文則無一色矣。」〔註25〕陳琛曰：「噬嗑以有物而見食，賁以無色而受採。」〔註26〕

兌見而巽伏也。

關朗曰：「『兌見』也，以其陰柔外形乎？『巽伏』也，以其陰柔內蘊乎？」〔註27〕卜子夏曰：「兌剛內而柔外，見其情而說人也。巽剛外而柔內，隱其情而巽物也。」〔註28〕項氏曰：「屯見而蒙雜，皆指陽言之也。兌見而巽伏，皆指陰言之也。坎之隱伏，伏於陰中，遇陷而不能出也。巽之隱伏，伏於陽下，順伏之也。」〔註29〕

隨無故也，蠱則飭也。

「隨以無故而偷安，蠱以有壞而修飭，故聖人不畏多難而畏無難也。」〔註30〕吳幼清曰：「《隨》初九為主，聽二陰自隨而無所作為；《蠱》初六為主，承乾父體壞而有所整治。」〔註31〕

剝，爛也。復，反也。晉，畫也。明夷，誅也。

「剝，爛盡。復，反生也。凡果爛而仁生，物爛而蠱生，木葉爛而根生，糞壤爛而苗生，皆剝復之理也。」〔註32〕「孫奕《示兒編》：『誅當作昧。明出

〔註22〕熊過《周易象旨決錄》卷七《雜卦傳》：
《萃》、《升》皆四陰之卦。《萃》一陰為上卦之主，而三陰聚於下；《升》一陰為下卦之主，而三陰往於上。

〔註23〕「高」，《周易象旨決錄》作「亢」。

〔註24〕熊過《周易象旨決錄》卷七《雜卦傳》。

〔註25〕熊過《周易象旨決錄》卷七《雜卦傳》。

〔註26〕按：此語亦見（明）徐師曾《今文周易演義》卷十二《雜卦傳》。

〔註27〕《關氏易傳·雜義第十一》。熊過《周易象旨決錄》卷七《雜卦傳》引之。

〔註28〕《子夏易傳·雜卦傳第十一》。

〔註29〕項安世《周易玩辭》卷十六《雜卦·兌巽》

〔註30〕項安世《周易玩辭》卷十六《雜卦·隨蠱》。

〔註31〕吳澄《易纂言》卷十二《雜卦傳》。

〔註32〕項安世《周易玩辭》卷十六《雜卦·剝復》。

地上為畫，明入地中為昧，得反對之義。」〔註33〕關氏曰：「蒙昧者，厥道求乎明。明夷亦昧也，非不明，蓋傷之耳。」〔註34〕孫氏義取此。」〔註35〕

井通而困相遇也。

「剛柔相遇而剛見揜也。」〔註36〕「以『通』與『遇』反對，則遇為相抵而不通之象。巽之上爻主塞坎水之下流，而坎水乃出於上，蓋塞而後通者也，故謂之通。兌之下爻主塞坎水之上源，而坎水適在下，正遇其塞，所以困也。自《乾》、《坤》至此凡三十卦，正與上經之數相當也。」〔註37〕

咸，速也。恒，久也。渙，離也。節，止也。解，緩也。蹇，難也。

「天下之速，莫速於感。咸，速也。此語最有味。」〔註38〕「渙節正與井困相反。井以木出水，渙則以水浮木，故通〔註39〕之極終於散也。節以澤上之水，故居通而能塞。」〔註40〕「解蹇亦以水言。解近於渙，緩而縱之也；蹇近於節，難而止之也。」〔註41〕

吳幼清曰：「《咸》九三不上感正應而下感近比，欲速感也。《恒》初六以柔巽處卑下，妻道之可久者也。《渙》九二坎水在巽風之下，為風所離散。《節》九五坎水在兌澤之上，為澤所節止。《解》九二坎陷在內，震則出險而動於外，內險已解緩也。《蹇》九五坎險在外，艮則見險而止於內，外險方艱難也。」〔註42〕

睽，外也。家人，內也。否、泰，反其類也。

「睽，外；家人，內；皆以離卦言也。火在外則氣散，火在內則神凝，治身治國一也。」〔註43〕「否、泰之相反，亦在內外之間，皆以乾言也。乾在外則否，乾在內則泰。乾者，國之君子，身之陽氣也。」〔註44〕虞翻曰：「離女

〔註33〕（宋）孫奕《履齋示兒編》卷二《衍字誤字》：
《卦略》又曰：「明夷為闇之主」，則知明出地上為畫，明入地中為昧。當作「明夷，昧也」。若以為「誅」，豈聖人《雜卦》之旨耶？

〔註34〕《關氏易傳·雜義第十一》。

〔註35〕熊過《周易象旨決錄》卷七《雜卦傳》。

〔註36〕朱熹《周易本義·周易雜卦傳第十》。

〔註37〕項安世《周易玩辭》卷十六《雜卦·井困》。

〔註38〕項安世《周易玩辭》卷十六《雜卦·咸恒》。

〔註39〕「通」，四庫本小字注「闕」。

〔註40〕項安世《周易玩辭》卷十六《雜卦·渙節》。

〔註41〕項安世《周易玩辭》卷十六《雜卦·解蹇》。

〔註42〕吳澄《易纂言》卷十二《雜卦傳》。

〔註43〕項安世《周易玩辭》卷十六《雜卦·睽家人》。

〔註44〕項安世《周易玩辭》卷十六《雜卦·否泰》。

在上，故外。『女正位乎內』，故內。」〔註45〕謂二五陰爻也。關朗曰：「明乎外者物自睽，故曰『睽，外』。明乎內者家自齊，故『家人，內也』。」〔註46〕龔氏曰：「《否》、《泰》，乾上坤下、坤上乾下，純陰純陽，各以類相反，故爻言疇、言彙。」〔註47〕

大壯則止，遯則退也。大有眾也，同人親也。

「大壯，止；遯，退；亦皆以乾言也。乾壯則止而不退，乾遯則退而不止。」〔註48〕「大有、同人皆以離之中爻為主，在上則人歸於我，是故謂之眾；在下則我同乎人，是故謂之親。」〔註49〕隆山李氏曰：「離為火，火性炎上而趨乾，故曰『同人親也』。」〔註50〕

吳幼清曰：「《大壯》四陽進而消陰，《遯》二陰進而消陽。慮後陽之恃其壯，故不欲九四之進，而欲其止；慮前陽之不及遯，故不欲六二之進，而欲其退也。聖人於五陽之《夬》，亦不欲陽之輕進；於一陰之《姤》，亦惟欲陰之不進。蓋同此意。」〔註51〕彭山曰：「《大壯》無止義，恐其過壯而言止耳；《遯》無退義，以其沈晦而為退耳。」〔註52〕

革，去故也。鼎，取新也。小過，過也。中孚，信也。

「革以火鎔金，故為『去故』。鼎以木鑽火，故為『取新』。亦以離為主也。」〔註53〕「《小過》四陰在外而過其常，《中孚》二陰在內而守其常，二義相反對，皆主陰言之。」〔註54〕

吳幼清曰：「《革》六二離火在內，而兌澤燥渴〔註55〕，尾閭沃〔註56〕之火，去其澤之故者也。《鼎》六五離火在上，而巽木生之，爨改薪傳之火，取

〔註45〕李鼎祚《周易集解》卷十七《雜卦》。
〔註46〕《關氏易傳·雜義第十一》。李鼎祚《周易集解》卷十七《雜卦》引之。
〔註47〕龔原《周易新講義》卷十《雜卦》：「陽與陽，陰與陰，類也。泰則陽下而陰上，否則陰下而陽上，反其類者也。」
　　　　括蒼龔氏曰：「《否》、《泰》以類相反，故爻言疇、言彙。」
〔註48〕項安世《周易玩辭》卷十六《雜卦·大壯遯》。
〔註49〕項安世《周易玩辭》卷十六《雜卦·大有同人》。
〔註50〕俞琰《周易集說》卷四十《雜卦傳》。
〔註51〕吳澄《易纂言》卷十二《雜卦傳》。
〔註52〕季本《易學四同》卷八《雜卦傳》。
〔註53〕項安世《周易玩辭》卷十六《雜卦·革鼎》。
〔註54〕項安世《周易玩辭》卷十六《雜卦·小過中孚》。
〔註55〕「渴」，《易纂言》作「涸」。
〔註56〕「沃」，《易纂言》作「焦釜」。

其木火之新者也。《小過》九四,主也,而為六五所過,蓋陰盛能過,陽衰不反也。《中孚》六四,主也,而為九五所信,蓋陽實能感,陰虛能應也。」〔註57〕

《說旨》:「大有之眾,一陰有五陽也;同人之親,五陽同一陰也。革之去故者,以火混水也;鼎之取新者,以木巽火也。」

吳羔曰:「小者之過,乃謂之過。若過之大,是罪惡,而非過矣。中心之孚,乃謂之信。若外之孚,乃色取,而非信矣。一則過而不信,一則信而無過。」

豐多故也,親寡旅也。

「卦名皆在句上,旅獨在下者,取其韻之叶也。以多故對寡親,則故非事故之故。凡物之情,豐盛則故舊合,羈旅則親戚離。二卦皆主離言。雷與電俱至,其黨不亦盛乎!山上有火,其勢不亦孤乎!」〔註58〕

熊氏曰:「《豐》以二、四為主,二為明之主,而四為動之主,動乎明中,內文明則有所容,為多故。《旅》以三、五為主,三為止之主,五為明之主,止乎明下,外文明則有所察,故無徒。《豐》二、四相得,《旅》三、五不相得。吳幼清曰:『《豐》六二〔註59〕在內,為主於明盛之中,外與四相易,而情相得。初六往上〔註60〕,三亦來孚,故舊之多也。《旅》六五在外,為主於羈窮之中,內與三相易,而情不相親,相親者寡。』」〔註61〕」〔註62〕

韓康伯曰:「高者危懼,滿者戒盈。大者多憂故也。」〔註63〕蘇氏曰:「豐以盛大而多故。」〔註64〕俞琰曰:「旅之時,阨〔註65〕窮而無上下之交,故相親寡。」〔註66〕

離上而坎下也。小畜,寡也。履,不處也。需,不進也。訟,不親也。

「乾陽而在上,坤陰而在下者,陰陽之定體,如人之首上而腹下也。離女而在上,坎男而在下者,陰陽之精氣互藏,其宅如人之心上而腎下也。是

〔註57〕按:此據熊過《周易象旨決錄》卷七《雜卦傳》引。原出吳澄《易纂言》卷十二《雜卦傳》。
〔註58〕項安世《周易玩辭》卷十六《雜卦·豐旅》。
〔註59〕「幼清曰豐六二」,四庫本小字注「闕」。
〔註60〕「上」,《易纂言》作「尚」。
〔註61〕吳澄《易纂言》卷十二《雜卦傳》。
〔註62〕熊過《周易象旨決錄》卷七《雜卦傳》。
〔註63〕韓《注》。
〔註64〕蘇軾《東坡易傳》卷八《雜卦傳》。
〔註65〕「阨」,《周易集說》作「貧」。
〔註66〕俞琰《周易集說》卷四十《雜卦傳》。

故腎之精升而為氣，則離中之陰也；心之精降而為液，則坎中之陽也。火，陰物也，而附於陽，故炎上；水，陽物也，而藏於陰，故就下。然則日為陰、月為陽乎？曰：日則陽矣，而日中之精則陰之神也；月則陰矣，而月中之精則陽之神也。故曰『離上而坎下』。」〔註67〕「《小畜》與《履》皆指一陰言之。《履》六三不當位，故可暫履而不可處也；《小畜》坎四雖當位而無力，故能暫制而不能勝也。《大有》得尊位大中，《大畜》得朋，故皆為大而不為寡。」〔註68〕「《需》、《訟》皆主乾言。止於坎下，故不進；違坎而去，故不親。」〔註69〕

「吳幼清曰：『《離》六五為主，火炎而上，故上徵而折上九之首。《坎》九五為主，水潤而下，故下比而納六四之約。《小畜》一陰畜藏於五陽之間，所畜者寡少。《履》六三履行於二陽之上，所履者剛，又不得正位，非其所安，故行去而不留處。』」〔註70〕《需》九五為主，下三陽以險在前而不進。《訟》以九二為主，水性潤下，天高違行不親。」〔註71〕

大過，顛也。姤，遇也，柔遇剛也。漸，女歸待男行也。頤，養正也。既濟，定也。歸妹，女之終也。未濟，男之窮也。夬，決也，剛決柔也。君子道長，小人道憂也。

「顛與正，皆主陽言之。陰陷陽為顛，陽養陰為正。《大過》，十月卦，陽始絕也；《頤》，十一月卦，陽復生也。」〔註72〕「《漸》九三得男位之正，女而將往也，六四之女得〔註73〕其迎而後行也。《歸妹》之義，六三女君之娣，女之少者既歸，則女之事終也。」〔註74〕又曰：「《漸》、《歸妹》，皆主女言。女子之進也，始於待聘，終於來歸。既得所歸，則女道終矣。」〔註75〕《既濟》六爻當位，《未濟》三陽失位，「皆主男而言。水能留火，故定；火不能留水，故窮。陰陽不交而陽獨受窮者，生道屬陽，死道屬陰也」〔註76〕。

〔註67〕項安世《周易玩辭》卷十六《雜卦·坎離》。
〔註68〕項安世《周易玩辭》卷十六《雜卦·小畜履》。
〔註69〕項安世《周易玩辭》卷十六《雜卦·需訟》。
〔註70〕吳澄《易纂言》卷十二《雜卦傳》。
〔註71〕熊過《周易象旨決錄》卷七《雜卦傳》。
〔註72〕項安世《周易玩辭》卷十六《雜卦·大過頤》。
〔註73〕「得」，《易纂言》作「待」。
〔註74〕吳澄《易纂言》卷十二《雜卦傳》。
〔註75〕項安世《周易玩辭》卷十六《雜卦·漸歸妹》。
〔註76〕項安世《周易玩辭》卷十六《雜卦·既濟未濟》。

男女窮不同，「終者，事之成〔註77〕，女子之義，從一而終，不可以復進也。窮者，時之災，事窮勢極，君子之不幸也」〔註78〕。「《姤》、《夬》皆主陰而言。陰以遭遇為善〔註79〕，故以附決為憂。遇者，有喜之辭也。自《咸》、《恒》至此三十四卦，正與下經之數相當。」〔註80〕以八卦之序言之，「大過者，亂之極也，亂之原必起於姤。姤者，小人之初長也。漸者，小人之窺伺君子也。頤者，君子遭變而自養也。卦氣，頤在大雪之後，冬至之前。既濟者，君子之善處小人也。三陰三陽各當其位。歸妹者，小人之遇合也。未濟者，君子之失位也。小人窮其勢必決，故受之以夬。此一節自《大過》而下，特皆以男女為言，至《夬》而明之曰君子小人，則其意斷可識矣」〔註81〕。以八卦之象言之，「《雜卦》自《乾》、《坤》至《需》、《訟》為八者七，而末章為卦者八，〔註82〕以寓反覆無窮之意，則是八者必不苟取也。蓋嘗論之，頤〔註83〕、大過者，震、【艮、巽、兌之正也。長男少男長女少女。歸妹、漸者，震、艮、巽、兌〔註84〕之交也。長男少女少男長女。未濟，坎、離之正也。中男中女。既濟，坎、離之交也。中女中男。姤，坤消乾也。夬，乾消坤也。父母〔註85〕。此八卦者，正具八純卦之象，故聚見於末章，以明八卦消長之義也。」〔註86〕「《大過》以下八卦皆不對說，以為錯簡耶，則於韻皆叶。以為非錯簡耶，則《姤》《夬》二卦之辭又若相對者，其義難曉。」〔註87〕項氏取虞翻之說而推之。「大過之象，本末俱弱，『又以上應下，如首向下，顛義也』〔註88〕。人之表裏俱絕，世之上下俱昏，此陰滅陽之時也，故為棺椁之象。而在《雜卦》之終，聖人作《易》，示天下以無終窮之理，教人以撥

〔註77〕「成」，原作「或」，據《周易玩辭》改。

〔註78〕項安世《周易玩辭》卷十六《雜卦‧女終男窮》。

〔註79〕「善」，《周易玩辭》作「喜」。

〔註80〕項安世《周易玩辭》卷十六《雜卦‧姤夬》。

〔註81〕項安世《周易玩辭》卷十六《雜卦‧八卦之序》。

〔註82〕以上文字，《周易玩辭》作「六十四卦為八者八，《雜卦》自《乾》、《坤》至《需》、《訟》為八者七矣，而末章特餘一八」。

〔註83〕「頤」原無，據《周易玩辭》補。

〔註84〕「艮巽兌」，《周易玩辭》作「兌艮巽」。

〔註85〕「父母」原為正文，據《周易玩辭》改為注文。

〔註86〕項安世《周易玩辭》卷十六《雜卦‧八卦之象》。

〔註87〕項安世《周易玩辭》卷十六《雜卦‧末章八卦不對說》。

〔註88〕按：非項安世之說，見熊過《周易象旨決錄》卷七《雜卦傳》，曰：「大過本末弱，又以上應三，如首向下，皆顛義也。」

亂反正之法，是故原其亂之始生於《姤》，而極其勢之上窮於《夬》，以示微之當防、盛之不足畏。自《夬》而《乾》，有終而復始之義也。」〔註89〕熊氏取節齋蔡氏《易義》改云：「大過，顛也。頤，養正也。既濟，定也。未濟，男之窮也。歸妹，女之終也。漸，女歸待男行也。姤，遇也，柔遇剛也。夬，決也，剛決柔也。君子道長，小人道憂也。依讀之，則八卦既得以類從，而於韻亦叶。〔註90〕《易》】〔註91〕終《雜卦》，可反覆為兩，而剛柔吉凶相反，變易之義也。自《乾》、《坤》至《困》三十卦，當上經之數，中雜下經十二卦；自《咸》至《夬》三十四卦，當下經之數，中雜上經十二卦。坎、離以交中居上經，今下附；震、艮、巽、兌以交偏居下，今上附。其無反對者，上經六，今附以二；下經二，今附以六。又皆交易矣。十二辟卦，除《乾》、《坤》，上經《泰》、《否》、《臨》、《觀》、《剝》、《復》陰多於陽者十二，下經《遯》、《壯》、《姤》、《夬》陽多於陰者十二，移《否》、《泰》於二十四卦之中，而陰陽之多少復如之。特在上經者三十六畫，今附者二十四；下二十四畫，今附三十六，愈見其交易之妙爾。若合論六十四卦，上經三十卦，陰爻之多於陽者八；下經三十四卦，陽爻之多於陰者亦八。今附於三十卦者，陰多三十六；附於三十四卦者，陽多亦三十六。以反對論，上經陰多者四，下經陽多亦四，今則附於上者，陰爻多十八；附於下者，陽多亦十八。或三十六，或十八，互為多少。陰陽交易，而三十六宮之妙愈可見矣。伏羲之畫，文王、孔子之言，皆天也。自《大過》以下，『雜物撰德』指中四爻【互體而言。先天圖之左互《復》、《頤》、《既濟》、《家人》、《歸妹》、《暌》、《夬》、《乾》八卦，右互《姤》、《大過》、《未濟》、《解》、《漸》、《蹇》、《剝》、《坤》八卦，此則於右取《姤》、《大過》、《未濟》、《漸》四卦，於左取《頤》、《既濟》、《歸妹》、《夬》四卦，各舉半，可兼其餘。《雜卦》中取互體，又其最雜者也。上三十卦，終以《困》，柔揜剛；下三十四卦，終以《夬》，剛決柔。柔揜剛，君子『不失其所亨』；剛決柔，『君子道長，小人道憂』矣。《雜卦》之末，特

〔註89〕項安世《周易玩辭》卷十六《雜卦·末章八卦不對說》。
〔註90〕熊過《周易象旨決錄》卷七《雜卦傳》：
　　　　其後節齋蔡氏《易義》改云：「大過，顛也。頤，養正也。既濟，定也。未濟，男之窮也。歸妹，女之終也。漸，女歸待男行也。姤，遇也，柔遇剛也。夬，決也，剛決柔也。君子道長，小人道憂也。」丘氏云：「今依蔡易讀之，則八卦既得以類從，而於韻亦叶，但不當借改經文耳。」
〔註91〕【】文字，四庫本小字注「闕」。

別君子小人，其意微矣。始《乾》終《夬》，一陰決進〔註92〕則乾也。考《皇極經世》，乾已會之，終當堯世。欲自夬而乾如堯世者，任賢】〔註93〕去邪，疑謀勿成，以為夬耳。仲虎言有可採者〔註94〕，固括而附末簡焉。」〔註95〕

〔註92〕「進」，《周易象旨決錄》作「盡」。

〔註93〕【　】文字，四庫本小字注「闕」。

〔註94〕胡炳文《周易本義通釋》卷十《雜卦傳》：

《易》終於《雜卦》，而交易、變易之義愈可見矣。每一卦反覆為兩卦，而剛柔吉凶每每相反，此變易之義也。自《乾》、《坤》至《困》三十卦，與上經之數相當，而雜下經十二卦於其中；自《咸》至《夬》三十四卦，與下經之數相當，而雜上經十二卦於其中。此交易之義也。或曰：此偶然爾。愚曰：非偶然也，皆理之自然也。坎、離，交之中者，本居上經三十卦內，今附於下三十四卦；震、艮、巽、兌，交之偏者，本居下經三十四卦內，今附於上三十卦。至若無反對者，上經六卦，下經二卦，今附於上者二卦，附於下者六卦，皆交易之義也。十二月卦氣，除《乾》、《坤》外，上經《泰》、《否》、《臨》、《觀》、《剝》、《復》陰之多於陽者十二，下經《遯》、《壯》、《姤》、《夬》陽之多於陰者十二。今《雜卦》移《否》、《泰》於三十四卦之中，而陰陽之多少復如之，特在上經者三十六畫，在下經者二十四畫。今附於上者二十四畫，附於下者三十六畫，愈見其交易之妙爾。若合六十四卦論之，上經三十卦，陰爻之多於陽者八；下經三十四卦，陽爻之多於陰者亦八。今則附於三十卦者，陽爻七十二，陰爻一百八，而陰多於陽者三十六；附於三十四卦者，陽爻一百二十，陰爻八十四，而陽之多於陰者亦三十六。以反對論，上經陰之多於陽者四，下經陽之多於陰者亦四，今則附於上者，陽爻三十九，陰爻五十七，而陰之多於陽者十八；附於下者，陽爻六十九，陰爻五十一，而陽之多於陰者亦十八。或三十六，或十八，互為多少，非特可見陰陽交易之妙，而三十六宮之妙愈可見矣。是豈聖人之心思、智慮之所為哉？愚固曰伏羲之畫，文王、周公、孔子之言，皆天也。《本義》謂「自《大過》以下，卦不反對，或疑其錯簡。今以韻協之，又似非誤。未詳何義」。愚竊以為「雜物撰德」非其中爻不備此，蓋指中四爻互體而言也。先天圖之左互《復》、《頤》、《既濟》、《家人》、《歸妹》、《睽》、《夬》、《乾》八卦，右互《姤》、《大過》、《未濟》、《解》、《漸》、《蹇》、《剝》、《坤》八卦，此則於右取《姤》、《大過》、《未濟》、《漸》四卦，於左取《頤》、《既濟》、《歸妹》、《夬》四卦，各舉其半，可兼其餘矣。是雖所取不能無雜，蓋此謂雜卦。而互體又其最雜者也。上三十卦，終之以《困》，柔揜剛也；下三十四卦，終之以《夬》，剛決柔也。柔揜剛，君子「不失其所亨」；剛決柔，「君子道長，小人道憂」矣。然則天地間，剛柔每每相雜，至若君子之為剛，小人之為柔，決不可使相雜也。《雜卦》之末，特分別君子小人之道言之，聖人贊化育、扶世變之意微矣。始於《乾》，終於《夬》，或曰：《夬》之一陰決盡則為《乾》也。以《皇極經世》考之，《乾》已會之，終堯、舜雍熙之世也，十二萬九千六百年。安得常如自《夬》而《乾》，所值堯、舜之世哉？嗚呼！任賢勿貳，去邪勿疑，疑謀勿成，即此所謂《夬》之決也。後之蒞天下者，亦法堯、舜而已矣。

〔註95〕熊過《周易象旨決錄》卷七《雜卦傳》。

徵引文獻

壹、古籍〔註1〕

一、經部

（一）易類

1. 舊題〔春秋〕卜子夏《子夏易傳》，清通志堂經解本。
2. 〔漢〕京房《京氏易傳》，四部叢刊景明天一閣刊本。
3. 〔漢〕鄭玄《周易鄭注》，清湖海樓叢書本。
4. 〔漢〕鄭玄《易緯乾鑿度》，清武英殿聚珍版叢書本。
5. 舊題〔北魏〕關朗《關氏易傳》，明范氏天一閣刻本。
6. 〔魏〕王弼等注，〔唐〕孔穎達疏《周易注疏》，清嘉慶二十年南昌府學重刊宋本十三經注疏本。
7. 〔唐〕李鼎祚《周易集解》，文淵閣四庫全書本。
8. 〔唐〕郭京《周易舉正》，明津逮秘書本。
9. 〔宋〕歐陽修《易童子問》，《歐陽文忠全集》本。
10. 〔宋〕項安世《周易玩辭》，文淵閣四庫全書本。
11. 〔宋〕程頤《伊川易傳》，元刻本。
12. 〔宋〕司馬光《易說》，清武英殿聚珍版叢書本。
13. 〔宋〕蘇軾《東坡易傳》，明刻朱墨套印本。
14. 〔宋〕胡瑗《周易口義》，文淵閣四庫全書本。

〔註1〕分類參《四庫全書總目》。

15.〔宋〕方聞一《大易粹言》，文淵閣四庫全書本。

16.〔宋〕馮椅《厚齋易學》，文淵閣四庫全書本。

17.〔宋〕郭雍《郭氏傳家易說》，清武英殿聚珍版叢書本。

18.〔宋〕李中正《泰軒易傳》，清佚存叢書本。

19.〔宋〕鄭剛中《周易窺餘》，文淵閣四庫全書本。

20.〔宋〕龔原《周易新講義》，清佚存叢書本。

21.〔宋〕方實孫《淙山讀周易》，文淵閣四庫全書本。

22.〔宋〕李衡《周易義海撮要》，文淵閣四庫全書本。

23.〔宋〕俞琰《讀易舉要》，文淵閣四庫全書本。

24.〔宋〕俞琰《易外別傳》，明正統道藏本。

25.〔宋〕李過《西溪易說》，文淵閣四庫全書本。

26.〔宋〕李中正《泰軒易傳》，清佚存叢書本。

27.〔宋〕趙汝楳《周易輯聞》，文淵閣四庫全書本。

28.〔宋〕朱震《漢上易傳》，四部叢刊續編景宋刻本。

29.〔宋〕楊萬里《誠齋易傳》，文淵閣四庫全書本。

30.〔宋〕楊簡《楊氏易傳》，民國四明叢書本。

31.〔宋〕朱熹《周易本義》，宋咸淳刻本。

32.〔宋〕朱鑒《朱文公易說》，文淵閣四庫全書本。

33.〔宋〕朱長文《易經解》，明崇禎四年刻本。

34.〔宋〕魏了翁《周易要義》，清文淵閣四庫全書本。

35.〔元〕許衡《讀易私言》，清通志堂經解本。

36.〔宋〕李心傳《丙子學易編》，清通志堂經解本。

37.〔元〕董真卿《周易會通》，文淵閣四庫全書本。

38.〔元〕張清子編《周易本義附錄集註》，《日本宮內廳書陵部藏宋元版漢籍選刊》第 2 冊，上海古籍出版社 2013 年版。

39.〔元〕胡一桂《易本義附錄纂疏》，文淵閣四庫全書本。

40.〔元〕吳澄《易纂言》，文淵閣四庫全書本。

41.〔元〕胡震《周易衍義》，文淵閣四庫全書本。

42.〔元〕李簡《學易記》，文淵閣四庫全書本。

43.〔元〕保八《周易原旨》，文淵閣四庫全書本。

44.〔元〕梁寅《周易參義》，清通志堂經解本。

45.〔元〕趙汸《周易文詮》，文淵閣四庫全書本。

46.〔元〕龍仁夫《周易集傳》，文淵閣四庫全書本。

47.〔元〕胡炳文《周易本義通釋》，文淵閣四庫全書本。

48.〔元〕熊良輔《周易本義集成》，清文淵閣四庫全書本。

49.〔元〕王申子《大易緝說》，文淵閣四庫全書本。

50.〔明〕胡廣《周易大全》，文淵閣四庫全書本。

51.〔明〕季本《易學四同》，明嘉靖刻本。

52.〔明〕焦竑《易筌》，明萬曆刻本。

53.〔明〕劉濂《易象解》，《四庫全書存目叢書》經部第 4 冊，齊魯書社 1996 年版。

54.〔明〕姚舜牧《重訂易經疑問》，《四庫全書存目叢書》經部第 12 冊，齊魯書社 1996 年版。

55.〔明〕蘇濬《生生篇》，《四庫全書存目叢書》經部第 13 冊，齊魯書社 1996 年版。

56.〔明〕姚士粦輯《陸氏易解》，清文淵閣四庫全書本。

57.〔明〕蔡汝楠《說經箚記》，《四庫全書存目叢書》經部第 149 冊，齊魯書社 1996 年版。

58.〔明〕陳士元《易象鈎解》，明嘉靖三十年序刊本。

59.〔明〕蔡清《易經蒙引》，文淵閣四庫全書本。

60.〔明〕金賁亨《學易記》，明嘉靖刻本。

61.〔明〕熊過《周易象旨決錄》，文淵閣四庫全書本。

62.〔明〕洪鼐《讀易索隱》，明嘉靖二十六年順裕堂刻本。

63.〔明〕潘士藻《讀易述》，明萬曆三十四年潘師魯刻本。

64.〔明〕潘士藻《讀易述》，文淵閣四庫全書本。

65.〔明〕姜寶《周易傳義補疑》，明萬曆十四年刻本。

66.〔明〕梅鷟《古易考原》，《四庫全書存目叢書》經部第 3 冊，齊魯書社 1996 年版。

67.〔明〕徐師曾《今文周易演義》，明隆慶二年董漢策刻本。

68.〔明〕黃正憲《易象管窺》，明刻本。

69.〔明〕張獻翼《讀易紀聞》，文淵閣四庫全書本。

70.〔明〕孫應鰲《淮海易談》，《四庫全書存目叢書》經部第 7 冊，齊魯書社

1996 年版。

71. 〔明〕程汝繼《周易宗義》，《續修四庫全書》第 14 冊，上海古籍出版社 1996 年版。

72. 〔明〕張振淵《周易說統》十二卷本，明萬曆四十三年石鏡山房刻本，《四庫全書存目叢書》經部第 26 冊，齊魯書社 1996 年版。

73. 〔明〕張振淵輯，〔明〕張懋忠增補《石鏡山房增訂周易說統》二十五卷本，明石鏡山房刊本。

74. 〔明〕李贄《九正易因》，張建業主編《李贄文集》第 7 卷，社會科學文獻出版社 2000 年版。

75. 〔明〕章潢《周易象義》，明鈔本。

76. 〔明〕曾朝節《易測》，明萬曆刻本。

77. 〔明〕崔銑《讀易餘言》，文淵閣四庫全書本。

78. 〔明〕呂柟《周易說翼》，明涇野先生五經說本。

79. 〔明〕葉良佩《周易義叢》，明嘉靖刻本。

80. 〔明〕胡居仁《易像鈔》，文淵閣四庫全書本。

81. 〔明〕劉元卿《大象觀》，彭樹欣編校《劉元卿集》上冊，上海古籍出版社 2014 年版。

82. 〔明〕魏濬《易義古象通》，文淵閣四庫全書本。

83. 〔明〕朱謀㙔《周易象通》，明萬曆刻本。

84. 〔清〕查慎行《周易玩辭集解》，文淵閣四庫全書本。

85. 〔清〕孫星衍《孫氏周易集解》，清粵雅堂叢書本。

（二）書類

1. 〔漢〕孔安國傳，〔唐〕孔穎達疏《尚書注疏》，清嘉慶二十年南昌府學重刊宋本十三經注疏本。

（三）詩類

1. 〔漢〕毛亨傳，〔漢〕鄭玄箋，〔唐〕孔穎達疏《毛詩注疏》，清嘉慶二十年南昌府學重刊宋本十三經注疏本。

（四）禮類

1. 〔漢〕鄭玄注，〔唐〕賈公彥疏《周禮注疏》，清嘉慶二十年南昌府學重刊宋本十三經注疏本。

2. 〔漢〕鄭玄注，〔唐〕孔穎達疏《禮記正義》，清嘉慶二十年南昌府學重刊

宋本十三經注疏本。

（五）春秋類

1. 〔晉〕杜預注，〔唐〕孔穎達疏《春秋左傳正義》，清嘉慶二十年南昌府學
   重刊宋本十三經注疏本。
2. 〔漢〕何休注，〔唐〕徐彥疏《春秋公羊傳注疏》，清嘉慶二十年南昌府學
   重刊宋本十三經注疏本。

（六）五經總義類

1. 〔明〕邵寶《簡端錄》，文淵閣四庫全書本。
2. 〔明〕蔡汝楠《說經箚記》，《四庫全書存目叢書》經部第 149 冊，齊魯書
   社 1996 年版。

（七）四書類

1. 〔三國〕何晏集解，〔宋〕邢昺疏《論語注疏》，清嘉慶二十年南昌府學重
   刊宋本十三經注疏本。
2. 〔漢〕趙岐注，〔宋〕孫奭疏《孟子注疏》，清嘉慶二十年南昌府學重刊宋
   本十三經注疏本。
3. 〔明〕丘濬《大學衍義補》，上海書店出版社 2012 年版。

（八）小學類

1. 〔唐〕陸德明《經典釋文》，清抱經堂叢書本。
2. 〔宋〕陸佃《埤雅》，文淵閣四庫全書本。

二、史部

（一）正史類

1. 〔漢〕司馬遷《史記》，中華書局 1959 年版。
2. 〔南朝宋〕范曄《後漢書》，百衲本景宋紹熙刻本。

（二）別史類

1. 〔清〕萬斯同《明史》，清鈔本。
2. 〔清〕查繼佐《罪惟錄》，四部叢刊三編景手稿本。
3. 〔明〕何喬遠《名山藏》，福建人民出版社 2010 年版。
4. 〔清〕陳鼎《東林列傳》，清文淵閣四庫全書本。

（三）傳記類

1. 〔明〕黃宗羲《明儒學案》，文淵閣四庫全書本。

（四）目錄類

1.〔明〕焦竑《國史經籍志》，明徐象橒刻本。

2.〔明〕祁承㸁《澹生堂藏書目》，清宋氏漫堂鈔本。

3.〔清〕朱彝尊《經義考》，文淵閣四庫全書本。

4.〔清〕永瑢《四庫全書總目》，清乾隆武英殿刻本。

5.〔清〕徐乾學《傳是樓書目》，清道光八年味經書屋鈔本。

6.〔清〕丁丙《善本書室藏書志》，清光緒刻本。

三、子部

（一）儒家類

1.〔戰國〕荀況撰，〔清〕王先謙集解《荀子集解》，中華書局 2012 年版。

2.〔漢〕賈誼《新書》，四部叢刊景明正德十年吉藩本。

3.〔漢〕劉向《新序》，四部叢刊景明翻宋本。

4.〔漢〕徐幹《中論》，四部叢刊景明嘉靖本。

5.〔宋〕程門弟子編《二程遺書》，文淵閣四庫全書本。

6.〔宋〕真德秀《讀書記》，文淵閣四庫全書本。

7.〔宋〕黎靖德《朱子語類》，明成化九年陳煒刻本。

8.〔明〕胡廣《性理大全書》，清文淵閣四庫全書本。

9.〔明〕薛瑄《讀書錄》，文淵閣四庫全書本。

10.〔明〕季本《說理會編》，明刻本。

（二）術數類

1.〔宋〕邵雍《皇極經世書》，文淵閣四庫全書本

（三）雜家類

1.〔宋〕孫奕《履齋示兒編》，元劉氏學禮堂刻本。

2.〔漢〕桓寬撰，王利器校注《鹽鐵論校注》，中華書局 1992 年版。

3.〔漢〕王充《論衡》，四部叢刊景通津草堂本。

4.〔宋〕晁說之《晁氏客語》，宋百川學海本。

5.〔宋〕陳善《捫蝨新話》，民國校刻儒學警悟本。

6.〔宋〕王應麟《困學紀聞》，四部叢刊三編景元本。

7.〔宋〕黃震《黃氏日抄》，文淵閣四庫全書本。

8.〔宋〕史繩祖《學齋佔畢》，文淵閣四庫全書本。

9.〔明〕楊慎《丹鉛總錄》，清文淵閣四庫全書本。

10.〔明〕楊慎《譚苑醍醐》，清文淵閣四庫全書本。

11.〔明〕李翊《戒菴老人漫筆》，明萬曆刻本。

12.〔明〕沈德符《萬曆野獲編》，清道光七年姚氏刻同治八年補修本。

13.〔明〕蔣一葵編《堯山堂外紀》，明萬曆刻本。

14.〔明〕徐𤊼《筆精》，清文淵閣四庫全書本。

（四）類書類

1.〔唐〕虞世南《北堂書鈔》，清光緒十四年萬卷堂刻本。

2.〔宋〕王應麟《玉海》，文淵閣四庫全書本。

3.〔宋〕章如愚《山堂考索》，文淵閣四庫全書本。

4.〔明〕章潢《圖書編》，文淵閣四庫全書本。

5.〔明〕凌迪知《萬姓統譜》，清文淵閣四庫全書本。

四、集部

（一）總集類

1.〔南朝梁〕蕭統《文選》，胡刻本。

2.〔明〕高棅《唐詩品彙》，清文淵閣四庫全書本。

（二）別集類

1.〔魏〕揚雄《揚子雲集》，清文淵閣四庫全書本。

2.〔唐〕韓愈著，馬其昶校注《韓昌黎文集校注》上海古籍出版社 2014 年版。

3.〔宋〕范仲淹《范文正公文集》，四部叢刊景明翻元刊本。

4.〔宋〕周敦頤《周元公集》，宋刻本。

5.〔宋〕王安石《臨川集》，四部叢刊景明嘉靖本。

6.〔宋〕蘇洵《嘉祐集》，四部叢刊景宋鈔本。

7.〔宋〕張載著，章錫琛點校《張載集》，中華書局 1978 年版。

8.〔宋〕尹焞《和靖集》，文淵閣四庫全書。

9.〔宋〕楊萬里《誠齋集》，四部叢刊景宋寫本。

10.〔宋〕陸九淵《象山集》，四部叢刊景明嘉靖本。

11.〔宋〕朱熹《晦庵集》，四部叢刊景明嘉靖本。

12.〔宋〕游酢《游廌山集》，清文淵閣四庫全書本。

13.〔明〕楊慎《升菴集》,文淵閣四庫全書本。

14.〔明〕張邦奇《張邦奇集》,明刻本。

15.〔明〕湛若水《湛甘泉先生文集》,清康熙二十黃楷刻本。

16.〔明〕王畿著,吳震編校整理《王畿集》,鳳凰出版社 2007 年版。

17.〔明〕王世貞《弇州山人四部續稿》,清文淵閣四庫全書本。

18.〔明〕亢思謙《慎修堂集》,明萬曆刻本。

19.〔明〕雷禮《鐔墟堂摘稿》,明刻本。

20.〔明〕唐順之《荊川集》,四部叢刊景明本。

21.〔明〕袁中道《珂雪齋集》,上海古籍出版社 1989 年版。

22.〔明〕鄒元標《願學集》,清文淵閣四庫全書本。

貳、今人著述

1. 潘雨廷《讀易提要》,上海古籍出版社 2006 年版。

附錄一：歷代著錄

文淵閣四庫本《讀易述》卷首提要

臣等謹案：《讀易述》十七卷，明潘士藻撰。士藻字去華，號雪松，婺源人。萬曆癸未進士，官至尚寶司少卿。其書上下經十卷，《繫辭》至《雜卦》七卷，每條皆先發己意，而採綴諸儒之說於後。前有焦竑序，稱「主理莫備於房審權，主數莫備於李鼎祚，士藻衷而擇之。則所據舊說，惟採《周易義海》、《周易集解》二書。然大旨多主於義理，故取《義海》者較多。其《集解》所載，如虞翻、干寶諸家涉於象數者，率置不錄。蓋以房書為主，而李書輔之也」。案：《義海》一百卷久佚，今所存者乃李衡《撮要》十五卷，非其舊本。竑序云云，豈萬曆中舊本猶存耶？然《宋志》已不著錄，陳振孫《書錄解題》亦云「惟見四卷，其一百卷者不見」，士藻安得而見之？竑殆誇飾之詞歟？乾隆四十五年十二月恭校上。

總纂官臣紀昀臣陸錫熊臣孫士毅

總校官臣陸費墀

武英殿刻本《四庫全書總目》之提要〔註1〕

《洗心齋讀易述》十七卷　兩江總督採進本

明潘士藻撰。士藻字去華，號雪松，婺源人。萬曆癸未進士，官至尚寶司少卿，事蹟具見《明史·李沂傳》。其書上下經十卷，《繫辭》至《雜卦》七卷，

〔註 1〕紀昀《欽定四庫全書總目》，中華書局 1996 年版，第 48 頁。

每條皆先發己意，而採綴諸儒之說於後。前有焦竑序，稱「主理莫備於房審權，主數莫備於李鼎祚，士藻衷而擇之。則所據舊說，惟採《周易義海》、《周易集解》二書。然大旨多主於義理，故取《義海》者較多。《集解》所載，如虞翻、干寶諸家涉於象數者，率置不錄。蓋以房書為主，而李書輔之也」。案：《義海》一百卷久佚，今所存者乃李衡《撮要》十五卷，非其舊本。竑序云云，豈萬曆中舊本猶存耶？然《宋志》已不著錄，陳振孫《書錄解題》亦云「僅見四卷，其一百卷者不見」，士藻安得而見之？竑殆誇飾之詞。然衡所編者，其源本出於房氏，即謂之房氏書亦可也。

吳焯《繡谷亭薰習錄》〔註2〕

《洗心齋讀易述》十七卷

明潘士藻去華著。號雪松，婺源人。萬曆癸未進士，司理溫州，官至尚寶司少卿，卒年六十四。卷首有自序，自署「玉筍山人」。萬曆丙午焦竑序云：「大抵主理莫備於房審權，主象莫備於李鼎祚。去華衷而擇之，補不足，表未明，以指南來學，可不謂勤乎。」沒後，其子師魯輩梓行。

〔註2〕左茹慧、邱居里《吳焯〈繡谷亭薰習錄·經部易類〉點校》，《周易文化研究》2014年第6輯，第354～355頁。

附錄二：潘去華傳記資料

鄒元標《願學集》卷六《奉直大夫協正庶尹尚寶司少卿雪松潘公墓表》

予歸山十年，髮白且老，懷友一念，窮且益堅。屈指生平交道不少，一見令人捐形剖心，情曠神怡，則吾友去華潘公其人哉！潘公與予定交在癸未秋，予初入朝，公且捧檄為溫州，李去，為予留而聯榻者數日。既公為侍御，以言事播遷，道文江，相對又數日。庚寅，予調南比部，公亦量移至，相視期年，莫逆於心。公徙尚寶，久不調。聞公杜門述《易》，予欲請《潘氏易》玩而老焉，公乃以病卒。予時思公，不勝心折。而公子鯤衡至，以墓表請。即不請，予亦有言，藏之篋笥。矧公子泣血遠至，予曷敢辭。

按狀，公諱士藻，字去華，學者尊為雪松先生。世為婺源桃溪人，代有名卿。曾祖鉞，即森七公。父沄，以公貴贈尚寶司少卿。當潘氏最盛時，森七公過計而徙考槃。及公生而才贈尚寶公，復挈公而歸桃溪。十八補邑諸生，隆慶庚午登鄉試，萬曆癸未成進士，授溫州推官。近時理官為上官耳目，一切逞氣燄，陰險刻忌，諸同僚及各屬咸謬為恭敬，而心實憚之。公盡損其觚稜，自僚長以下，推心置腹，事無大小，不為踔絕駭異，惟期於平。所上《溫州政議》，為地方久遠計甚悉。諸小吏有才諝者，汲引之盡力，而不逮者，覆慝蓋瑕，以需後圖。聽讞有斁倫常者，痛懲之不少假。余即犯重辟，悉心求生。比是時，守衛公承芳為名二千石，而諸郡丞以下政益有名，咸公同心之力。兩臺及觀察使賢者，習公學行，不敢名公為屬，不肖者即忌公，亦不計，曰：吾道如是。丁亥，召公為福建道御史。不三月，以上修省疏，左遷粵照磨。公為言官，海

宇期公，與公自期待道政長遠，亦不以能言為事。疏溫厚煦至，無大痛哭流涕語。公不能久立朝端，此其故難言矣。公初試銓曹，諫臣論云：克己而後能格心，正身而後能糾邪。銓臣讀公論者，動色相賀。及公得貶，人人以公為能踐斯語。公既遷，惟玄惟默，力前二語以自儆戢，未嘗少露怨誹態。越四年，召還，積官至尚寶少卿。自庚寅冬，予調南外，凡曾經建白落職者，陞擢輒不得旨。獨公徙吏部，徙符丞，徙少卿，輒得旨。吾黨咸相慶曰：公為碩果，眾陽之階也，而一陽復剝落，天其謂何？公生平居家立朝，所至以學為事，常摳趨先正羅南城、耿黃安、李溫陵門，最後為文潔鄧公深知。即方外有一長足當心者，公必叩首頂禮，曰師曰師，不敢忘計偕，與焦翰撰、祝給諫為縞帶交。聞友有一善足稱者，必與定交，以身下之，惟恐失賢者心。世學者顒顒守一先生言公遇畸人得異傳，常自信，質諸鬼神無疑一段秘功，謂天人不隔纖毫，信者自取，具載《易述》中。德無常師，善無常主，惟公有之。公立朝，惟埋光鏟採，調護善類為事。海宇善類，人人倚公，若嬰兒依戀慈母。以公慈衷厚德，其凝承宜無可量。年僅望七，官僅五品，士林聞公訃者，相向短氣，若名嶽之摧巨峰，而百鳥之失靈鳳也。悲哉！然公孝慈忠實，儀於鄉邦，鴻撰佳謨，照映今古。天畀公寄斯文之傳者，蓋在此不在彼，予不復以世語悲公矣。敬摭公大槩，彰之墓道，令公子磨石勒辭，俾過公墓者讀予文有遐思焉。公諸懿行及子嗣嫁娶具狀中，不復列。

袁中道《潘去華尚寶傳》〔註1〕

潘去華，名士藻，徽之婺源人也。少以文行著稱。舉孝廉，久滯公車。幾五十，乃第，出為金華理官，以風節聞。徵為御史，抗疏，謫為廣東幕官。徘徊郎署間，後官尚寶卿。公性至孝，母八十餘，瞽，飲食起居必親，時於母前跳躍如小兒狀。每晚，至母房，坐臥榻前，說日中事，喃喃不寘，以為常。人比之弄雛人也。其學重敦行，喜道人善。與人語，多依於善惡徵應。其言隱隱獲福，害人自害之事，有味乎其言之也。自官尚寶時，署中無事，乃潛心玩《易》，每十餘日玩一卦。或家中靜思，或拜客馬上思之。不論閒忙晝夜，窮其奧妙。每得一爻，即欣然起舞，索筆書之。青衿疲馬，出入廛市，於於徐徐，都忘其老。

公愷悌樂易，尤愛友朋，所交皆一世名士，若焦弱侯、李龍湖諸公，皆為

〔註1〕《珂雪齋集》卷十七，上海古籍出版社1989年版，第728～730頁。

世外之契。晚交伯修、中郎及予。有人問中郎於公者,公曰:「若斯人者,可與言天人之際矣。」嘗曰:「學問須消,消不盡遂成見聞之痞。一切驕矜之色,從此痞生,可不慎哉!」尤有人倫之鑒。有一士慧甚,公曰:「佳處俱在面膚,非凝道器也。」聞中郎著書,公曰:「有所見不必拈弄筆硯,且自蘊而藏之。見定身閒,不得已而言焉可也。」公好仙,有乩仙降於公家,與問答皆中理解。或時下天篆,作龍飛鳳翥之勢。其言曰:「五陵八百地仙之期已近,公其一數。」又指海內名士某某,皆已登仙籍。公殊信之。其言甚多,皆天中事,大約近似陶隱居之《真誥》云。又言前世下土之文人才子,多為仙吏,某人今轉某職。語新奇,娓娓可聽。後愚兄弟每與公言,多婉以止之,欲其捨渺茫而專心性命之學。久之,公亦不覆信,惟究心於《易》。

然公修幹骨立,目如炬光,開口見舌,瀟然自得,大有仙人之致。若其忠孝大節,無愧古之真君子。其卒也,置身於丹臺紫府,豈異事哉!白樂天謫九江,作廬山草堂,著飛雲履,煉服食藥,幾成而鼎敗。古今之慧人,欲出生死而不得其徑,多有好之者。或云此自胎骨帶得,亦一種清勝卓絕之習,不同凡俗也。然樂天晚年,大悟禪理,而公亦深於《易》,乃知向之所慕直寄耳。追思伯修居從官時,聚名士大夫,論學於崇國寺之葡桃林下,公其一也。當入社日,輪一人具伊蒲之食。至則聚譚,或游水邊,或覽貝葉,或數人相聚問近日所見,或靜坐禪榻上,或作詩。至日暮始歸。不逾年,伯修逝,公亦逝。其餘存者,亦多分散。

去年,予以計偕至,過伯修長安街上舊第,忽憶當時下馬入門,呼「大兄在否」之狀,淚如雨傾,半日不能言。及過公手帕市第,痛之無異伯修。後以訪人,偶至葡桃林,綠葉碧實如故,而同學諸友,無一在者。感歲月之如駛,念壽命之不常,又不覺淚潸潸下也。公卒於秣陵,母尚在。公甚孝,其死而不瞑目者,或以此夫!所著書尚未得讀,不知已入梓否,比至南都,當從其子覓之。公卒之次年,中郎與予祠伯修與公於柳浪。又數年,予略為之傳。

黃宗羲《明儒學案》卷三十五《泰州學案四》

尚寶潘雪松先生士藻

潘士藻,字去華,號雪松,徽之婺源人。萬曆癸未進士。司理溫州,入為監察御史。巡視北城,有二奄闌出宮門,調女婦,執之,群奄奪去。先生移文司禮監,司禮以聞,上怒曰:「東廠職何事,而發自外廷耶?」命杖二奄,一

奄死。奄人由是恨之。因火災陳言，共摘疏中語為歸過賣直，謫廣東照磨。晉南京吏部主事，改尚寶司丞，升少卿。卒年六十四。先生學於天台卓吾。初至京師，入講學之會，如遠方人驟聽中華語，錯愕不知所謂。得友祝延之世祿，時時為述所聞，隨方開釋。稍覺拘迫，輒少寬之，既覺心懈，輒鞭策之。久之，轉展閉塞，憤悶日甚。延之曰：「經此一番苦楚，是一生得力，顧卻無可得說。」一日，自西長安街馬上忽省曰：「原來只是如是，何須更索？」馳質之延之，延之曰：「近是。」曰：「戒慎恐懼，如何用功？」曰：「識此，渠自會戒慎，自會恐懼。」相與撫掌。已，相戒曰：「此念最易墮落，須時時提醒，醞釀日深，庶有進步。」出京別天台，天台曰：「至淮，謁王敬所。入安豐，訪王東厓。此老頗奇，即戲語亦須記。過金陵再叩焦弱侯，只此便是博學之。」先生一一如教，始覺宇宙之無窮，從前真陷井之蛙也。

後　記

天地有萬古，此身不再得；

人生只百年，此日最易過。

幸生其間者，不可不知有生之樂，亦不可不懷虛生之憂。

——（明）洪應明《菜根譚》

駟馬難追，吾欲三緘其口；

隙駒易過，人當寸惜乎陰。

——（明）陳繼儒《小窗幽記》

一

2019 年相繼完成《周易玩辭困學記校證》、《古周易訂詁校證》之後，又開始了《易筌疏證》。寒假回老家過春節，結果由於新冠疫情的爆發，滯留湖北，直到四月份才回到學校。那是史上最長的寒假，雖處於疫情爆發地武漢不遠的黃岡，也遭遇了出於對未來無知的恐懼，也面臨著物資採購的困難，但天天釣魚、遊山，日子過的也還不錯。為了彌補在老家玩耍的三個月，返校後拼命一般的蝸居寫作。2020 年是很拼的一年，正如我在《〈純常子枝語〉校證·後記》裏總結的那樣：

> 接續前年的工作，完成《居業堂文集》；接續去年的工作，完成《〈純常子枝語〉校證》、《杜詩闡》、《〈易筌〉疏證》、《莊子通》的點讀、校證工作。新完成《〈讀易述〉校證》、《〈周易集說〉校證》、《〈讀易紀聞〉校證》、《陸繼輅集》，另完成《思綺堂文集》二卷、

《詳注昌黎先生文集》二卷、《〈孔易釋文〉史源考》大部、《左傳經
世鈔》五卷。

前後兩年的時候，一鼓作氣，完成了「史源考易系列七種」的主體，僅剩
《〈孔易釋文〉史源考》最末一點沒有完成，然而自 2020 年停滯至今，未能賡
續。

說起這個「史源考易系列七種」，很有點順藤摸瓜的感覺。最開始是無意
中做了《周易玩辭困學記校證》，發現書中援引了很多《古周易訂詁》，於是有
了《古周易訂詁校證》。在整理兩書的過程中，又發現引了很多《易箋》、《讀
易述》，而《易箋》、《讀易述》又引了很多《周易集說》、《讀易紀聞》，就這樣
倒著一本本地做出來了。後來又發現《孔易釋文》引了很多這些書，於是又順
著做了《〈孔易釋文〉史源考》。其實，在這個系列的過程中，還有幾本書，比
如熊過《周易象旨決錄》、錢澄之《田間易學》、查慎行《周易玩辭集解》等也
具有「引而不注」的問題，[註1] 本來可以一併加以考辨，但後來忙於清人別
集，便暫時擱置下來，隨著時間的推移，對這個系列的學術興趣已經不如之前
那麼濃烈，這三本書便沒有付諸實踐。

二

我曾經感慨：一鼓作氣的書都做完了，中途擱置的書往往不了了之。這個
系列便是明證。日子就這麼不緊不慢地過者。但突然回頭看一看的時候，才發
現時間已經過去很久了，頗有些「流光容易把人拋，紅了櫻桃，綠了芭蕉」的
感覺。

就拿最近來說吧，5 月 12 日，汶川地震已經過去 14 年了；5 月 13 日，
陳曉旭已經離開我們 15 年了；而後天，稻神爺袁隆平就辭世一年了。再想想
疫情，居然也快三年了。今天午後，小寶自己擺弄著玩具車，我坐在旁邊刷抖
音。先刷到一個高校宿舍六名女生拍視頻，一個告別一個，六個變成五個，五
個變成四個⋯⋯最後一個淚流滿面，泣不成聲。——畢竟，有時候的揮手再見
可能就是永遠。後來又刷到一段文案：「讀了那麼多送別詩，才發現真正的離
別，沒有桃花潭水，也沒有長亭古道，更沒有勸君更盡一杯酒，只是在那個撒
滿陽臺的早晨，有的人卻永遠留在了昨天而已。」可能是大數據的推送，接著

[註1] 在整理完何楷《詩經世本古義》的過程中，發現錢澄之《田間詩學》也有同樣
的問題。

又刷到一首歌:「我們不慌不忙,總以為來日方長。我們等待花開,卻忘了世事無常。……」不知道為什麼,我的眼淚突然就流了下來。或許是想到了自己的曾經。曾經的我,三十多年的歲月,像 PPT 一樣一張張地在腦後閃過。「往事隔年如過夢,舊遊回首謾勞思」(李群玉《湘陰江亭卻寄友人》),那一切只停留在記憶裏。

這部《讀易述校證》,電子稿的首頁標注了一個時間:「2020-9-12 完。」這不也快兩年了嗎?小時候,尤其是讀書的時候,總覺得日子過的很慢,慢得像隻蝸牛。可長大了,卻無奈時間過的太快,快到讓你無所適從。不經意間,一個星期沒了;一轉眼,一個月沒了;一回頭,一年將盡。前幾天,學校要組織體檢,填表時在年齡一欄裏寫了一個「37」。那一刻,我突然有些驚訝,天啊,我居然快四十歲了!寫這些文字的時候,小寶正在我的懷中熟睡。猛地一想,等到他三十多歲的時候,我又會是一幅什麼光景呢?想來不覺惘然!

時不我待,惟有珍惜!

2022 年 5 月 19 日上午第一節

5 月 20 日午後第二節

麻城陳開林記於翡翠國際